凤凰文库
PHOENIX LIBRARY

凤凰出版传媒集团
PHOENIX PUBLISHING & MEDIA GROUP

凤凰文库·海外中国研究系列

主　　编　刘　东

项目总监　王保顶

项目执行　卞清波

凤凰文库

海外中国研究系列

刘 东 主编

[美] 陆束屏 编著／翻译

历史上的黑暗一页

A DARK PAGE IN HISTORY

The Nanjing Massacre and Post-Massacre Social Conditions Recorded in British Diplomatic Dispatches, Admiralty Documents, and U.S. Naval Intelligence Reports

英国外交文件与英美海军档案中的南京大屠杀

江苏人民出版社

图书在版编目(CIP)数据

历史上的黑暗一页:英国外交文件与英美海军档案
中的南京大屠杀/(美)陆束屏编著、翻译. --南京:
江苏人民出版社,2017.12
(凤凰文库. 海外中国研究系列)
ISBN 978 - 7 - 214 - 21515 - 4

Ⅰ. ①历… Ⅱ. ①陆… Ⅲ. ①南京大屠杀一史料
Ⅳ. ①K265.606

中国版本图书馆 CIP 数据核字(2017)第 285994 号

*A Dark Page in History: The Nanjing Massacre and Post-Massacre Social Conditions
Recorded in British Diplomatic Dispatches, Admiralty Documents, and U. S. Naval
Intelligence Reports by* Suping Lu
Licensed by The Rowan&Littlefield Publishing House
© 2012 by The Rowan&Littlefield Publishing House
All Rights Reserved.
Simplified Chinese translation copyright © 2017 by Jiangsu People's Publishing House
江苏省版权局著作权合同登记:图字 10 - 2016 - 512

书　　　名	历史上的黑暗一页:英国外交文件与英美海军档案中的南京大屠杀	
编　　　著	[美]陆束屏	
译　　　者	[美]陆束屏	
责 任 编 辑	卞清波　洪　扬	
装 帧 设 计	陈　婕	
出 版 发 行	江苏人民出版社	
出版社地址	南京市湖南路 1 号 A 楼·邮编:210009	
出版社网址	http://www.jspph.com	
照　　　排	江苏凤凰制版有限公司	
印　　　刷	江苏凤凰扬州鑫华印刷有限公司	
开　　　本	652 毫米×960 毫米　1/16	
印　　　张	19.75　插页 4	
字　　　数	254 千字	
版　　　次	2017 年 12 月第 1 版　2017 年 12 月第 1 次印刷	
标 准 书 号	ISBN 978 - 7 - 214 - 21515 - 4	
定　　　价	45.00 元	

(江苏人民出版社图书凡印装错误可向承印厂调换)

出版说明

　　要支撑起一个强大的现代化国家,除了经济、政治、社会、制度等力量之外,还需要先进的、强有力的文化力量。凤凰文库的出版宗旨是:忠实记载当代国内外尤其是中国改革开放以来的学术、思想和理论成果,促进中外文化的交流,为推动我国先进文化建设和中国特色社会主义建设,提供丰富的实践总结、珍贵的价值理念、有益的学术参考和创新的思想理论资源。

　　凤凰文库将致力于人类文化的高端和前沿,放眼世界,具有全球胸怀和国际视野。经济全球化的背后是不同文化的冲撞与交融,是不同思想的激荡与扬弃,是不同文明的竞争和共存。从历史进化的角度来看,交融、扬弃、共存是大趋势,一个民族、一个国家总是在坚持自我特质的同时,向其他民族、其他国家吸取异质文化的养分,从而与时俱进,发展壮大。文库将积极采撷当今世界优秀文化成果,成为中外文化交流的桥梁。

　　凤凰文库将致力于中国特色社会主义和现代化的建设,面向全国,具有时代精神和中国气派。中国工业化、城市化、市场化、国际化的背后是国民素质的现代化,是现代文明的培育,是先进文化的发展。在建设中国特色社会主义的伟大进程中,中华民族必将展示新的实践,产生新的经验,形成新的学术、思想和理论成果。文库将展现中国现代化的新实践和新总结,成为中国学术界、思想界和理论界创新平台。

凤凰文库的基本特征是:围绕建设中国特色社会主义,实现社会主义现代化这个中心,立足传播新知识,介绍新思潮,树立新观念,建设新学科,着力出版当代国内外社会科学、人文学科的最新成果,同时也注重推出以新的形式、新的观念呈现我国传统思想文化和历史的优秀作品,从而把引进吸收和自主创新结合起来,并促进传统优秀文化的现代转型。

凤凰文库努力实现知识学术传播和思想理论创新的融合,以若干主题系列的形式呈现,并且是一个开放式的结构。它将围绕马克思主义研究及其中国化、政治学、哲学、宗教、人文与社会、海外中国研究、当代思想前沿、教育理论、艺术理论等领域设计规划主题系列,并不断在内容上加以充实;同时,文库还将围绕社会科学、人文学科、科学文化领域的新问题、新动向,分批设计规划出新的主题系列,增强文库思想的活力和学术的丰富性。

从中国由农业文明向工业文明转型、由传统社会走向现代社会这样一个大视角出发,从中国现代化在世界现代化浪潮中的独特性出发,中国已经并将更加鲜明地表现自己特有的实践、经验和路径,形成独特的学术和创新的思想、理论,这是我们出版凤凰文库的信心之所在。因此,我们相信,在全国学术界、思想界、理论界的支持和参与下,在广大读者的帮助和关心下,凤凰文库一定会成为深为社会各界欢迎的大型丛书,在中国经济建设、政治建设、文化建设、社会建设中,实现凤凰出版人的历史责任和使命。

"海外中国研究系列"总序

中国曾经遗忘过世界,但世界却并未因此而遗忘中国。令人嗟讶的是,20世纪60年代以后,就在中国越来越闭锁的同时,世界各国的中国研究却得到了越来越富于成果的发展。而到了中国门户重开的今天,这种发展就把国内学界逼到了如此的窘境:我们不仅必须放眼海外去认识世界,还必须放眼海外来重新认识中国;不仅必须向国内读者迻译海外的西学,还必须向他们系统地介绍海外的中学。

这个系列不可避免地会加深我们150年以来一直怀有的危机感和失落感,因为单是它的学术水准也足以提醒我们,中国文明在现时代所面对的绝不再是某个粗蛮不文的、很快就将被自己同化的、马背上的战胜者,而是一个高度发展了的、必将对自己的根本价值取向大大触动的文明。可正因为这样,借别人的眼光去获得自知之明,又正是摆在我们面前的紧迫历史使命,因为只要不跳出自家的文化圈子去透过强烈的反差反观自身,中华文明就找不到进入其现代形态的入口。

当然,既是本着这样的目的,我们就不能只从各家学说中筛选那些我们可以或者乐于接受的东西,否则我们的"筛子"本身就可能使读者失去选择、挑剔和批判的广阔天地。我们的译介毕竟还只是初步的尝试，而我们所努力去做的，毕竟也只是和读者一起去反复思索这些奉献给大家的东西。

刘　东

目 录

序

笔者于 2002 年春天前往伦敦从事了约一个月研究工作,为当时撰写的英文专著 *They Were in Nanjing*: *The Nanjing Massacre Witnessed by American and British Nationals* 搜寻与南京大屠杀相关的英国外交文件,该书此后由香港大学出版社于 2004 年印行出版。每天,在下榻的小旅馆附近的维多利亚车站乘坐绿线地铁前往坐落在皇家植物园近旁的英国国家档案馆。

不久便发现,英国国家档案馆与美国国家档案馆有很大的区别。美国国家档案馆主要为研究人员提供解密的仍为散页的外交文件原件,而英国国家档案馆只提供给研究者经过挑选后数量有限,并已装订成册的外交文件。

英国外交官的报告系统也别于美国外交官的汇报途径。美国驻南京领事约翰·摩尔·爱利生在大多数情况下直接将电报发给当时的国务卿考德尔·豪尔。如果他发电报给美国驻中国的其他使领馆,爱利生也会抄发一份给国务卿。这样,便会有较为完整的一套爱利生发出的电文在美国首都华盛顿存档。而爱利生的英国同行,驻南京领事亨弗雷·英吉兰·普利泰-布伦则主要向英国驻上海大使馆的临时代办罗勃

1

特·乔治·豪尔发电报报告情况。豪尔再对这些电文甄别挑选,决定哪些电文需要转发给伦敦的外交部。结果,伦敦并没有存档由普利焘-布伦,或他的继任人欧内斯特·威廉·捷夫雷,从南京发出的所有电文。由于外交电报基本上都有编号,笔者当即意识到,在英国外交部档案中只寻获南京发出电报中很小的一部分。

按逻辑推理,能够追踪到这些电文的另一个处所,应该是英国驻南京与上海大使馆的档案。因此,笔者前去咨询英国国家档案馆内的档案管理人员。经过数次搜索未果,他得出结论,认为珍珠港事件之后,在英国驻南京、上海的外交官被日军羁押的情况下,这个时间段的外交电文很可能被销毁或遗失。

由于在英国外交部档案中没有找到更多南京大使馆发出的电文,笔者和这位档案管理人员谈到,1938年初驻南京的英国大使馆本身并没有无线电通讯设施,外交官依赖皇家海军炮艇的无线电设备发出电报,很可能在皇家海军的档案中能够找到这些电文。他最终在英国海军部的档案中寻获1937至1938年皇家海军长江巡逻记录档案,仔细梳理这些档案,笔者寻找到一些南京发出的电报,以及当时在南京附近游弋、停泊的几艘英国炮艇船长记载的情况报告。

尽管在英国国家档案馆所寻获的,远非英国外交官从南京发出的全部电文,与在位于马里兰学院公园的美国国家第二档案馆搜寻到,并在 *A Mission under Duress*:*The Nanjing Massacre and Post-Massacre Social Conditions Documented by American Diplomats* 一书中出版的爱利生的电文集也无法相比,然而,这些或许已是在此情况下所能寻获到的英国外交文件,也是另一重要的原始资料。它们不仅使笔者得以完成 *They Were in Nanjing* 一书中相关英国章节的撰写,并且也帮助我们从英国人的视角来了解南京大屠杀期间不同方面与层次的情况。因此,这些英国外交档案与海军部文件非常有价值,应使之成书出版,而不至于淹没无闻。

在编辑出版了 *Terror in Minnie Vautrin's Nanjing：Diaries and Correspondence，1937 – 38*（2008）与 *A Mission under Duress：The Nanjing Massacre and Post-Massacre Social Conditions Documented by American Diplomats*（2010）之后，笔者着手整理这批英国外交档案与海军部文件，以及 1999 年在位于华盛顿的美国国家档案馆寻获的美国海军每周情报，加以编辑、注释，希望能够从不同的角度来揭示那场人类的屠戮残杀，从而使那些对这一课题感兴趣的学者与研究人员受惠。

与此同时，笔者希望借此机会感谢内布拉斯加大学研究基金会对本人研究课题一如既往的支持。

陆束屏

2012 年 1 月于美国内布拉斯加大学

前　言

一

1937年7月7日卢沟桥事变导致中日战争在华北爆发之后，局势在地处南方的上海地区也骤然趋于紧张。7月24日一名日本水兵失踪。由于日本人指控这是中国方面阴谋策划劫持了他，人们担心这一事件会升级。然而，这名水兵在上海以西150英里的小城靖江找到之际，危机得以暂时化解。他只是开了小差，并没有牵涉任何阴谋。[①]

数周后于8月9日在上海郊外的虹桥机场入口处发生了枪击事件，两名日本海军陆战队军人和一名中国士兵身亡，该事件最终导致战事在上海爆发。战火首先于8月13日在城区街道打响。随即双方调进增援部队，冲突演变为激战。

战事持续了三个月。初始阶段，中国军队处于攻势，以四个师的兵力与九千日本海军陆战队在上海市区激战。8月23日，两个师团的日军

[①] "'Kidnapped' Japanese Turns up a Deserter"（"被劫持"的日本人结果是个开小差的），*New York Times*（纽约时报），1937年7月29日，第3版。

部队在上海北面登陆,战场的形势发生巨大的变化。大批中国军队往北调遣,建立新的防线。结果战场的重点由城区转往乡村地带,中国军队则转而处于守势。

由于遭受日本海军、空军的炮击、轰炸以及炮火轰击,中国军队伤亡惨重,尽管如此,他们顽强抵抗,坚守着日益缩小的阵地,逐村、逐街,甚至逐屋地与日军争夺,直至11月初由柳川平助中将指挥的日军新增援的第10军11月5日在上海以南的杭州湾登陆。数日后,中岛今朝吾中将统领的第16师团在上海北面长江口附近的白茆口登陆。中国军队不得已放弃上海的阵地。上海于1937年11月12日陷落。

由于通讯联络不畅、组织不良,导致混乱而仓促的撤退,中国军队未能在上海以西建立起有效的防线,进行抵抗。与此同时,日本华中派遣军在松井石根大将的指挥下,长驱直入,横扫长江三角洲,追击溃退的中国军队。日军兵分三路向西进军南京的途中,在途经的苏州、无锡、常州、镇江,以及其他很多城镇、村庄均有犯下暴行的报道。

日军于12月9日兵临南京城下,松井石根大将向南京城防司令唐生智将军发出最后通牒,要求他于次日中午无条件投降。结果,唐生智将军没有给予答复,日军遂于12月10日下午2时向南京发起总攻。猛烈的轰炸、炮击与激烈的战斗持续了两天,城墙数处坍塌,日军于12月12日晚从南面攻入南京城。1937年12月13日,中国首都南京被日军占领。

犹如他们在进军南京过程中途经长江三角洲的城镇、乡村的所作所为,日本军人在南京及周围地区犯下累累暴行。他们在城外长江沿岸数处、东郊、南郊,以及城内一些地方,实施大规模的集体屠杀。与此同时,也在全城各处进行小规模的杀戮。很多遇难者都是平民,男女老少皆有。1938年1月6日抵达南京的美国副领事詹姆斯·爱斯比报告道:

> 数以千计的日本兵蜂拥进城,犯下难以言说的掳掠与暴行。根据外籍目击者对我们的叙述,放纵的日本兵犹如一群野蛮之徒踩躏

着全城。全城各处数不清的男子、妇女和儿童遭屠戮。还听说有些老百姓并没有什么明显的缘由便遭枪杀或被刺刀捅死。①

留在南京城内报道南京战役与南京陷落情况的美国记者查尔斯·叶兹·麦克丹尼尔在他的电讯稿中这样描述了他1937年12月16日的目睹见闻：

启程去上海之前，日本领事拿来"不得入内"的告示，这些告示张贴在使馆的房产上。去江边的路上，在街上见到更多的尸体。路途上遇到一长列中国人，手都被捆绑着。一个人跑出来，到我跟前双膝跪下，求我救他一命。我无能为力。我对南京最后的记忆是：死难的中国人，死难的中国人，还是死难的中国人。②

根据远东国际军事法庭1948年的判决，估计"在日本人攻占后最初的六周，南京及其附近被杀害的平民与战俘的总数超过20万。由殡葬团体和其他组织统计他们掩埋了15万5千多具尸体这一事实证实这些估计并不夸张"。而"这些数字并不包括那些被日本人焚毁，或扔进扬子江，或以其他方式处理的尸体"。③

进行肆意屠杀之际，日本军人还犯下其他诸如强奸妇女、大量掳掠、肆意焚烧等暴行。日本兵到处搜寻妇女，并强奸她们。

处死是稍有不从的受害者或者试图对其保护的家人经常遭受的惩罚。全城各处甚至稚嫩女孩与老年妇女也被大批强奸，很多强

---

① James Espy(詹姆斯·爱斯比)，"The Conditions at Nanking，January 1938"(1938年1月南京的状况)，1938年1月25日，美国国家第二档案馆，59档案组国务院档案，微缩胶卷M976组，51卷，第8至9页。

② C. Yates M'Daniel (C.叶兹·麦克丹尼尔)，"Newsman's Diary Describes Horrors of War in Nanking"(新闻记者的日记描绘南京战时的恐怖)，*Seattle Daily Times*(西雅图每日时报)，1937年12月17日，第12版。

③ R. John Pritchard and Sonia Magbanua Zaide (罗勃特·约翰·普理查德，苏妮娅·马格巴努亚·扎伊德)，*The Tokyo War Crimes Trial*，Vol. XX，*Judgment and* Annexes(东京战犯审判，第20卷，判决书与附录)，纽约：加兰出版社，1981年版，第49608页。

奸案中还伴随着变态的施虐行为。很多女性在遭受凌辱之后被杀害，肢体支离破碎。日军占领之后最初的一个月内在城内大约发生了 20 000 多起强奸案。①

留在城内的美国长老会传教士威尔逊·波鲁默·米尔斯描述了南京妇女所经历的可怖的日子，"如果你们也见到一些成群的妇女在凌晨从一处逃往另一个地点，以为她们会比前一晚经历的恐怖略微安全一些，你们也会和我们一样心如刀绞的。的确发生了数以千计的强奸案"。②

放纵的日本兵在城内四处游荡，随意闯入任何一座房屋，掳掠洗劫。据报道，城内没有一处房产未遭日军闯入、抢劫。无论这座房屋，或商店是外国人的产业，还是中国人的私人房产，悉数被闯入，遭到洗劫、掳掠。美国、英国、德国、法国与意大利的大使馆被闯入，物品被洗劫而去。③ 根据当时在南京的一位美国教授马内·舍尔·贝茨的描述，没有一座商店没有遭到损坏，很多商店被日本军人动用卡车彻底洗劫。④

屠杀、强奸、掳掠加剧了恐怖的氛围，然而，蔓延四处的纵火焚烧，以及到处横陈的尸体，展现了最直观、最可怕的实实在在的大屠杀场面。肆意纵火焚烧遍及城市各处，很多街道的房屋建筑被焚毁。城南商业闹市区遭受了最为严重的大火蹂躏，成片成片街区的房屋建筑被烧毁。⑤ 许多街区仅剩下十来栋或更少的房屋仍兀立着。留在南京的另一位美国传教士胡勃特·拉法耶特·索尼描述了他亲眼目睹的焚烧场景：

> 很多人的家室遭到焚烧，商店、店铺仍然在燃烧。每天白昼黑

---

① 同上，第 49605 至 49606 页。
② Wilson Plumer Mills（威尔逊·波鲁默·米尔斯），A letter to his wife Nina（致妻子妮娜的信），1938 年 1 月 10 日，耶鲁大学神学院图书馆特藏部，第 8 档案组，第 141 文件盒。
③ 詹姆斯·爱斯比，"1938 年 1 月南京的状况"，第 10 页。
④ Miner Searle Bates（马内·舍尔·贝茨），A letter to his wife Lilliath（致妻子莉莱丝的信），1938 年 1 月 9 日，耶鲁大学神学院图书馆特藏部，第 10 档案组，第 1 文件盒，第 8 文件夹。
⑤ 詹姆斯·爱斯比，"1938 年 1 月南京的状况"，第 12 至 13 页。

夜在城内都能见到烈焰。太平路和中华路几乎全部被烧毁。几乎所有的商业闹市区都遭焚烧。讲堂街教堂和基督教青年会被彻底焚毁。因此，人们有可能回家之际，不是所有的人都有家可归了。城外的很多村庄也遭到焚烧。①

二

战事在上海爆发两周之后，1937年8月26日，英国驻华大使休·蒙哥马利·纳契布-赫格森爵士乘轿车从南京前往上海，和日本驻华大使川越茂商讨以外交途径来解决上海冲突的可能性。当醒目地悬挂着英国旗的汽车驶抵上海以西50英里之处，汽车遭到两架日本军用飞机的袭击，机枪扫射座车，致使英国大使受重伤。袭击事件立即导致英日关系趋于紧张，外交龃龉随之而起。与此同时，大使住进了医院治疗，英国外交部派遣以前曾任英国驻南京大使馆参赞的罗勃特·乔治·豪尔到南京担任临时代办，负责大使馆的事务。② 豪尔立即从伦敦启程飞往中国，于9月初到任视事，作为英国驻华的最高外交官直至1938年3月新任驻华大使阿契鲍德·克拉克·科尔到任。

上海落入日本人之手后，中国政府于1937年11月20日宣布将首都从南京迁往中国西部的重庆。有些政府部门直接迁至重庆，还有一些部门，诸如交通部、财政部与外交部先搬迁到位于华中的汉口。美国、英国、法国、德国、俄国，以及其他一些国家，在敦促各自的公民撤离南京之际，指示他们的大使馆跟随外交部先行迁往汉口，直至有必要再往西面

---

① Hubert Lafayette Sone（胡勃特·拉法耶特·索恩），A letter to Philip Francis Price（致菲力浦·弗朗西斯·普赖斯的信），1938年1月16日，特拉华州惠灵顿：学术资料公司，微缩胶卷第85卷，金陵神学院档案，1912至1949年卫理公会传教士档案。

② "Airmen Fell Diplomat near Shanghai"（飞机员在上海附近击倒外交官），*Washington Post*（华盛顿邮报），1937年8月27日，第1与第3版；"British Note Rebukes Japan"（英国照会驳斥日本），*Christian Science Monitor*（基督教科学箴言报），1937年8月30日，第2版。

迁徙。①

　　然而,豪尔在11月中旬谈到,既然英国在重庆与汉口都设有总领事馆,上海将是英国大使馆的最佳选址。② 英国大使馆迁至汉口两个星期不到,12月3日大使馆做好准备迁往上海。③ 经过一个星期途经香港的辗转跋涉旅行,以及豪尔趁便在香港看望了疗养康复的纳契布-赫格森大使,豪尔及其使馆工作人员于1937年12月9日抵达上海。④

　　使馆的大部分工作人员撤离中国首都之际,与美国和德国使馆的做法相同,英国大使馆在南京留下一个精干的领事小组。英国领事亨弗雷·英吉兰·普利焘-布伦、武官威廉·亚利山大·洛凡特-弗莱瑟中校,以及其他工作人员萨金特·巴森斯和沃特·亨利·威廉斯留在南京直至12月8日,其时,他们登上停泊在南京附近江面的英国炮艇"圣甲虫号"与其他英国商船。

　　随着战事逐渐逼近,12月8日,日本驻上海总领事通知驻上海的西方各国领事馆,"日军真切地希望目前留在南京的所有外国公民即刻撤离南京,以远离实际作战区域"。⑤ 12月8日晚,负责英国大使馆的普利焘-布伦决定,所有仍滞留南京的英国公民都要撤到停泊在下关附近的英国船只上。⑥

　　结果,普利焘-布伦、洛凡特-弗莱瑟、巴森斯与伦敦《泰晤士报》记者

① "Chiang Masses Fresh 200 000 about Nanking"(蒋在南京周围结集20万部队),*Washington Post*(华盛顿邮报),1937年11月19日,第3版。

② "Americans Ready to Leave Nanking"(美国人准备离开南京),*New York Times*(纽约时报),1937年11月17日,第5版。

③ "Britain Plans to Move Her Embassy to Shanghai"(英国人准备将大使馆迁往上海),*New York Times*(纽约时报),1937年12月4日,第1版。

④ "British Envoys Confer"(英国使节会面),*New York Times*(纽约时报),1937年12月5日,第11版;"Japs Push into 2 More Cities in Nanking Area"(日本人又挺进南京地区两城镇),*Chicago Daily Tribune*(芝加哥每日论坛报),1937年12月10日,第10版。

⑤ William Alexander Lovat-Fraser(威廉·亚利山大·洛凡特-弗莱瑟),"The Capture of Nanking"(攻占南京),1938年1月3日,第10页,伦敦英国国家档案馆,外交部政治部门1906至1966年一般通讯联络文件,FO371/22043卷宗,第1751号文件。

⑥ 同上,第11页。

柯林·麦尔科姆·麦克唐纳登上英舰"圣甲虫号";南京海关关长胡勃特·杜瑟·希利亚德、和记洋行的菲利浦·罗勃特·希尔兹、太古洋行的伊万·E. L. 麦凯乘坐英舰"蟋蟀号";亚细亚火油公司的保罗·海克特·蒙罗-福勒与 D. J. 林恩以及和记洋行的诺曼·哈利·普瑞斯乘上亚细亚火油公司的轮船"滇光号";江苏邮政局局长威廉·瓦特·瑞奇包租了太古洋行的轮船"万通号",江苏邮政局副局长哈罗德·哈利·莫兰德,以及邮局的职工乘坐这艘船;英国使馆的沃特·亨利·威廉斯与德国外交官、荷兰与俄国公民乘坐怡和洋行的旧船"庆和号"。① 这样,除了路透社记者莱斯利·C. 史密斯,所有的英国公民都在日军发动总攻之前撤出南京。史密斯留下来报道了围城之战、城陷,以及大屠杀的最初阶段,然后于 1937 年 12 月 15 日搭乘英舰"瓢虫号"前往上海。

12 月 9 日较为平静,洛凡特-弗莱瑟中校在英舰"圣甲虫号"旗舰船长乔治·埃瑞克·玛歇·奥东纳尔的陪同下,在下关上岸察看。下关地区在熊熊燃烧。当晚,遵照日本人"远离实际作战区域"的要求,英国船队行驶至南京上游 4 英里处的三叉河的安全停泊处。

12 月 10 日晚,洛凡特-弗莱瑟中校与普利焘-布伦、希利亚德一道再次去下关,试图进城。当天下午 2 时,日军发起了总攻,炮火极其猛烈,他们根本不可能进城。②

12 月 11 日下午 2 时,英国船队在上述"安全停泊处"遭到日军炮兵从南岸发射的炮弹袭击。为安全起见,船队仓促之中再往上游行驶了 10 英里。③

除了炮击船队,日本人 12 月 10 日占领芜湖之后,要求所有的外国人必须获得通行证才能在芜湖登岸。这一系列事件促使英国海军长江支队高级海军军官瑞吉诺·威瑟·霍特海军少将要求于次日早晨在芜

---

① 同上。
② 同上,第 12 页。
③ 同上。

湖与负责英国船队的奥东纳尔海军上校会面,商讨当前的局势。

12月12日凌晨4时30分,奥东纳尔、普利焘-布伦与洛凡特-弗莱瑟乘坐英国轮船"常德号"前往芜湖,将英国船队交由英舰"蟋蟀号"负责。[1] 他们于早晨7时30分抵达芜湖,转乘英舰"瓢虫号"之际,日军在南岸的机关枪对着"常德号",以及近旁的"瑞和号"与"蜀光号"扫射。"瓢虫号"为了躲避机枪扫射,向岸边驶去,却遭到日军野战炮火的袭击。日军对"瓢虫号"发射了100多发6英寸榴弹炮炮弹,造成该船严重损伤,打死船上诊所护理员泰伦斯·N. 朗内根,致使斯茅伍德海军中士与马修军需官重伤。混乱之中,奥东纳尔为船掌舵,他的一个手指被弹片削掉。[2]

此后,洛凡特-弗莱瑟与奥东纳尔上岸,向当地的日军司令官桥本欣五郎抗议,以制止炮兵继续射击。此时,仍在抗议争论的过程之中,悬挂着霍特海军少将旗帜的英舰"蜜蜂号"驶进芜湖港时,遭到炮击。洛凡特-弗莱瑟上前将炮兵拽开,不让他们开炮,以使"蜜蜂号"安全地在"瓢虫号"旁停泊。[3]

霍特上岸后,加入到抗议争论的行列中。芜湖事件还没有解决,又传来下游的另一起轰炸事件。大约在下午1时30分,日军飞机袭击了英国船队,在"黄埔号"、"万通号"与"庆和号"周围投下炸弹。虽然没有直接击中船只,炸弹的汽浪与弹片对"庆和号"的上部结构造成严重损伤。结果,"黄埔号"与"庆和号"上的外国乘客,转移到英舰"蟋蟀号"上。日军飞机在下午2时30分、4时,分别再次袭击了船队。英舰"蟋蟀号"与"圣甲虫号"开火,迫使飞机不能俯冲下来,降低高度进行投弹。因此,

---

[1] James Ian Murray Ashby(詹姆斯·伊安·莫雷·爱希比),"Proceedings(情况报告)," 1937年12月12日,伦敦英国国家档案馆,海军部档案,长江巡逻记录,ADM116/3881卷宗。

[2] Martin H. Brice(马丁·H. 布瑞斯),*The Royal Navy and the Sino-Japanese Incident*,1937—41(皇家海军与中日战争,1937—1941),伦敦:伊安·爱伦出版社,1973年,第58至59页。

[3] 同上,第59页。

船只没有被直接击中,没有造成进一步的损害。①

美国军舰"巴纳号"却没有这么幸运。12 月 12 日上午 8 时 30 分,"巴纳号"护送由"美安号""美夏号"和"美平号"组成的美孚石油公司的船队从先前大约位于南京上游 11 英里的泊锚地往上游行驶,并在"蟋蟀号"旁停留,转交一名在"河光号"轮船上负伤的中国人。"巴纳号"船长詹姆斯·约瑟夫·休斯告诉"蟋蟀号"船长詹姆斯·伊安·莫雷·爱希比,"观察到发射的炮弹落入他船后面约 600 码的江中,他将行驶到南京上游约 23 英里的停泊地"。②"巴纳号"最终于上午 11 时在南京上游约 28 英里的和县附近抛锚停泊,没有意识到即将来临的危险。大约在下午 1 时 40 分,三架日军双引擎飞机飞越上空,投下数枚炸弹,其中两枚命中"巴纳号",另一枚击中"美平号",对两艘船造成相当严重的损坏。紧接着第一波袭击,6 架单引擎飞机飞来,向"巴纳号"共投掷了 20 枚炸弹。轰炸"巴纳号"造成的伤亡为 3 人被炸死:美国海军一等军需管理员查尔斯·李·恩斯敏杰与意大利记者尚德洛·赛德利于 12 月 13 日在和县死去,美国海军舵手埃德加·乔治·胡斯伯斯 12 月 19 日在上海伤重身亡;几十个人负伤,其中包括船长休斯海军少校与美国大使馆二等秘书约翰·豪尔·巴克斯顿。下午 3 时 54 分,美国炮艇"巴纳号"沉入长江。

12 月 12 日晚间,美国长江巡逻司令爱德华·约翰·马阔特和亚洲舰队总司令哈利·欧文·雅纳尔分别给霍特海军少将发电报,请他设法与"巴纳号"联络,因为那天下午 1 时 35 分,炮艇中断发送正在拍发的一份电报。第二天上午,霍特与普利泰-布伦、洛凡特-弗莱瑟,以及"瓢虫号"船长哈利·道格拉斯·巴洛等人一起在芜湖出席朗内根的葬礼之

---

① Ivor E. L. Mackey (伊万·E. L. 麦凯), "Nanking Evacuation, December 1937"(1937 年 12 月撤离南京),1937 年 12 月 19 日,以及 James Ian Murray Ashby (詹姆斯·伊安·莫雷·爱希比), "Proceedings"(情况报告),1937 年 12 月 12 日,两件均藏伦敦英国国家档案馆,海军部档案,长江巡逻记录,ADM116/3881 卷宗。

② James Ian Murray Ashby (詹姆斯·伊安·莫雷·爱希比), "Proceedings"(情况报告),1937 年 12 月 12 日。

际,接到电话,称"巴纳号"前一天被日本人炸沉,54名幸存者,其中许多人负伤了,已抵达长江北岸的和县。[①]

　　12月13日中午,英舰"蜜蜂号"驶往和县,途中在位于芜湖下游4英里的英国船队停顿,让洛凡特-弗莱瑟转乘"常德号",普利焘-布伦则留在英舰"瓢虫号",以便与日本当局保持联系。"蜜蜂号"抵达"巴纳号"沉没水域之后,霍特立即派出搜索小分队,设法与幸存者取得联系,并开展救援行动。[②]

　　与此同时,美国军舰"瓦胡号"全速向下游行驶,并于12月14日上午10时16分到达和县水域,按照命令协助救援行动,并将幸存者送往上海。同一天下午5时50分,英舰"瓢虫号"也赶到沉没水域,加入救援的行列。[③]

　　"蜜蜂号""瓦胡号"与"瓢虫号"的船员,在当地中国人的协助下,几经周折,努力将"巴纳号"所有的幸存者找到,接出来安顿在"瓦胡号"与"瓢虫号"上。有10个用担架抬来的重伤员,其中包括"巴纳号"的船长与副船长,安置在"瓦胡号"上。其余的幸存者分乘"瓢虫号"与"瓦胡号"。"瓦胡号"还接受了安放在均覆盖着美国星条旗棺木中的恩斯敏杰、赛德利、"美安号"船长卡尔·哈利·卡尔顿,以及不知名的中国籍舵手的遗体。[④]

　　接着组建起一支船队,由护航的日本驱逐舰"鹊号"领航,"瓦胡号"

① Harold Thomas Armstrong（哈罗德·汤姆斯·阿姆斯特朗）, "Report of Proceedings"（情况报告）,1937年12月17日,伦敦英国国家档案馆,海军部档案,海军舰队,长江巡逻一般通信,情况报告,1937—1938,ADM1/9558卷宗。

② 同上。

③ John Mitchell Sheehan（约翰·米歇尔·希汉）, "Weekly Intelligence Summary for the week ending 19 December, 1937"（截止于1937年12月19日的一周情报总结）,1937年12月20日,华盛顿特区美国国家档案馆,第38档案组,海军行动部部长办公室档案,1929至1942年海军情报一般通信,第194文件盒,A8-2/FS＃2文件夹。

④ 同上,与约翰·米歇尔·希汉, "Nanking"（南京）,*U. S. Naval Institute Proceedings*（美国海军学院汇编）,第69卷,1943年9月号,第1193页。

紧随其后,接着是"瓢虫号",日本鱼雷艇"鸿号"殿后。12月15日下午1时,船队启程往下游行驶,前往上海。约在下午4时30分,"瓦胡号"与"瓢虫号"抵达南京上游不远处临近南岸的泊位,按照日本人的指示,停泊在那儿过夜。① 船只在南京停留时,4名英美记者上船来,他们是《纽约时报》的弗兰克·提尔曼·杜丁、帕拉蒙新闻摄影社的摄影记者亚瑟·冯·布里森·孟肯,以及《芝加哥每日新闻报》的阿契包德·特洛简·斯提尔,他们搭乘"瓦胡号";路透社记者莱斯利·C. 史密斯乘坐"瓢虫号"。在此之前,洛凡特-弗莱瑟于12月14日在芜湖乘坐"瓢虫号",普利焘-布伦则留在英舰"蜜蜂号"上。

12月16日晨约7时,"瓢虫号"与"瓦胡号"驶离南京,经过两天的航行,最终于1937年12月17日下午4时45分抵达上海。②

英国领事普利焘-布伦与德国领事罗森一起,从12月18日至20日留在停泊于南京附近江面上的英舰"蜜蜂号"上,希望战争状况结束之后,他们不久便能够回城,恢复使馆的日常事务。然而,12月18日,日本外交官通知"蜜蜂号"的参谋长,"现乘坐蜜蜂号的英国和德国领事官员都不会获准上岸,因为海军与陆军当局已作出决定,目前不允许外国人进入南京"。③ 结果,普利焘-布伦与罗森只得作出安排前往上海。

尽管多次请求尝试,直至12月31日,"蜜蜂号"船长得到的信息是"仍不允许外国人上岸,根据日军司令代表的说法,1月5日之前都不允许上岸"。④ 英国外交官直至1938年1月9日才获准在南京登岸。

---

① 约翰·米歇尔·希汉,"截止于1937年12月19日的一周情报总结",1937年12月20日。

② 同上。

③ Chief of staff, HMS Bee (英舰"蜜蜂号"参谋长), A telegram to Vice Admiral, Yangtze (致长江分队海军中将电报),1937年12月18日,伦敦英国国家档案馆,海军部档案,长江巡逻记录,ADM116/3881卷宗。

④ John Moore Allison (约翰·摩尔·爱利生),1937年12月31日晚6时发未编号电报,美国国家第二档案馆,59档案组国务院档案,微缩胶卷M976组,48卷。

三

1938年1月9日中午时分,英舰"蟋蟀号"抵达下关码头。船上搭乘着英国领事普利焘-布伦、武官洛凡特-弗莱瑟中校、临时空军武官沃斯勒空军中校,以及德国使馆的工作人员。英国领事、武官与德国使馆的工作人员在下午登岸,但是,由于在上海的当局没有通知日本人空军武官将抵达,他没有获准上岸。在获准上岸之前,他在英舰"蜜蜂号"上栖身。① 几经谈判,最终作出安排允许沃斯勒于1月12日进南京。

抵达南京两天后,普利焘-布伦于1月11日给上海的豪尔发出第一封电报,报告他们平安抵达,安顿下来的情况。② 1月13日,在一份篇幅较长的电报中,普利焘-布伦较为详细地报告了沦陷后南京城内的情况:

> 这里的状况远比我们预期的要困难与反常。在占领城市后最初的两个星期所犯暴行的性质与规模几乎难以令人置信。就日军失控的状况而论,情况缓慢地有所改善,但是,孤立的谋杀案与其他野蛮残暴的行径仍持续着。最近三天来,德国人与美国人居住着,并悬挂着各自国旗的住宅被日军强行闯入。在没有知会美国大使馆的情况下,日军从美国人的住宅中强行抓走一名中国人。③

他谈到,南京城完全在日军控制之下。日军凶神恶煞,对英国官员极度敌视。普利焘-布伦认为,城内西方居民所做的工作,尤其是他们在

---

① Harold Thomas Armstrong(哈罗德·汤姆斯·阿姆斯特朗),"Report of Proceedings"(情况报告),1938年1月31日,第3页,伦敦英国国家档案馆,海军部档案,海军舰队,长江支队一般通信,情况报告,1937—1938,ADM1/9558卷宗。

② Consul Nanking(驻南京领事),A telegram to the British Embassy in Shanghai(致英国驻上海大使馆电报),1938年1月11日,伦敦英国国家档案馆,外交部档案,FO371/22144卷宗,478文件夹。

③ Consul Nanking(驻南京领事),A telegram to the British Embassy in Shanghai(致英国驻上海大使馆电报),1938年1月13日,下午5时18分,伦敦英国国家档案馆,海军部档案,长江巡逻记录,ADM116/3882卷宗。

安全区内保护难民，值得高度赞扬，"毫无疑问，仅仅由于他们身在南京便保证了相对安全的区域，他们持续不断、勇敢地进行干预，避免了很多对民众的袭击"。与此同时，"日军坚决反对除了官员以外的任何外国人返回南京，显而易见，以上述情况而论，任何英国臣民回南京都是不明智，也是徒劳无益的。任何重启商业的活动必须有赖于在中国人之中采取缓和的措施，然而，无法预言那样的情况何时才能到来"。①

洛凡特-弗莱瑟1月14日表达了类似的言论，"南京是座死寂之城，近期进行贸易的可能性微乎其微。日军处于完全控制的地位，他们对外国人，尤其对英国人的态度绝对是敌视的。武官一直未能和军方取得联系"。②

由于武官与空军武官在全城各处巡视检查英国房产的情况，普利焘-布伦生怕他们的大胆张扬的行为会激怒日本人。结果，他"非常希望目前在南京的武官与空军武官离开，因为他们使日本人恼怒不快"，③因为他觉得"我们在当地与日本人打交道的成功首先有赖于避免与日军发生冲突，逐渐与他们建立起和睦的关系"。④ 最终作出安排，让洛凡特-弗莱瑟与沃斯勒在1938年1月16日，在他们抵达仅一周后，乘坐英舰"蚜虫号"离开。

普利焘-布伦独自一人在南京工作了两个星期，一封接着一封地发电报，报告南京城内的情况：

---

① 同上。
② Consul Nanking（驻南京领事），A telegram to the British Embassy in Shanghai（致英国驻上海大使馆电报），1938年1月15日，伦敦英国国家档案馆，海军部档案，长江巡逻记录，ADM116/3882卷宗。
③ Senior Naval Officer, Nanking（驻南京高级海军军官），A telegram to Rear Admiral, Yangtze（致长江分队海军中将电报），1938年1月14日，伦敦英国国家档案馆，海军部档案，长江巡逻记录，ADM116/3882卷宗。
④ Consul Nanking（驻南京领事），A telegram to the British Embassy in Shanghai（致英国驻上海大使馆电报），1938年1月18日，上午11时10分，伦敦英国国家档案馆，海军部档案，长江巡逻记录，ADM116/3882卷宗。

上个星期,本地的状况没有明显的改善。除了作为军事行动的中心,整个城市死寂一片。不断有部队进进出出,部队的行动似乎并没有受限于城内总体的状况。美国大使馆上个星期一直忙于处理日本兵强行闯入美国房产劫持妇女,掳掠的案件。已在东京提出强烈抗议,我得知已下达指示,要更好地保护外国人的财产。

没有迹象证明有任何尝试来发展市政管理,或为中国人的生命与财产提供安全保障。毫无诚意地劝说安全区内的一些难民返回位于城市其他地区的家中。只有极少数人冒险尝试,但立即遭遇了灾难。①

城内总体的状况丝毫没有改善,与此同时,日军仍坚决反对除了外交官以外的外国人返回南京。② 恢复任何正常商业活动的可能性也是令人悲哀得渺茫。

除了监察南京的状况,普利泰-布伦还收集有关城内英国房屋财产情况的信息。他谈到,在下关除了扬子旅馆与车站而外,几乎所有的房屋都沦为废墟。③ 在英国公司祥泰木行的木料场,建筑完好,但办公室被洗劫。库存的木材没有受损,但日军搬运走少量木材。他就此向日本总领事馆提出了抗议。④ 在和记洋行,他发现"没有什么损失,但是居住在那儿的人们惊恐异常,遭受虐待。一如其他城区,仍持续不断从洋行的

---

① Consul Nanking(驻南京领事),A telegram to the British Embassy in Shanghai(致英国驻上海大使馆电报),1938 年 1 月 21 日,伦敦英国国家档案馆,海军部档案,长江巡逻记录,ADM116/3882 卷宗。

② 同上。

③ Consul Nanking(驻南京领事),A telegram to the British Embassy in Shanghai(致英国驻上海大使馆电报),1938 年 1 月 18 日,下午 2 时 31 分,伦敦英国国家档案馆,海军部档案,长江巡逻记录,ADM116/3882 卷宗。

④ Consul Nanking(驻南京领事),A telegram to the British Embassy in Shanghai(致英国驻上海大使馆电报),1938 年 1 月 18 日,下午 5 时 30 分,伦敦英国国家档案馆,海军部档案,长江巡逻记录,ADM116/3882 卷宗。

大院中劫持走姑娘"。①

1938年1月29日,普利熹-布伦乘英舰"蜜蜂号"离开南京去上海,从而中止了他在南京的使命。离城前夕,他简略地报告了美国驻南京领事约翰·摩尔·爱利生在调查发生在美国房产上的一桩强奸案时被日本兵打耳光的"爱利生事件"。1月29日,他总结性地报告了在他离开之际所观察的南京的状况:

> 由于缺乏任何集中统一的控制,日军目无法纪的状况仍持续着。主要为强奸。浪人(投靠军队的平民食客,冒险份子,亡命之徒)出现了,很可能是制造更多麻烦的根源。

> 二十五万中国平民难民的问题非常严重。日本人通知安全区委员会,必须在2月4日之前遣散难民。大多数难民无家可归,没有生存的手段。日本当局任何仓促草率的举动有可能引起骚乱、更多的暴行。

> 日本人仍然极度地憎恨外国人对他们行为的观察。对美国与德国大使馆持有敌意。负责日本使馆的福井先生的无能不称职使得这方面的情况更为困难。②

回到上海后,普利熹-布伦除了起草一份全面记叙"爱利生事件"的报告,他还递交了一份描述在英国人保护下的中国难民情况的报告。英国人在怡和洋行的一艘旧轮船上庇护了300名包括妇女儿童在内的中国难民。这艘船在1937年12月12日日机轰炸英国船队时被炸伤。遭受轰炸之际,指示中国乘客到长江北岸疏散开来,得到信号之后再返回船上。那些回来的人被送往上海。然而还有很多人由于害怕而没有及

---

① Robert George Howe（罗勃特·乔治·豪尔）, No. 128 telegram（第128号电报）, 1938年1月22日,伦敦英国国家档案馆,外交部档案,FO371/22085卷宗,921文件夹。
② Robert George Howe（罗勃特·乔治·豪尔）, No. 220 telegram to the Foreign Office（致外交部第220号电报）, 1938年2月1日,伦敦英国国家档案馆,外交部档案,FO371/22146卷宗,1371文件夹。

时返回。过了一些时日之后,人们渐渐寻路回来,只能栖身在由英国军舰监管的这艘船上狭小的空间里。这群中国难民使英国大使馆处于两难的境地:"由于日本人已经怀疑住在旧船上的人,并极度仇视外国人任何试图救助中国人的行为,眼下真不知道应该如何安置这些人。(除了极少数特例之外)不允许中国人在南京上岸、进城,或离城。"①

普利焘-布伦还描述了另外一批在英国大使馆避难的中国人。英国大使馆的院落里大约有 200 多名男女老少,其中有些是海关、邮局官员的仆人,他们无法安全地待在自己的家里。还有一些人来自萨家湾及附近其他村庄。目前根本不可能将这些人赶出使馆大院,因为"除了在安全区内,中国人不能四处走动,除非待在一座使馆大院里,没有人是安全的。我们只能留他们在这儿,直至有妥当的保护措施对平民百姓进行总体的重新安置"。②

然而,在普利焘-布伦的电文中,对日军暴行只有概括性的描写,没有对日军暴行的具体案例详细的记载。在英国外交部档案中寻获的对日军暴行的详细叙述都是美国传教士记录下来的。这些报道暴行的材料由美国与英国炮艇偷带到上海。豪尔在上海获得这些材料,再发回伦敦的外交部。

1938 年 1 月 15 日,豪尔发送了他从中华全国基督教协进会的查尔斯·路德·博因顿那儿获得的两份报告。一份为芜湖总医院的美国传教士医生罗勃特·埃尔斯渥兹·布朗对日军在芜湖暴行的目击证词;另一份是南京金陵大学的美籍教授马内·舍尔·贝茨书写的报告。贝茨详细记载了日军攻占南京后最初几天内发生的情况。

1 月 18 日,豪尔用外交保密邮袋发送了从博因顿处获得的更多的日

---

① Humphrey Ingelram Prideaux-Brune (亨弗雷·英吉兰·普利焘-布伦), "Situation at Nanking, Chinese Refugees at Present under British Protection"(南京的状况,目前受到英国人保护的中国难民),1938 年 1 月 31 日,伦敦英国国家档案馆,外交部档案,FO371/22152 卷宗,2818 文件夹。

② 同上。

军暴行材料:贝茨 1937 年 12 月 16 日至 12 月 30 日致日本大使馆的信件与布朗医生 1937 年 12 月 30 日的信件。

1 月 24 日,豪尔寄出了贝茨 1938 年 1 月 10 日的信件。在信中,贝茨告诉他的朋友们:

> 一万多手无寸铁的人被残酷杀害。大多数我可以信赖的朋友认为这个数字要大得多。有些是丢弃枪支,或受困后投降的中国军人;还有包括不在少数的妇女与儿童的平民百姓,通常甚至都没有指责他们当过兵的借口,便被枪杀,或刺刀刺死。能干的德国同事认为发生了两万件强奸案。我应该说不少于八千件,也许是八千以上某个数字。仅仅在金陵大学的房产上,包括一些我们工作人员的家庭与目前由美国人占用的美国房屋里,发生了一百多件强奸案,这些案件我都有详情的记载,以及大约三百件肯定发生的强奸案。你们简直想象不出那样的痛苦与恐惧。仅在金陵大学的房产上,年仅 11 岁的少女与年已 55 岁的妇女均遭强奸。在金陵神学院的校园里,17 个日本兵在光天化日之下轮奸一名妇女。事实上,大约三分之一的强奸案发生在白天。①

在普利焘-布伦启程前往上海之前,另外两名英国外交官,欧内斯特·威廉·捷夫雷与沃特·亨利·威廉斯于 1938 年 1 月 27 日乘坐英舰"蚜虫号"抵达南京,接管英国使馆的事务。与普利焘-布伦做法相同,捷夫雷不间断地向上海的英国大使馆发电文,报告南京的状况。他在 2 月 18 日的电文中报告,当地的日军当局仍然拒绝商人来南京。没有进行贸易的可能性,也不可能早日复苏。留在南京的都是极度贫困的人们,与

---

① 马内·舍尔·贝茨,致朋友的信,1938 年 1 月 10 日,罗勃特·乔治·豪尔 1938 年月 24 日发送给伦敦英国外交部外交保密信袋,伦敦英国国家档案馆,外交部档案,FO371/22146 卷宗,2334 文件夹。

周围遭受蹂躏的乡村处于隔绝的状态。①

随着城内的状况逐渐改善,捷夫雷着重报告城内与城市周围的社会状况,以及与日本外交官就英国公民对财产损失索赔进行谈判等事宜。1938年5月,捷夫雷报告道,仍然没有迹象显示,中国富裕阶层的商人将回城。因为日军控制着全城,大批日军部队定期经过该城。日军最近加紧了,而不是松懈了控制。江边码头一带仍为军事禁区,仍严密把守着城门。任何经过城门的中国人都可能被拦下来,行李遭到搜查。日军禁止英国与其他国家的公民返回南京之际,到南京来的日本平民数量大得惊人。3月底,日本总领事声称,有800多日本居民在从事各种商业活动。②

然而3个月后,日本平民的人口跃升至1504,其中827名男性,687名女性。与此同时,捷夫雷报告道,在南京周围的农村里,游击队积极活动,摧毁道路、桥梁,8月13日已非常接近南京,并与日军进行激烈的战斗。日军当局仍完全控制着城内与城门,但是他们并不关心中国人的福祉或发展商贸。③

捷夫雷1938年11月份的观察基本上没有什么变化:

> 日军仍然控制着南京。在城门口设置岗哨,警卫在道路的进口处,日军控制着铁路交通,整个江边地区仍然控制在海军或陆军的手中。日军特务机关完全控制着本地中国人的市政府。
>
> 没有迹象显示日军的控制在不久的将来会有所松懈;显然,装备良好的游击队在南京城四周都很活跃,日军经常和他们交战,并

---

① Ernest William Jeffery(欧内斯特·威廉·捷夫雷),第54号电报,1938年2月18日,在罗勃特·乔治·豪尔第348号电报内,1938年2月20日,伦敦英国国家档案馆,海军部档案,中日战争,1937至1939年日本限制长江航运,ADM116/3941卷宗。
② 欧内斯特·威廉·捷夫雷,"1938年5月3日南京状况的报告",伦敦英国国家档案馆,外交部档案,FO371/22155卷宗,7116文件夹。
③ 欧内斯特·威廉·捷夫雷,"1938年8月18日南京状况的报告",伦敦英国国家档案馆,外交部档案,FO371/22155卷宗,10385文件夹。

遭受大量的人员伤亡。①

　　1938年8月与9月,两个英国商人获准到南京与芜湖检查公司在那儿的业务,评估在这个地区做生意的前景,草拟了两份涉及南京状况的报告,提交给英国大使馆。太古洋行的约翰·金洛基爵士1938年9月3日乘坐英舰"蟋蟀号"抵达南京,他甫抵南京的印象是,"与并不久远的繁华时光相比,南京目前肯定是座死寂之城,除了在不大可能遇到日本兵的肮脏偏僻街巷,人们甚至见不到日常做小生意,诸如沿街贩卖食品的小贩与剃头匠"。他注意到,在日本人的统治下,中国老百姓看上去"遭受蹂躏压制、无精打采,似乎并不在意未来(或日本人)将给他们带来什么"。②

　　1938年8月25日至9月14日造访南京的怡和洋行商人T. S. H.何益描述了直到那时仍非常明显的城市遭受摧毁的情况:

　　　　除了太平路一带,城内受损的情况看起来约有百分之二十到二十五,但是不幸的是,一些较好的建筑遭到毁坏。根据外国人与中国人的说法,太平路一带首先被日本人洗劫,再付之一炬,损失看起来约有百分之九十到九十五。甚至在这儿也已经进行了粗陋形式的重建工作。一些建筑被日本人占有。很多被烧毁的以前为中国人商店的底层建筑被日军当马厩养马。③

　　捷夫雷在南京任职期间的另一个主要工作则是申请与处理在南京遭受财产损失的英国臣民的索赔事宜,然后与日本外交官进行磋商谈判,迫使日本政府承担赔偿的责任。

---

① 欧内斯特·威廉·捷夫雷,"1938年11月4日南京状况的报告",伦敦英国国家档案馆,外交部档案,FO371/22156卷宗,13815文件夹。

② John Kinloch(约翰·金洛基),"Notes on Visit to Nanking by J. Kinloch"(J. 金洛基出访南京随记),伦敦英国国家档案馆,外交部档案,FO371/22155卷宗,11032文件夹。

③ T. S. H. Hoey(T. S. H. 何益),"Notes on a Trip to Nanking - 25. 8. 38/14. 9. 38"(出访南京旅途随记,1938年8月25日至9月14日),外交部档案,FO371/22155卷宗,12571文件夹。

近一个世纪以来,在长江三角洲地区,英国的商业和贸易利益不断扩大。到了二十世纪三十年代,南京已有大量的英国公司、企业与其他设施。南京大屠杀期间,进行大肆洗劫与焚烧,英国的财产和利益不可避免地遭受了巨大的损失。在外交部档案中发现了一些由英国公民提交的证据齐全的财产损失索赔申请。威廉·亨利·端纳、哈罗德·哈利·莫兰德、诺曼·哈利·普瑞斯、威廉·沃特·瑞奇、S. 萨德胡·辛与沃特·亨利·威廉斯等人通过英国驻南京大使馆提交了要求日本当局索赔的申请。除了提交他们所遭受损失完整详实的描述,每个索赔申请均附有分类明细的损失物品清单及其英镑金额。捷夫雷和威廉斯做了大量的工作来调查核实索赔申请,并就赔偿事宜与日本外交官进行谈判。

除了正式提交的赔偿申请之外,英国驻上海总领事赫伯特·菲利浦斯还处理了很多英国臣民与英国企业在南京领事辖区内遭受损失的索赔事宜。

四

1840—1842 年的鸦片战争之后,英国迫使中国签署了一系列不平等条约,允许在沿海与长江沿岸的一些城市与外国通商,使之成为外国人可以居住、经商的"条约口岸"。外国人可以在这些港口城市中生活,做生意。自从那时起,英国皇家海军便一直在中国,尤其在通商口岸,驻泊舰只,在中国沿海、主要的江河水道巡逻,为英国公民及其财产提供保护,确保英国商人能够自由出入这些通商口岸做生意。[①]

到 1937 年,在长江下游巡逻的英国舰只主要为昆虫级的炮艇"蚜虫号""蜜蜂号""蟋蟀号""瓢虫号"与"圣甲虫号"。这些舰艇定期轮流驻防

---

① 马丁·H. 布瑞斯,《皇家海军与中日战争,1937—1941》,第 27 页。

在上海、镇江、南京和芜湖等港口。这些驻防舰艇的船长在驻防的这段时间内，便被任命为驻防港口城市的高级海军军官，英文简称SNO，诸如驻芜湖、南京、镇江与上海的高级海军军官。如果英国驻该城市的领事不在城内，驻防的海军高级军官便兼任代理英国领事，负责报告当地的情况。

日军向南京发动总攻之际，"蟋蟀号"和"圣甲虫号"与几艘英国商船停泊在下关上游约10英里处。"瓢虫号"停泊在芜湖港，12月12日遭到日军炮击而受伤。此时，瑞吉诺·威瑟·霍特海军少将坐镇其中的旗舰"蜜蜂号"正向下游行驶，并冒着日军的炮火袭击抵达芜湖。"蜜蜂号"12月13日中午启程驶往"巴纳号"沉没水域，并停留在和县水域实施救援任务，直至12月18日傍晚5时30分才驶抵南京，并应日本海军少将近藤英次郎的要求，"行驶至南京上游两英里半的位置，因为他说今晚有军事行动"。[①]

在这个节骨眼上，"蜜蜂号"经历了新旧船长的接替。这时，霍特离任，该船于12月22日驶离南京，前往上游，在马垱迎接新任船长，原英舰"大甲虫号"船长哈罗德·汤姆斯·阿姆斯特朗。阿姆斯特朗12月24日登船，接任长江下游高级海军军官，并在"蜜蜂号"12月27日返抵南京时，担任驻南京高级海军军官。"蜜蜂号"在南京港驻防直至1938年1月29日驶往上海。[②]

12月27日抵达南京之初，阿姆斯特朗报告道，"岸上的情况显得平静，但是江两岸都有几处大火在燃烧"。第二天，从日本人那儿获悉，当时"日军仍忙于在城内清剿中国武装人员"。他观察到"南京与浦口都比较平静，但是，全城各处整天都可见到刚刚燃起的大火。看上去，日本人

---

① 英舰"蜜蜂号"参谋长，致长江分队海军中将电报，1937年12月18日，伦敦英国国家档案馆，海军部档案，长江巡逻记录，ADM116/3881卷宗。

② Supng Lu（陆束屏），*They Were in Nanjing：The Nanjing Massacre Witnessed by American and British Nationals*（他们在南京：英美人士目睹的南京大屠杀），香港：香港大学出版社，2004年，第251页。

在肆意摧毁中国人的财产"。①

　　然而,日本当局拒绝阿姆斯特朗登岸进城。他数次尝试上岸去视察英国大使馆与其他英国产业,但是每次都遭到拒绝。② 甚至在他踏上趸船去拜访近藤海军少将时,哨兵用步枪威胁他,并数次粗暴地对待他。③ 这样,致使阿姆斯特朗难以对南京城内的状况提供详细的记叙。1938年1月6日,美国领事小组抵达南京,重开美国大使馆之际,美国领事爱利生提议,让阿姆斯特朗作为英国领事的代表陪同他上岸。但是日本人对此不予理睬。踌躇不决好一阵之后,军事当局允许他上岸,带他察看位于城外的英国海军餐厅。当他发现"所有的建筑与周围的空地都被日军占用,作为堆放物品、弹药的场所"之后,对于日军未与英国方面协商便以军事目的使用英国产业,他向陆军和海军当局提出强烈的抗议。④

　　1938年2月10日,阿姆斯特朗在芜湖查访了属于太古洋行、怡和洋行与亚细亚火油公司的产业。他还访问了美国传教会与西班牙教士。"大家都很高兴,但是都有满腹的艰难困苦,遭受日本人的凌辱。"⑤

　　根据阿姆斯特朗的观察,"在长江下游,特别在国民政府所在地,或曾经是所在地的南京,日军部队有计划地使乡村成为废墟,蹂躏城市、村庄。这似乎显示,在这一地区进行战争的真正目的是征伐,战事停止以

---

① 哈罗德·汤姆斯·阿姆斯特朗,"情况报告",1937年12月31日,伦敦英国国家档案馆,海军部档案,海军舰队,长江支队一般通信,情况报告,1937—1938,ADM1/9558卷宗。

② 约翰·米歇尔·希汉,"截止于1938年1月9日的一周情报总结",1937年1月20日,美国国家档案馆,第38档案组,海军行动部部长办公室档案,1929至1942年海军情报一般通信,第195文件盒,A8-2/FS♯3文件夹。

③ 约翰·米歇尔·希汉,"截止于1938年1月30日的一周情报总结",1938年1月31日,美国国家档案馆,第38档案组,海军行动部部长办公室档案,1929至1942年海军情报一般通信,第195文件盒,A8-2/FS♯3文件夹。

④ 哈罗德·汤姆斯·阿姆斯特朗,"情况报告",1938年1月31日,伦敦英国国家档案馆,ADM1/9558卷宗,与驻南京高级海军军官,致长江分队海军中将电报,1938年1月6日,伦敦英国国家档案馆,海军部档案,长江支队档案,ADM116/3882卷宗。

⑤ 哈罗德·汤姆斯·阿姆斯特朗,"情况报告",1938年2月28日,伦敦英国国家档案馆,海军部档案,海军舰队,长江支队一般通信,情况报告,1937—1938,ADM1/9558卷宗。

后,日本人不打算占领这个地区"。① 到 1938 年 3 月,镇江、南京和芜湖这三个主要港口实际上是几座死寂的城市。没有踏足这些城市的人很难想象那种彻底的荒凉与正常生活的消失,留在城里的中国居民都是最贫困的阶层,生活在骇人听闻的贫穷与困难的环境中。"标志着攻占南京与芜湖最初阶段的暴行实际上已经中止,尽管孤立的强奸案仍有所闻,所有的中国人都会没有酬劳地被强迫劳动。"②

英国皇家海军在长江上的一个极为重要的使命是保护英国的商业与贸易利益。然而,战争席卷长江三角洲之后,在日军占领区内,商业、贸易实际上已经停顿。由于战争与日军暴行造成的荒芜破败的后果,以及日本人极力反对西方商人返回这一地区,大规模地恢复贸易也不大可能。为了挑战日本人设置的种种限制,力图追求英国的利益,阿姆斯特朗提出了他的见识:

> 对于今后,我们最好的行动似乎是,在航运公司保证他们的船只装运真实而有用的货物的条件下,持续对日本人施加压力,以允许我们的商船在长江上自由地航行。我们自由航行的权利目前由炮艇在上海与芜湖之间尽可能实际而频繁地行驶来维持。获得商船的自由航运权,是与日本人竞争的唯一途径,将在很大程度上阻止他们达到目的,特别是在其他利益相关的列强跟随,步我们的后尘之际。……
>
> 商船仅仅为了宣示自由航权而航行是应该反对的行动。船只在航行的过程中达到有益而合法的目的是必不可少的。不能做到这一点,将会显得毫无必要地向人挑衅,当开放长江至汉口的关键时刻来临时,这样使人烦恼的小动作并不能增强我们的地位。③

---

① 哈罗德·汤姆斯·阿姆斯特朗,"长江下游的状况",1938 年 3 月 13 日,伦敦英国国家档案馆,ADM1/9558 卷宗。
② 同上。
③ 同上。

五

鸦片战争之后不久,根据中英之间签署的条约而获得的最惠国待遇也赋予其他一些国家,这些国家也能够享受那些赋予英国的特权。几个列强,包括美国与日本,均步英国的后尘。美国商人到中国去冒险、经商之际,美国海军也随之来到中国。虽然美国海军在长江上的存在可以追溯到 1854 年,但是美国炮艇直到 1900 年之后才在长江上进行定期的巡逻。1919 年 12 月,美国亚洲舰队下辖的长江巡逻支队正式组建。

1937 年夏,中日战争在上海爆发之际,美国军舰"吕宋号""巴纳号""瓦胡号"与"伊萨贝尔号"是在长江下游水道上定期巡逻的美国炮艇。1937 年 12 月 12 日,"巴纳号"在南京上游约 28 英里的安徽和县附近被日军飞机炸沉。这时,"瓦胡号"在九江港,离和县大约 275 英里,得知"巴纳号"沉没的消息之后,立即加足燃料,全速驶往下游,去救援幸存者。将幸存者接上船后,"瓦胡号"12 月 15 日下午向下游行驶,停泊在南京上游数英里处过夜。夜深时分,当夜值班的军官"当班时自始至终都能听到下游的机枪声",①虽然这时战斗早已结束。"瓦胡号"1937 年 12 月 16 日晨 7 时 20 分驶经南京港区。然而,除了提及"下关与浦口的江边一带显现遭受焚烧,摧毁的很多痕迹",②"瓦胡号"船长约翰·米歇尔·希汉没有在那个星期的情报报告中记载多少他的观察。五年多以后,当他回忆起那个难以忘怀的早晨时,他做了如下的描述:

> 一轮红日在城市上空升起,一道烟雾迷蒙,微显红色的光芒弥漫着眼前的景致与河流。在浦口一侧,铁道建筑物只是一堆堆毁圮

---

① G. A. Moore(G. A. 摩尔),Remarks for 0 to 4 o'clock, December 16,1937(1937 年 12 月 16 日 0 时至 4 时观察记录),华盛顿特区美国国家档案馆,美国军舰"瓦胡号"1937 年航海日志。

② 约翰·米歇尔·希汉,"截止于 1937 年 12 月 19 日的一周情报总结",1937 年 12 月 20 日,美国国家档案馆,第 38 档案组,第 194 文件盒,A8－2/FS♯2 文件夹。

的废墟。南京一侧的下关江边一带呈现静默荒芜的景象,那些没有屋顶的房屋发黑残破的墙壁排列在空旷的街道上。江边的人潮与喧闹已不复存在。除了一两艘静悄悄的日本驱逐舰,码头上没有任何船只。残酷战争大规模的死亡与摧毁再次降临南京。

　　下关四处升腾起烟雾,南京城内,燃烧的建筑物上升起滚滚的烈焰。城市的上空高悬着一道浓密的烟幕,整个空气中弥漫着令人作呕的臭味,暗示着那些肯定令人相当不快的情况。遗弃的残骸散布在城市下方的江岸。①

　　两个星期之后,"瓦胡号"驶离上海,开始又一次前往上游的旅途,去协助打捞沉船"巴纳号"的作业,送美国外交官在南京上岸,重开美国大使馆,并运送医疗物品给芜湖总医院。1937年12月31日,"瓦胡号"驶抵南京水域,希汉船长发现由于大面积的损毁,两岸江边地带已无法辨认。下关与浦口的江边一带一片毁坏混乱的景象,几乎没有一栋仍然站立着的建筑。"从'蜜蜂号'得悉,至少几天之内还不会允许在南京登岸。船上的美国使馆官员此前决定留在'瓦胡号'上直至允许在南京登岸。"②

　　"瓦胡号"1938年1月1日抵达"巴纳号"沉没水域,实施打捞作业,并停泊在那儿直至1月5日驶往上游的芜湖。运送医疗物品,查访了在芜湖的美国传教士与美国财产之后,"瓦胡号"当天下午离开芜湖。在返回和县的途中,注意到长江北岸上的一些村庄在熊熊燃烧。后来得知,"来找吃的,找女人的日本兵掳掠,并放火烧了这些村庄"。③

　　1月6日上午约9时30分,"瓦胡号"停靠在南京港口,三名美国外交官上了岸。与此同时,安排"瓦胡号"船长希汉第二天上午进城拜访美

①　约翰·米歇尔·希汉,"南京",《美国海军学院汇编》,第69卷,1943年9月号,第1193页。
②　约翰·米歇尔·希汉,"截止于1937年1月2日的一周情报总结",1937年1月3日,美国国家档案馆,第38档案组,第194文件盒,A8-2/FS#2文件夹。
③　约翰·米歇尔·希汉,"截止于1937年1月9日的一周情报总结",1937年1月10日,美国国家档案馆,第38档案组,第194文件盒,A8-2/FS#2文件夹。

国大使馆。虽然在汽车内不可能很好地观察到南京的情况,但是希汉毕竟能够近距离地瞥见遭受蹂躏的南京:

> 这是冬天一个清新晴朗的早晨。驶经下关时,曾经挤满人群的地方如此静默空旷令人压抑。似乎没有一座房屋还挺立着。我们穿过有日本哨兵立正敬礼的城门。高高堆积的沙袋仍堵塞着中间的城门。到了城内,我们在使人压抑的寂静之中,沿着宽阔的中山路疾驶。在大路的两旁都有一长列低矮的两轮车行进着,往南一长串车辆都是空的,往北的车辆则满载着。车辆由马、骡子、驴子、黄牛、奶牛、水牛拉着,每头牲口由一名矮墩墩,满是胡须,身着满是泥浆军服的日本兵牵引着。我们遇到一小队步兵或骑兵,但是,除了日本兵,往日拥挤着或是乘车或是步行的人们的宽阔大路上空空荡荡。

> 我们最后遇到一些中国人,但是只有两个人沿街走着,两个人都背着个小包袱,在他们身后几步之遥,跟着两个全副武装的日本兵。由于非常了解等待这两个不幸的人的是什么,这个场面让我恶心。①

这次走访美国大使馆,以及城内的美国传教士偷送出来的信息使希汉比较清楚地了解到,南京自从陷落以来发生的情况。在 1938 年 1 月 17 日的报告中,希汉对于大屠杀给予较为简洁的描述:

> 日军攻入南京之际,部队显然被放纵,住宿到遍及全城的房屋中。竟允许单独的军人与小群成伙的士兵全副武装,任意游荡。他们显然不分青红皂白地肆意掳掠、屠杀。一名新闻记者声称,日军抵达之后,城门口的尸体堆积得很高。美国传教士报告了数千件强奸案。只有城市在某种程度上清理之后,日本当局才允许外国代表

---

① 约翰·米歇尔·希汉,"南京",《美国海军学院汇编》,第 69 卷,1943 年 9 月号,第 1194 页。

回城。①

几个星期之后，美国和英国的海军军官获准于 2 月 17 日上岸，到美国大使馆用午餐。这些军官又有机会来了解恐怖时期黑暗的情况：

施加在无助的中国人身上的这种极端的残暴，对处于我们这个阶段的文明社会来说，似乎难以令人置信；我们听说的情况似乎更加适合于成吉思汗与匈人阿提拉②的时代。显然，没有中国女子的年龄太老或太小，而能够逃脱被强暴，也许导致死亡的命运。我们听说全副武装的小分队夜晚来到中立区，将男人押解走"审问"。这些人当中没有人放回来，从一个仅剩一口气，烧焦了如同煤渣的人讲出的经历，才得以了解到其他人的命运。③

午餐后，在日本宪兵的陪同下，军官们分乘两辆车，驶经一些主要商业街道，然后出城前往中山陵。"见到的商业街道，除了一两个小店，完全被毁。每栋房屋都遭到焚烧。街道与行人道干净整洁，而房基线内的空间则只是成堆的废墟。"④与此同时，"乡村呈现一派遭战争摧残的景象。原本完好的家园现在只是空荡荡的废墟，或被焚毁，或遭炮击；大门洞开着，庭院里散布着形形色色的家庭用品悲哀可怜的碎屑"。⑤

除了描述日军暴行之外，希汉还报告了城内总体的状况。他在 1938 年 1 月 24 日的报告中指出，除了美国、英国和德国的外交代表之外，没有任何外国人获准登岸。同样，也不允许外国人离开。据了解，为难民

① 约翰·米歇尔·希汉，"截止于 1937 年 1 月 16 日的一周情报总结"，1937 年 1 月 17 日，美国国家档案馆，第 38 档案组，第 195 文件盒，A8-2/FS#3 文件夹。
② Attila the Hun（匈人阿提拉，406 至 453 年）为匈人 434 至 453 年的统治者，曾多次率大军攻打东罗马帝国与西罗马帝国而成为两个帝国最为惧怕的敌人。由于经常在欧洲大陆征战杀戮，阿提拉被视为残暴与掳掠的象征。
③ 约翰·米歇尔·希汉，"南京"，《美国海军学院汇编》，第 69 卷，1943 年 9 月号，第 1194 页。
④ 约翰·米歇尔·希汉，"截止于 1937 年 2 月 20 日的一周情报总结"，1937 年 2 月 21 日，美国国家档案馆，第 38 档案组，第 195 文件盒，A8-2/FS#3 文件夹。
⑤ 约翰·米歇尔·希汉，"南京"，《美国海军学院汇编》，第 69 卷，1943 年 9 月号，第 1195 页。

提供住房与粮食的国际救济委员会现在只有够难民吃大概一个月的粮食。日本人控制着储粮,显然,他们要等到中国人回到平时的家室,才会发放粮食。与此同时,中国人不愿意回去,因为他们当中有人回家后,立即遭到日本军人的袭击,强奸他们的女人。①

前往上海的火车已运行,但是仅供日军使用。城里没有邮政、电报或电话服务。城市的电力、照明和供水已部分恢复。对此,美国大使馆了解到,城市被攻占不久,日本当局来到中立区寻找中国技术人员使电厂开工。结果他们被告知,在和记洋行工厂避难的约40名技术员在城市被攻占时被日军拉出去枪杀。②

直至1938年1月23日,日本人仍继续焚烧南京部分商业区,掳掠仍持续着,虽然程度没有先前那么严重。除非日本人显然在占领城市后不打算加以利用,希汉看不出这样做的原因。③

在1938年1月31日的报告中,希汉详细报告了"爱利生事件":

> 1月25日,日本兵被指控闯入金陵大学农学院(美国财产),强行劫持一名中国妇女到他们在附近的军营,并在那儿强奸了她。美国大使馆向日本领事当局提出抗议之后,他们说应该在一名美国官员在场的情况下展开调查。结果,爱利生先生和金陵大学的代表里格斯先生在日本使馆警察和一名宪兵的陪同下,在金陵大学询问了中国妇女。宪兵身着便装,佩戴了袖章以显示他们警察的权威。
>
> 询问之后,决定带中国妇女到营房去,对此案作进一步的调查。抵达那儿时,美国人与警察商量他们是否应该陪妇女进去,以确保公正的检查。宪兵认为不要进去,但是没有阻止他们进去。这群人一起经大门进去,一个日本兵向他们冲过来,大喊"退后!退后!"。

① 约翰·米歇尔·希汉,"截止于1937年1月23日的一周情报总结",1937年1月24日,美国国家档案馆,第38档案组,第195文件盒,A8-2/FS#3文件夹。
② 同上。
③ 同上。

这群人开始往外走,宪兵试图解释他们是美国人。然而,这个日本兵打了爱利生先生与里格斯先生的耳光。大约在那个时候,一名日本军官出现了,强令要得知这一切是怎么回事。此时,那个日本兵继续进行攻击,伸手越过勉强作出要保护美国人姿态的两个宪兵,扯下里格斯先生的衣领。

这群人然后回到停放在大门旁,清楚地挂着美国旗的使馆汽车那儿。持步枪,上了刺刀的日本兵形成一道警戒线,包围了汽车。这群人没有再受到骚扰,离开那儿前往日本大使馆。经保证会公正地对待她之后,将中国妇女留在日本使馆,爱利生先生要求日军当局在第二天正午之前道歉。日本代理总领事福井先生却持这样的态度,称爱利生先生不应该靠近那些营房。

第二天,城防司令的参谋本乡少佐来向爱利生先生道歉。福井先生没有表示歉意。①

随着时间的推移,更多日军暴行的目击材料传出来。在 1938 年 2 月 14 日的报告中,希汉摘录了乔治·爱希默·菲齐的日记。摘录的日记计有 7 页长,涵盖了从 1937 年 12 月 1 日至 12 月 31 日。菲齐记录了恐怖时期人们遭受的苦难:屠杀、强奸、焚烧与掳掠:

星期二,14 日。日军大批涌入南京城——坦克、大炮、步兵、军车,恐怖降临了。在此之后的十天中,残酷恐怖的程度与日俱增。……

当晚,召开委员会议时,有消息传来,日军从安全区总部附近的一个难民营抓走的 1 300 名男子都被枪杀了。我们知道其中有一些人当过兵,但是,那天下午一名军官向拉贝保证宽恕他们的性命。

---

① 约翰·米歇尔·希汉,"截止于 1938 年 1 月 30 日的一周情报总结",1938 年 1 月 31 日,美国国家档案馆,第 38 档案组,海军行动部部长办公室档案,1929 至 1942 年海军情报一般通信,第 195 文件盒,A8 - 2/FS#3 文件夹。

他们要做什么，现在再清楚不过了。手持刺刀枪的日本兵让这些人排列成行，约一百个人绑在一起，戴着的帽子都被强行摘下，摔到地上。藉着汽车灯光，我们看着他们被押往刑场。……

星期五，12月17日。抢劫、杀人、奸淫有增无减。粗略估计，昨天晚上和白天至少有上千名妇女被强奸。一个可怜的妇女被奸达37次。日本兽兵在强奸另一名妇女时，为了阻止她五个月的婴儿啼哭，蓄意将其窒息而死。……

星期一，12月20日。暴力与破坏事件毫无节制地持续着。市内整片整片的区域被有计划地焚烧。下午五时，我和史迈斯开车出去。城里最重要的商业街道太平路整条街都在熊熊的烈火之中。驱车经过时，天空散落着火星，地上遍布着余烬。再往南，见到日本兵在商店里纵火焚烧，再往前行，日本兵在往军用卡车上搬运掳掠来的物品。……

星期三，12月22日。今晨五点，行刑队在离我们很近的地方开枪杀人，数了一下，打了一百多枪。……[1]

1938年3月初，"瓦胡号"船长希汉被调往位于菲律宾卡维特的美国海军船厂。在他离职之前，查尔斯·里查逊·杰夫斯已于1938年1月初从加利福尼亚州美尔岛海军船厂调至亚洲舰队，并在希汉离任之际，接任"瓦胡号"船长。他延续着希汉的传统，在1938年4月11日的报告中，简略而综合地描述了南京自从被日军攻占以来的状况：

1937年12月12日、13日，日军攻占南京导致中国昔日的首都笼罩在恐怖之中，这种恐怖是所谓的文明社会难以理解的。日本陆军完全控制支配着日本外交与海军官员代表，则是日军占领南京显

---

[1] 约翰·米歇尔·希汉，"截止于1938年2月13日的一周情报总结"，1938年2月14日，美国国家档案馆，第38档案组，海军行动部部长办公室档案，1929至1942年海军情报一般通信，第195文件盒，A8-2/FS#3文件夹。

著的特点之一。占领之初有多少日军部队驻扎在城内不得而知,但是所有的报告均指出,驻扎在南京的几个师团毫无军纪约束。允许军人全副武装,肆意游荡,并以当时确有的这种组织形式,从事了行刑屠杀中国人与摧毁财产的行径。

中国市政府由国际救济委员会取代,这个委员会在所谓的安全区为成千上万的中国人提供住房与食物。在日军占领最初的几天里,估计有数千的中国男子,有些曾经是军人而有些则不是,被押出去,以各种野蛮的方式处死,由此,为日本人解决了俘虏的难题。其他的行径包括摧毁所有中国人的商业产业,强奸中国妇女,掳掠洗劫南京城内几乎所有的房产。①

六

1937 年 12 月,当屠杀仍在进行之中,日军在南京的暴行首先由一群英美记者披露出来,南京大屠杀便以其巨大的规模与残暴的程度立即吸引了全球的关注。70 多年以后,这一灾难性的悲剧仍然萦绕着人们,特别是生活在中国与日本两国人们的心头,挥之不去;与此同时,南京大屠杀也在世界各国的学术界引起一波又一波的研究兴趣。那些在大屠杀期间与稍后在南京城内及其周围地区有机会目睹各类事件与场景的这些人留下的第一手目击资料,为学者与研究者提供了其他任何材料都无法替代的极其珍贵的证据与可靠的信息,来审视与检查那场人类的悲剧。仅此原因,研究者似乎从未对于追踪寻找这类资料缺乏过动力或失去热情。

日军 1937 年 12 月 10 日对南京发动总攻之后,以及随后的大屠杀期

---

① Charles Richardson Jeffs(查尔斯·里查逊·杰夫斯),"截止于 1938 年 4 月 10 日的一周情报总结",1938 年 4 月 11 日,美国国家档案馆,第 38 档案组,海军行动部部长办公室档案,1929 至 1942 年海军情报一般通信,第 195 文件盒,A8 – 2/FS#3 文件夹。

间,总共有 27 名西方籍人士留在南京城内。《芝加哥每日新闻报》的阿契包德·特洛简·斯提尔、《纽约时报》的弗兰克·提尔曼·杜丁、美联社的查尔斯·叶兹·麦克丹尼尔、帕拉蒙新闻电影社的亚瑟·冯·布里森·孟肯和路透社的莱斯利·C. 史密斯是其中的 5 位英美新闻记者。这 5 位记者在 12 月 15 与 16 日分乘美国、英国、或日本军舰离开南京赴上海后,立即拍发电讯稿,报道日军暴行。斯提尔通过美国军舰"瓦胡号"的无线电发报设施发出,并于 1937 年 12 月 15 日刊载在《芝加哥每日新闻报》第一版上的报道,首先向外界揭露了南京大屠杀。在此后数天内,其他 4 位记者都先后发表了日军在南京暴行的报道。

留在南京的 22 名西方人士中的许多人,均以各种形式记载了他们在那些充满恐怖的日子里目睹、观察、听说的情况,但是,在美国外交官于 1938 年 1 月 6 日,以及英国与德国外交官 3 天后回到南京之前,他们都无法将这些目睹材料送出南京。

1938 年 1 月 6 日以后,美国传教士与德国商人,通过外交渠道设法将记载日军暴行的材料送到上海,并进一步传播到海外。14 名留下的美国公民中,有 13 个人留有形式多样的书面记载。据了解,3 名德国商人在他们的报告、日记与个人信件中记载了日军的暴行。这些西方人士的目击记载构成了涉及南京大屠杀原始资料重要的一部分,不仅仅因为他们是中立国的人士,而且因为他们当时有机会处在某个特定的位置或地点从一个独特的视角进行观察。数名美国公民于 1946 年或以书面形式作证,或在东京远东国际军事法庭上作为证人出庭控告日本被告人。

与此同时,美国、英国与德国的外交官持续不断地起草报告,呈交给他们各自的上级官员。外交文件提供了极具价值的第一手原始资料。外交官的报告大都完好地保存在他们各自的国家档案馆内,这些外交文件构成了记载南京大屠杀期间发生的情况及其后果,以及与此后数月的总体社会状况具有连贯性的可靠记录。

然而,当时外交官在南京登岸进城时,三个大使馆都没有无线电发报设施。他们完全依赖美国与英国海军进行通讯联络,将信息发送出去,依靠美国与英国炮艇运送邮件与给养。由于美国大使馆处于南京城的中部地区,离美舰"瓦胡号"停泊的江边有相当的距离,希汉海军少校为美国大使馆提供了无线电发报机,以及一名熟谙日语的海军发报员詹姆斯·敦拉普。与日军当局几经较量、磋商,美国在南京官阶最高的外交官约翰·爱利生最终成功地在 1938 年 1 月 19 日在美国大使馆内安置了发报设施与发报员。[①] 然而,德国大使馆本身既没有炮艇,也没有发报设备可资使用,完全依赖英美外交官同事维持通讯联络。英国大使馆当时位于南京城的西北部,相对来说离江边比较近,英国外交官使用英国炮艇的无线电设施发电报出去。这也是很多外交电文能够在伦敦英国国家档案馆内英国海军部的档案中,而不是外交部档案里寻获的原因。

虽然只在英国国家档案馆获取并不完整的外交档案,但是,这些外交文件披露了有关南京大屠杀,以及大屠杀前后发生的事件与情况重要而珍贵的信息。英国外交官对日军暴行的描述可归纳为简略而笼统,但是英国人记载了一些其他材料不具备的独特信息,比如所记载的从南京撤离与南京陷落的情况,在英国大使馆与英国船只上受到英国人保护的中国难民的状况,对南京城内在大屠杀之后社会状况详细而连贯的报告,以及日军侵犯英国财产与利益的情况。

美国与英国海军军官只偶尔获准进入南京城。然而,虽然他们没有像在城内的外交官那样有很多机会进行持续而详细的观察,但是他们的炮艇就停泊在南京旁边,与外交官和传教士保持紧密的联系,这些海军军官很方便,也有机会获得城内相关日军暴行与其他状况的信息。与此同时,他们的职责要求他们书面记载他们周围发生的日常情况。因此,

---

① John Moore Alison(约翰·摩尔·爱利生),第 9 号电报,1938 年 1 月 9 日上午 9 时,美国国家第二档案馆,59 档案组国务院档案,第 815 文件盒,与第 28 号电报,1938 年 1 月 19 日下午 2 时,美国国家第二档案馆,第 84 档案组国务院驻外使领馆档案,驻中国使领馆档案第 2172 卷(驻南京大使馆 1938 年档案第 13 卷)。

这些海军记载的材料为研究者提供又一个机会,从海军军官的视角来审察当时南京城内与周围的状况。

英国军舰"蜜蜂号"船长哈罗德·汤姆斯·阿姆斯特朗根据他自己的观察与通过其他渠道了解的信息,简略地描述了日军的暴行。然而皇家海军的情况报告提供了很多日军轰炸英国船队,英舰"瓢虫号"被炸事件,英舰"蜜蜂号"救援美舰"巴纳号"幸存者所作的努力,以及日军占领之后,历经日军暴行蹂躏与摧残的这一地区从事商业贸易的前景。

相比之下,对日军暴行与南京城内状况,美国海军每周情报包涵了比相应的英国海军记载更加广泛、更加详尽的信息。这样的状况,至少部分归因于有 14 名美国公民,而没有任何英国人在南京城内度过恐怖时期这一事实。此外,美国外交官爱利生敢作敢为地调查、抗议日军暴行,而他的英国同行普利焘-布伦则采取较为调和的方法与日军当局打交道。同样,美国军舰"瓦胡号"船长希汉比英舰"蜜蜂号"船长阿姆斯特朗具有更多的资源、鼓励与动力,去获取信息,加以报告。

尽管有些不足之处,这些英国外交文件、英国皇家海军情况报告与美国海军每周情报,从独特而不同的角度,为南京大屠杀的研究增添了珍贵的资料,增进了我们对这一人间悲剧的范围与深度的认识与理解。

第一章　南京城的沦陷

撤离南京①

1937 年 12 月

以下记叙了 12 月 10 日至 12 月 15 日之间发生，太古轮船公司②船舶与太古洋行③工作人员涉及其中的一系列事件。

---

① Ivor E. L. Mackey（伊万·E. L. 麦凯），"Nanking Evacuation，December 1937"（1937 年 12 月撤离南京城），原件藏伦敦英国国家档案馆（Public Record Office），海军部档案（Records of the Admiralty），长江巡逻记录（Yangtze Records），ADM116/3882 卷宗。

② 此处英文原文为 C. N. CO. 为 China Navigation Company 的缩写，其中文名为太古轮船公司。太古轮船公司由约翰·塞缪尔·斯瓦尔（John Samuel Swire，1825—1898）于 1872 年在伦敦创立的航运公司。该公司起初以上海为基地从事长江的客运与货运业务。

③ 此处英文原文为 B. & S. 为 Butterfield & Swire Company（太古洋行）的缩写。太古洋行是 1832 年成立的英国公司；在英国国内，该公司名为约翰·斯瓦尔父子公司（John Swire & Sons）。这个公司起先经营纺织品，以后转为船舶运输、制糖和造船业。

　　10日上午,领事①命令所有外籍人员撤离南京,所有船只、炮艇向上游行驶至三叉河下河出口外的停泊处。麦凯②当时乘坐英舰"蟋蟀号"。③ 停泊在港口的太古轮船公司的船队由下列船只组成:

　　汽轮"黄埔号"④拖着13号驳船,作为救援船只守候在南京,也是因为南京与汉口之间可能设置的横江铁索障碍的下游需要她这艘船;汽轮"万通号"⑤作为救援船只包租给中国邮政局;汽拖轮"太古号"⑥与6号驳船装载着洋行其余的工作人员、洋行的家具、洋行的汽车,以及经理处可以搬运的物品。

　　驳船上的中国籍工作人员有:

---

① 英国驻南京大使馆领事亨弗雷·英吉兰·普利焘-布伦(Humphrey Ingelram Prideaux-Brune, 1886—1979)1886年11月16日出生,毕业于牛津大学后,于1911年进入外交界,在英国驻北京大使馆任中文翻译见习生。在英国驻北京、上海、宁波、天津、唐山、威海卫和青岛的使领馆任职之后,于1935年任驻南京大使馆一等秘书、领事。1938年1月9日上午,他率领英国领事小组成员,武官威廉·亚利山大·洛维特-弗雷泽(William Alexander Lovatt Fraser)和空军武官J. S. 沃斯勒(J. S. Wasler)乘英舰"蟋蟀号"抵达南京。但是日军借口事先不知道空军武官沃斯勒到来,当时不允许他上岸。经过交涉他于1月12日上岸。洛维特-弗雷泽和沃斯勒1月16日离开南京。普利焘-布伦1938年1月29日上午乘英舰"蜜蜂号"前往上海。在他离开南京之前,英国外交官欧内斯特·威廉·捷夫雷(Ernest William Jeffery)和沃特·亨利·威廉斯(Walter Henry Williams)于1938年1月27日抵达南京。1938年10月,普利焘-布伦担任英国驻上海大使馆参赞,1943年在印度任涉及中国关系的官员,1945年退休,1979年12月12日在英国林菲尔德(Linfield)逝世。

② 伊万·E. L. 麦凯(Ivor E. L. Mackey)是本文的作者,他是太古洋行南京分行的经理。

③ 英国军舰"蟋蟀号"[His Majesty's Ship(HMS)*Cricket*],以及后文提及的"蜜蜂号"(HMS *Bee*)、"蚜虫号"(HMS *Aphis*)、"瓢虫号"(HSM *Ladybird*)、"圣甲虫"(HMS *Scarab*),还有"大甲虫号"(HMS *Cockchafer*),均为英国皇家海军驻中国舰队(China Station)在长江上巡逻的昆虫级(Insect Class)炮艇。"蟋蟀号"1915年在英国建造下水,第一次世界大战中部署在美索不达米亚(今伊拉克)的幼发拉底河与底格里斯河,1920年加入英国皇家海军驻中国舰队,作为长江巡逻炮艇。1939年改建为扫雷艇,并于1940年加入英国地中海舰队,1941年6月在埃及马特鲁港(Mersa Matruh)附近海域被水雷炸成重伤后退役。

④ 汽轮"黄埔号"[Steam Ship(S. S.)*Whangpoo*],3 204吨,为英国太古(Butterfield & Swire)轮船公司上海至汉口航线的客轮。

⑤ 汽轮"万通号"(S. S. Wantung),1 114吨,原为英国太古轮船公司行驶于宜昌至重庆航线的客轮。

⑥ 汽拖轮"太古号"[Steam Tug(S. T.)*Taikoo*]。太古轮船公司以太古命名的船只,太古1号至37号都是拖轮。

出纳员王宜昌(Wong I Chang)、太古糖房①办事员黄·J. K. (J. K. Huang)、第二船队的王福海(Wong Foo Hai)、助理出纳员罗万甘(Lo Wan Kan)、两名下关仓库管理员、三名浦口仓库管理员、三名警卫、洋行的司机,以及他们所有的家眷与亲属。

这些船只与其他各类商船、怡和洋行②的旧船③和英舰"蟋蟀号"、英舰"圣甲虫号"④停泊在一起。

此时,由于中国人在城墙之外烧毁所有可能供日军作为掩体的物体,南京周围燃烧起大火。炮击持续不断,白天对浦口及南京城的空袭极为频繁。

星期六上午,我们的几个工作人员请求允许将"太古号"轮船驶往江北岸,以便从那儿的一座村庄获取食物。我同意了。下午2点30分,一颗炮弹在船队中爆炸,紧接着又有炮弹袭来,整个船队迅速起锚,尽快地向上游驶去。"太古轮"立即从江北岸驶往上游。"太古6号"驳船被留置于怡和旧船旁。由于汽拖轮"顺和号"⑤在第一发炮弹炸响之际驶往上游,只得由炮艇来照应驳船与怡和的旧船。英舰"蟋蟀号"拖着"太古6

---

① 此处英文原文为 T. S. R. 为 Taikoo Sugar Refinery 或 Taikoo Sugar Refining Company 的缩写,其中文名为太古糖房。太古糖房成立于 1882 年,是隶属于太古洋行的企业。

② 怡和洋行(Jardine Matheson and Company)为英国人威廉·佳定(William Jardine)和詹姆斯·马塞逊(James Matheson)于 1832 年在中国成立,主要进行鸦片走私。中国政府采取措施禁烟之际,该公司竭力怂恿英国政府,挑起 1840 年的鸦片战争。经营鸦片获巨利之后,公司发展成经营多种产业的跨国公司。二十世纪初叶,公司的总部设在上海,1949 年迁往香港,1997 年香港回归之前,再度迁至百慕大(Bermuda)。

③ 此处英文原文为 hulk,一般指仍能够漂浮在水面,但已无动力,自身无法航行的旧船、废船。这里姑且译为旧船,但其含义并非与新船相对之旧船,而是自身不能开行,充作其他用途,如住人,储存物品,或作为趸船的船只。

④ 英国军舰"圣甲虫号"(HMS Scarab)1915 年在英国建造下水,第一次世界大战中部署在罗马尼亚布加勒斯特基地,在多瑙河巡逻。1919 年加入英国皇家海军驻中国舰队,作为长江巡逻炮艇。1940 年以后分别部署于香港、新加坡等地。1943 年加入英国地中海舰队,支援在意大利西西里岛登陆作战。1945 年 8 月回到新加坡基地,1948 年作为废铁出售。

⑤ 汽拖轮顺和号(S. T. Shunwo)为怡和洋行航行于长江航线的小轮船。

号"驳船,英舰"圣甲虫号"拖着旧船。在此之前,亚细亚火油公司①的船只、美国船队、汽轮"万通号"、汽轮"黄埔号"与13号驳船已全速向上游行驶。炮火一直追击着它们,直至它们驶出炮火射程之外。

那天晚间,船队在再往上游三英里的一片水域重新聚集,各船长与海军会商之后,决定"黄埔轮"应牵引旧船,"太古轮"拖着3号驳船,"顺和轮"拖我们载桐油的13号驳船。实施这一行动计划后,船队向上游行驶到南京上游约15英里的下三山灯塔,②在那儿抛锚停泊,并通过海军与领事当局通知日本人我们船队新的位置。

我们仍然能听到下游时断时续的炮声。第二天,即12月12日星期天上午,与我们后面的美国船队停泊在一块的美舰"巴纳号"③往上游驶去,经过我们船队时,她向我们通报刚刚在其后方600码处观察到炮火,他们打算再往上游行驶8英里,过了旧济洲④后停泊。然而,鉴于前一天

---

① 此处英文原文为 A. P. C. 为 Asiatic Petroleum Company(亚细亚火油公司)的缩写。1883年,英国人马科斯·塞缪尔(Marcus Samuel)成立壳牌(Shell)公司,出售贝壳等小宗进出口贸易,1892年公司生意扩展,开始从事石油运输业务。此时,荷兰一家石油公司 N. V. Koninklijke Nederlandsche Maatschappij tot Explot-atie van Petroleum-bronnen in Neder-landsch-Indi? 大肆收购油田,建立自己的运船舰队,与壳牌公司竞争。1903年,该荷兰石油公司和壳牌公司合并,成立亚细亚火油公司(Asiatic Petroleum Company)。亚细亚火油公司以后又演变发展为皇家荷兰/壳牌(Royal Dutch/Shell)公司。

② 此处英文原文为 Rosina Beacon,查中国海关出版的"List of lighthouses, light-vessels, buoys, beacons, etc. on the coast and rivers of China",该灯塔根据中文的音译为 Hsiasanshan Beacon(下三山灯塔)。

③ 美国军舰"巴纳号"[United States Ship (USS)Panay]和"瓦胡号"(USS Oahu)均为美国海军在长江上的巡逻炮艇。"巴纳号",482吨,1927年在上海江南造船厂建造下水,1928年服役,部署在美国亚洲舰队,作为长江巡逻炮艇。1937年12月10日,日军兵临南京城下发起总攻之际,"巴纳号"载着撤离南京的最后一批美国外交官、记者、商人,以及其他难民,驶离南京。12月12日,在南京上游约二十多英里处的安徽和县水域被日军飞机炸沉。

④ 此处英文原文为 Pheasant Island,查中国海关出版的"List of lighthouses, light-vessels, buoys, beacons, etc. on the coast and rivers of China" Pheasant Island 即为 Chiuchi Chow(音译旧济洲),位于下三山上游约4英里处,似为现名为子母洲的江心小岛。

晚上发电报给日本人,通知了我们船队的位置,海军高级军官①决定船队留在原地。

上午 11 点,观察到一艘拖轮与趸船,后面跟随着数艘摩托艇,沿江北岸向下游行驶。所有的船只均悬挂日本旗,满载着日本兵。他们在我们上游约半英里处停泊,将一门野战炮拖上岸,瞄准我们船队。在岸上野战炮周围留下一些日本兵后,他们乘摩托艇向下游驶来,绕着我们船队转了一圈。他们的领队军官向"蟋蟀号"船长敬礼,看上去相当友善,由此,使我们大为放心。在我们船队四周转了一圈后,这伙日军回到岸上,将野战炮拖回船上,继续向下游驶去,估计到浦口奇袭登陆。

下午 1 点 30 分,听到飞机的噪音,但是由于阳光明亮,直到飞机飞临我们上空俯冲轰炸之前,都没有看到飞机。炸弹落在"黄埔轮"、怡和旧船及"万通轮"四周,虽然飞机俯冲到约 1 000 英尺的高度,炸弹没有直接击中船只真是奇迹。然而,炸弹的气浪与弹片严重损毁了旧船的上部结构,"黄埔轮"的客舱,以及"太古轮"的船桥与舱面室。

所有船只均紧密聚集在一起,为了在随后的袭击中降低危险,指示所有的船长向四处散开,船与船相互之间进一步拉开间距。麦肯兹船长②将此命令误以为"加足汽",将"黄埔轮"与旧船上的外籍旅客转移到英舰"蟋蟀号"之后,便拖着旧船即刻全速向上游驶去。

2 点 30 分,观察到三架大型飞机朝我们飞来。它们直接飞越船队上

---

① 海军高级军官(Senior Naval Officer,简称 SNO)。英国皇家海军在长江下游的几艘炮艇轮流驻防上海、镇江、南京、芜湖等港口。驻防港口炮艇的船长也同时在驻防的这段时间内被任命为该港口城市的海军高级军官,如果驻防城市里的英国领事不在城内,海军高级军官也兼代理领事的职责,负责报告当地的情况。此外,英国皇家海军长江巡逻司令的正式头衔为军衔(如海军中将)加上长江巡逻海军高级军官。负责长江下游巡逻的军官称为长江下游巡逻海军高级军官。当时驻防南京的海军高级军官为英舰"圣甲虫号"船长乔治•埃瑞克•玛歇•奥东纳尔(George Eric Maxia O'Donnell,1893—1953),他同时负责指挥当时集结在南京附近江面的英国船队。

② 麦肯兹(Mackenzie)为黄埔轮船长。

空,没有俯冲,连续投下 6 枚重磅炸弹,顷刻便落在商船"滇光号"①的后方,并没有对那艘船造成损坏,但是却进一步毁坏了紧接在"滇光号"后面的汽拖轮"太古号"的舱面室与船桥,致使 6 号驳船在江中随波漂流。13 号驳船也被"顺和轮"遗弃,在江中漂流。

根据从位于芜湖的英舰"蜜蜂号"②收到的电报,显而易见,我们驶往芜湖也不安全,我们唯一能做的是留在原处,相信所涉及的各方当局能够防止进一步的空袭。英舰"蜜蜂号"指示将"黄埔轮"召回来,但这根本无法做到。

令人高兴的是,"黄埔轮"观察到没有船只跟随她,掉头回到船队。

下午 4 点,当"黄埔轮"驶近"蟋蟀号"请求进一步的指示之际,听到更多的飞机,观察到又有三架飞机飞来。它们再一次俯冲轰炸我们,毫无疑问,由于英国军舰迅速有效地炮击,使飞行员仓皇失措,炸弹再次没有直接命中船只。

此时,商船与旧船上的中国籍乘客和船员令人可怕地惊慌,几乎难以控制。"太古轮"的船员都想驶往汉口,但是我们告诫道,他们只会在芜湖遭到袭击,最终说服他们将我们的两艘驳船控制住。他们控制了驳船,并使之在江流中抛锚停泊。此后,他们将"太古轮"驶往江北陡峭的岸边,沿岸栓泊,集体弃船而去。"顺和轮"的船员也随之而去。我们理解大家打算从陆路去汉口。

各船长再次会商后,决定实施下列行动方案:

"黄埔轮"与 13 号驳船并排驶靠江北岸,"万通轮"与 6 号驳船同样驶靠江北岸,将旧船遗弃在江中心,其他船只在江流中散开,间隔三缆距③停泊。这是根据以下的几个原因作出的决定:

---

① 商船"滇光号"[Merchant Vessel (M. V.) *Tien Kuang*],731 吨,原为亚细亚火油公司航行于宜昌至重庆航线的轮船。

② 英国军舰"蜜蜂号"(HMS Bee)1915 年在英国建造下水,625 吨,第一次大战期间部署在多瑙河巡逻,1920 年加入英国皇家海军驻中国舰队(China Station)作为长江巡逻炮艇,并曾是英国长江巡逻的旗舰。1939 年 3 月被拆解。

③ 一缆距(cable length)在美国为 720 英尺(220 米);在英国为 608 英尺(185 米)。此处应为英国的长度。

（1）乘客和船员白天可以完全舍弃靠岸的船只，能够疏散在岸边高高的芦苇丛中，躲避飞机的空袭。

（2）船只分散开来，要分别进行袭击，才能对船只造成损害。

（3）如果船只被击沉，所在的位置救援打捞也容易得多，更有可能救援成功。

（4）如果船只被击中，无须炮艇开过来营救船只，而此时需要所有的人员进行防御作战。

麦肯兹船长、百亚克（Beyack）大副、布隆契船长[①]非常顺利地实施这些行动方案，在这艰巨的一天，至始至终完满而出色地工作着。

大致在上午9点，船只刚刚靠北岸停泊，所有的乘客与大部分船员便纷纷上岸，逃往内陆腹地。

星期一，13日，又有日军乘摩托艇经过，飞机在我们上空盘旋，但没有再发生袭击事件。岸上的村民企图掳掠"黄埔轮"，但是麦肯兹船长、百亚克大副与斯莫尔（Small）轮机长出示武器，防止了掳掠。

星期一夜晚，我们收到消息，保证不会再有空袭，并为未来的安排拟定了计划。

除了轮机长，汽拖轮"太古号"的船员都舍弃了船只。6号驳船与13号驳船的船员都离船而去，但是亚细亚火油公司驳船上的两名水手主动帮忙。征得亚细亚火油公司南京经理蒙罗-福勒先生[②]的允许，他们干了起来。"黄埔轮"舱面上的船员都在，但是轮机房里的工作人员都走了。

[①] 多纳德·布隆契（Donald Brotchie）为太古洋行"万通轮"的船长。

[②] 保罗·海克特·蒙罗-福勒（Paul Hector Munro-Faure，1894—1956）1894年出生于英国，1912年参加预备役军队，并在第一次世界大战中参战。战后在亚细亚火油公司（Asiatic Petroleum Company）工作，任该公司驻中国数城市，包括南京的分部经理直至第二次世界大战爆发。日军向南京进军之际，他在南京协助组建南京安全区，并担任南京安全区国际委员会成员。1937年12月初，在其供职的亚细亚火油公司敦促之下，他撤离南京。所以，在大屠杀期间他也没有留在南京城内。1939年第二次世界大战爆发后，他再次从军，在英军特别行动执行部（Special Operation Executives）任少校、中校，在缅甸和中国训练游击作战人员。1945年，他曾在英国驻罗马尼亚大使馆任专员，1949年退休，1956年逝世。

"万通轮"的船员齐全。然而,星期二,"黄埔轮"轮机房的几个船员回来了,于是,在"万通轮"的一位轮机师的协助下,"黄埔轮"准备就绪可开航。

考虑到来自江北岸日本军队或中国士兵可能造成的危险,决定"黄埔轮"与"万通轮"以及各自的驳船均在江中抛锚停泊。万一还有船员与乘客从乡村中返回,我们可以用亚细亚火油公司的汽艇"湘南号"或和记洋行①的拖轮"和英号"将他们从岸边接到船上。

星期二中午太古轮船公司船队的情况:

"黄埔轮"与 13 号驳船停泊于江中。

"万通轮"与 6 号驳船停泊于江中。

"太古轮"无法动弹,与亚细亚火油公司的拖船"河光号"②并排停泊着。

英国军舰"蟋蟀号"的木匠对"黄埔轮"的客舱进行了修缮,所有欧洲籍乘客均从英舰"蟋蟀号"与英舰"圣甲虫号"转移至汽轮"黄埔号"上。

星期三得到消息,一个船队可以驶往上海,于是,派遣"黄埔轮"、13 号驳船与"万通轮"加入这一船队,并于星期三下午驶离。

除了黄·J. K.、一名下关的记账员、两名警卫与洋行的司机,所有南京的中国籍工作人员都乘"黄埔轮"去了上海。留下的工作人员住在 6 号驳船上,麦凯仍待在英舰"蟋蟀号"上,希望迟早还可以住到南京去,有骨干工作人员留下来,就能够返回洋行上班。

"万通轮"离开时,6 号驳船转而并排与亚细亚火油公司的拖船"河光号"泊在一起,其时,"太古轮"亦停泊在"河光号"旁。我们和蒙罗-福勒

---

① 1897 年,英国商人威廉·韦思典、爱德蒙霍尔·韦思典兄弟在中国汉口开设和记洋行(International Import & Export Company),采用冰冻方法,对鸡蛋及肉食品进行加工,并获得了巨额利润。1912 年,他们又在南京下关宝塔桥附近购地建厂,厂址为下关宝塔桥西街 168 号。和记洋行原址现为南京肉联加工厂。

② 拖船"河光号"[Tug Vessel (T. V.)Wo Kuang],685 吨,为亚细亚火油公司航行于上海至汉口航线的轮船。

先生作了安排,我们的拖轮与驳船在能够作出新的安排之前,将和拖轮"河光号"待在一起。

目前(星期天,12月19日)的迹象显示,南京的状况仍不适合外籍人员回城,昨天麦凯接到您要他去上海的信息。如果他有机会在今天或明天动身,"太古轮"与6号驳船及其船上的人员将和"河光号"留在一起,或回南京,或去上海,无论何种选择都由亚细亚火油公司的先生们决定。

(签名)I. E. L. 麦凯

1937年12月19日写于南京城外

保密

文件主题:攻占南京城①

发件人:英国驻上海大使馆武官

一份报告　　　　　　　　　　　　　　1938年1月2日

上海

英国临时代办

圣米迦勒及圣乔治三等勋章获得者②

---

① 原件藏伦敦英国国家档案馆,外交部政治部门1906至1966年一般通讯联络文件(Foreign Office, Political Departments, General Correspondence from 1906—1966), FO371/22043卷宗,第1751号文件。

② 此处英文原文在R. G. 豪尔先生(R. G. Howe)的名字后面有C. M. G.,即为Order of St Michael and St George(圣米迦勒及圣乔治勋章)的第三等Companion(三等勋章)的简称。本勋章授予英联邦或外交事务中担任要职的人。

R. G. 豪尔先生①

先生阁下，

　　非常荣幸在此呈上致使南京于 1937 年 12 月 13 日被日军攻占的一系列事件过程的简要报告。

先生阁下，我很荣幸作为您

恭顺的仆人

中校武官

（签名）W. A. 洛凡特-弗莱瑟②

附件/报告

副本呈送：英国军政部军事行动与情报部③军事情报二处 c 分处④

　　　　　驻印度英军总参谋长⑤

　　　　　中国战区司令部

　　　　　驻上海英军参谋部（情报处）⑥

---

① 罗勃特·乔治·豪尔（Robert George Howe，1893—1981）1893 年 9 月 19 日出生于英国德比（Derby），毕业于剑桥大学圣凯瑟琳（St. Catherine）学院，1919 年 10 月进入外交部，曾在驻哥本哈根、贝尔格莱德、里约热内卢、布加勒斯特等使馆任职，1934 年 5 月被任命为驻北京使馆代理参赞，1936 年 6 月晋升为驻南京使馆参赞。1937 年 8 月 26 日英国驻华大使休·蒙哥马利·纳契布-赫格森爵士（Sir Hughe Montgomery Knatchbull-Hugessen，1886—1971）在上海郊区遭日军飞机袭击而受重伤，豪尔于 1937 年 9 月担任驻华使馆临时代办至 1938 年 3 月新任驻华大使到任。他 1940 年担任驻拉脱维亚里加使馆公使；1942 至 1945 年任驻阿比西尼亚（今埃塞俄比亚）公使；1947 至 1955 年担任最后一任苏丹总督。他 1955 年退休，1981 年 6 月 22 日在英国洛斯维瑟尔（Lostwithiel）逝世。

② 威廉·亚利山大·洛凡特-弗莱瑟（William Alexander Lovat-Fraser，1894—1978）1922 年 10 月为驻印度英军旁加比（Panjab）团的参谋，1933 年晋升为少校，1934 年 11 月至 1938 年 10 月担任英国驻华使馆武官。

③ 此处英文原文 D. M. O. & I. 为 Directorate of Military Operations and Intelligence 的缩写。

④ 此处英文原文 M. I. 2 c. 为 Military Intelligence 2 c. 的缩写。军事情报二处负责中东、远东、斯堪的那维亚、美国、苏联、中美洲与南美洲的情报收集工作。

⑤ 此处英文原文 C. G. S., India 为 Chief of the General Staff, India 的缩写。

⑥ 此处英文原文 G. S. (I), Shanghai 为 General Staff (Intelligence), Shanghai 的缩写。

攻占南京

总论

1. 中华民国首都南京于 1937 年 12 月 13 日完全落入日军手中。

尽管中国当局宣称的与之相反,在南京被攻占之前数周一直身居城内的外国观察家一致同意,对日本人的进攻,中国人只会稍作抵抗。

持有这种观点有很多理由。首先,中国最精锐部队中比重很大的一部分已在上海周围地区遭受日本陆海空军最残酷无情的打击。除了这一时期中国的人员伤亡极为惨重,战争物资的消耗与损失也非常可观。

1937 年 11 月 12 日中国军队被从上海周围地区赶走以来,中国军队无法在上海与南京之间成功地防守住任何一道准备好的防线,显而易见他们抵抗的意志已在相当程度上被削弱了。绝大多数在上海战役参战的中国军队必须尽早远离进一步的作战。日本人不间断地每日轰炸更加速了他们几乎是仓促地向西撤退。

对于背靠长江可能遭受围困的大批部队来说,南京及其附近地区肯定会是个死亡陷阱。在东面,位于江阴与镇江的江防工事实际上已很陈旧。南京的江防工事稍微好些,此外,它们离南京太近,而不至于有无法抵御日军水陆联合进攻的风险。在镇江的所谓横江障碍不会对日本人构成困难,因此一旦日本海军制服了江阴要塞,穿越横江障碍,中国军队只得在任何可能的地点渡长江至北岸,或者在日本人成功地攻占芜湖之前,向西南方侧翼突围。总的来说,这就是所发生的情况。

初步的准备

2. 早在 11 月 25 日,南京城的平民已大批蜂拥撤离。到了 11 月 28 日,大多数文职与军事官员,包括军政部与海军部部长已经撤离。蒋介石将军、他的夫人与 W. H. 端纳先生①留在城内直至 12 月 8 日,其时,他们乘坐蒋将军的私人座机飞往牯岭,并最终抵达汉口。他们的离去使得南京城内除了唐生智将军②及其幕僚之外,没有任何重要官员留下来。军事训练部部长唐生智将军于 11 月 26 日被任命为南京城防司令。中国高层的政策似乎是"对每一个人都尝试一下",除此而外,很难得知为什么选择他担任城防司令。据我所知,三年以来,他从未履职问政。对于我时常提出的询问,我总是被告知,他病得很重。我是在 11 月 28 日的记者招待会上第一次和他见面。他是一个 52 岁③的人,看上去,如果没有服用麻醉剂的话,也显得茫然若失。显而易见,任何对他心智的劳神之举都是沉重的负担。他给人留下这样的印象:他是这一极其困难的任务最不合适的人选。他宣布要死守南京城,奉劝外国人撤离,并以可爱天真的口吻补充道,省属的地方部队可能会有不法的行为。他的主要下属之一为统率教导师的桂永清中将。④ 这位军官曾作为首席军方代表

① 威廉·亨利·端纳(William Henry Donald, 1875—1946)1875 年 6 月 22 日出生于澳大利亚南威尔士立斯哥(Lithgow),在库尔沃尔(Cooerwull)学院毕业后,在悉尼和墨尔本任报社记者。1903 年受聘于香港的《中国邮报》,从此开始了他长达数十年在中国的生涯。他以后历任《纽约先驱报》《远东评论》《泰晤士报》和《曼切斯特导报》等报驻中国记者。1928 至 1935 年任少帅张学良的顾问,1935 至 1940 年担任蒋介石的顾问。1940 年 5 月,由于极端不满蒋介石的对德国政策,他离开重庆,在太平洋周围游历。1942 年 1 月,他在马尼拉被日军逮捕,并一直关押至 1945 年 2 月。他曾短期在美国居住,然而,由于健康状况恶化,他回到上海,并于 1946 年 11 月 9 日在那儿逝世。
② 唐生智(1889—1970)1889 年 10 月 12 日出生于湖南东安。1912 年考入保定陆军军官学校第一期步科。毕业后,进入湖南陆军混成旅,任见习军官。他参加了辛亥革命、讨袁战争、护法战争和北伐战争。1937 年 11 月日军进攻南京时,他力主死守,出任首都卫戍司令长官。12 月 12 日,他在未组织任何撤退的情况下,下达弃城命令,自己乘保留的汽艇逃跑。守军失去指挥、军心动摇,第二天南京陷落,随后发生了惨绝人寰的南京大屠杀。唐生智 1970 年 4 月 6 日在长沙病逝。
③ 唐生智 1889 年 10 月 12 日出生,1937 年 11 月,他应该是 48 岁。
④ 桂永清(1900—1954)1900 年 1 月 17 日出生于江西贵溪,1924 年毕业于黄埔军校一期,1930 年前往德国学习军事。1933 年回国后在军中屡有升迁,1937 年 12 月,作为中央教导总队司令率部参加南京保卫战。他的部下有很多军人在南京大屠杀中遇难。此后,他担任 27 军军长(1938—1940),驻德国柏林大使馆武官(1940—1944),驻英国伦敦大使馆武官(1944—1945),海军副总司令(1945—1947),海军总司令(1947—1952)。1949 年随国民政府迁往台湾。1954 年 6 月至同年 8 月 12 日在台北逝世,任总参谋长。

出席英国国王乔治六世①的登基加冕典礼。

　　此时，一些外籍人士发起设置国际难民区的计划业已实施。选中的区域为城市中西部大多数中国人的现代化住宅坐落其中的住宅区。

南京城

　　3. 将话题转到南京城内的战备情况。所有城门均用沙袋与粗大的木头堵塞。在主要的城门，如东面的中山门、北面的挹江门，留有可供来往车辆双向通行的狭窄通道。沿着城墙用沙袋与木桩修筑起机枪工事。机枪掩体特别加强了南面与东南面城门的防卫。只留下为数极少的大炮来支援步兵防守城市。主要街道上铺设了地下电话线路；在重要的街道中心摆列着刀架。给承担城防任务的中国军人颁发了黄底印有"城防部队"字样的佩章。攻城战斗打响前一个星期，没有黄色佩章的军人，除了伤员，被禁止进城。

　　很难评估确切的城防卫成部队，但是通过询问与观察，我估计兵力不超过 22 500 人。他们由下列部队组成：

　　宋希廉②的 36 师　　　　　　　　　　6 000 人

----

① 当今英国女王伊丽莎白二世的父亲，乔治六世国王，1937 年 5 月 12 日举行登基加冕典礼。乔治六世，原名阿尔伯特·弗雷德里克·亚瑟·乔治·温莎（Albert Frederick Arthur George Windsor，1895—1952），1895 年 12 月 14 日出生于英国诺福克郡桑德林姆（Sandringham Estate，Norfolk），1913 年毕业于达特茅斯皇家海军学院后曾在皇家海军服役。1936 年 1 月 20 日，其父乔治五世（1865—1936）病逝，他的那位"要美人不要江山"的兄长爱德华八世（1894—1972）短暂继承王位后于 1936 年 12 月 11 日宣布退位，他于 1936 年 12 月 11 日继承王位至 1952 年 2 月 6 日在他的出生地诺福克郡桑德林姆病逝。他的长女伊丽莎白二世继位成为女王。

② 宋希廉（1907—1993）1907 年 4 月 9 日出生于湖南湘乡，1924 年毕业于黄埔军校一期，1927 年前往日本学习军事。他 1930 年回国，1932 年初作为 161 旅旅长率部参加"一·二八"淞沪之战，1936 年 12 月西安事变之后，作为 36 师师长率部队进驻西安。1937 年 8 月淞沪战役打响之后，迅速率 36 师从西安驰援上海前线参战。1937 年 12 月再率领伤亡过半的 36 师参加南京保卫战，他的部下有很多人在南京大屠杀中遇难。此后，他曾任 14 兵团司令。1949 年 12 月在四川东部战败，被解放军俘虏，为 1959 年第一批特赦的战犯之一。他 1980 年移民美国，1993 年 2 月 13 日在纽约逝世，归葬湖南长沙。

孙元良①的 88 师(部分)	5 000 人
桂永清的教导师	7 000 人
三个宪兵团	4 500 人
	总共 22500 人

很有可能,这是估计过高的数字。②

南京城郊

4. 将话题转到南京城墙外围的防卫。

南京城周围有九个防御要塞(参阅我 1936 年 6 月 4 日备忘录第 21 款)。大部分炮火装备已陈旧过时,易遭受来自空中的袭击。此外,在以往数年中,城市四周均为军事区域。的确,这个地区到处都修建起配备有混凝土机枪哨位的现代化炮台。然而,在南京的城防部署中,中国人没有部署大炮,颇引人注目。这可能有两个原因:(a) 在上海前线,军用物资损失惨重,(b) 中国人并没有认真防守南京。

城防战备初期我见到的极少数大炮也被匆忙运往长江北岸。

南京附近的乡村,特别是东南面距城 9 英里的方山,东面离南京约 19 英里的大连山、③汤水④与青龙山,⑤非常适合于防御作战。那一带由一系列小山丘组成,便于观察,也能很好地隐蔽。下决心在这一带防守

---

① 孙元良(1904—2007)1904 年 3 月 17 日出生于四川华阳,1924 年毕业于黄埔军校一期,1928 年前往日本学习炮兵。1932 年初作为 259 旅旅长率部参加"一·二八"淞沪之战,并晋升为 88 师师长。1937 年 8 月率领 88 师进驻上海,参加淞沪抗战,坚守阵地 76 天。最后坚守四行仓库的 524 团八百壮士即为其部下。1937 年 12 月再率领伤亡过半的 88 师参加南京保卫战,他的部下有很多人在南京大屠杀中遇难。南京大屠杀期间,他乔装藏身城内安全区难民营中。以后曾任 29 军军长、16 兵团司令,战败于淮海战场,化装只身逃脱。1949 年去台湾,2007 年 5 月 25 日在台北逝世。台湾著名演员秦汉(本名孙祥钟)为其第五子。
② 这个数字并不准确。1937 年 12 月南京保卫战中,在南京城内与南京附近参战的中国军队有第 36 师、第 41 师、第 48 师、第 51 师、第 56 师、第 87 师、第 88 师、第 103 师、第 112 师、第 154 师、第 156 师、第 159 师、第 160 师、教导总队和宪兵部队,总数约十一万多。很多在外围防守的部队,在作战的最后阶段也撤退进城。
③ 此处英文原文为 Tachengshan(大成山),应为大连山。
④ 汤水镇,今名汤山镇。
⑤ 此处英文原文为 Yunlungshan(云龙山),应为青龙山。

的部队能够长期坚守。

然而,不能指责中国军队进行了这样一场极不光彩的战事。主要因为遭受来自空中的袭击,缺乏现代炮火,或像样的空军,他们的士气受到沉重的打击。此外,总是有来自长江上海军对他们极为重要退路之一的威胁。

很难确定中国人留下多少军队防守通往南京的道路。我认为这些部队的大部分人,至少在南京危在旦夕一个星期之前,已经渡过长江撤到江北岸,或者从侧翼经芜湖撤走。到 12 月 5 日,除了第三段中提到的城内部队,我只在南京临近地区发现下列部队的踪迹:

防守在距南京城南面约 6 英里的南京—芜湖铁路与南京—溧水和南京—芜湖①公路附近的 88 师的部队。

在南京东面约 11 英里麒麟门附近扼守南京—上海公路的两个广东师(可能是 156 与 160 师)的部队,还有散布在下关江边,冲向每一艘汽轮、拖船或舢板,企图逃往上游或者到长江北岸的浦口去的番号不明的四川部队。②

事件的过程

12 月 5 日

5. 到 12 月 5 日,日军已占领溧水、天王寺、句容与(上海—南京铁路线上的)丹阳,这些城镇都在南京的东面。镇江要塞一直坚守到 12 月 10 日,因此,迟滞了沿上海—南京铁路线进攻的日军。

由这时起,从溧水、天王寺与句容来的三路日军,没有遇到什么抵抗,稳步向南京南面与东南面的城门逼近。

---

① 此处英文原文为"NANKING-LISHUI-NANKING-WUHU roads,"应该是指"南京至溧水"与"南京至芜湖"两条公路,所以英文应为"NANKING-LISHUI and NANKING-WUHU roads"。

② 由于本文作者当时掌握的信息资料有限,以上两段的描述与实际情况有较大的出入。有关在南京周围作战的中国部队的情况,详见本书 14 页注②。

12 月 8 日

12 月 8 日,由广德来的第四路日军占领了芜湖东南面约 35 英里,位于铁路线上的宣城,由此,对任何企图从西南方向撤退的中国军队构成威胁。

到 12 月 8 日,日军先头部队已占据了距城东南通济门仅两英里的大校场飞机场。在南京东面,日军扫除了距城东重要的中山门约 7 英里的麒麟门附近中国人轻微的抵抗。居住在遭厄运的城市西北部的居民非常清晰地听到猛烈的炮火声。

日军总司令松井石根将军,①由于南京城完全被包围,"奉劝唐生智将军在 12 月 10 日中午纳城投降"。这一天,中国军事当局开始在城墙外围的城郊地区(包括下关)放火焚烧,南京逐渐被一道火圈包围。

12 月 9 日

12 月 9 日一整天大火继续在熊熊燃烧,零星的炮弹落在下关的火车站附近。在城南与城东南地区,日军满足于炮击、轰炸城门,尤其是光华门。

12 月 10 日

12 月 10 日大约 14 点,由于没有收到对城市劝降的答复,松井将军发布总攻命令。

进攻主力部队攻击了城东南的通济门与光华门。除了猛烈的炮火,一批接着一批的飞机在这段城防地带投下雹雨般的大批炸弹,日军也成

---

① 松井石根(Iwane Matsui, 1878—1948)1878 年 7 月 27 日出生于日本名古屋,1898 年毕业于日本陆军士官学校,1906 年毕业于陆军大学。参加过日俄战争,曾任驻上海武官、步兵团长、海参崴派遣军情报参谋、哈尔滨特务机关长。1923 年晋升为陆军少将,1924 年任 35 旅团长,1925 年调任参谋本部第二部部长,1927 年晋升陆军中将,1928 年任 11 师团长。曾组织"大亚细亚协会",积极制造侵华舆论。1931 年调任参谋本部副部长,1932 年出席日内瓦裁军会议,回国后曾任军事参议官、驻台湾日军司令。1933 年晋升大将。他前后驻华 13 年,是所谓的"中国通"。1937 年 8 月日军进攻上海时,任上海派遣军司令,后任华中方面军司令兼上海派遣军司令,1937 年 12 月组织指挥攻占南京,对南京大屠杀的发生负有不可推卸的责任。1938 年回国后曾任内阁参议。1948 年作为南京大屠杀的首犯,被远东国际军事法庭于 1948 年 12 月 23 日在东京处以绞刑。

功地在离中山门很短距离的紫金山南麓站住了脚。

这一天，大约一个师团的日军在没有遇到抵抗的情况下，占领了芜湖。

12 月 11 日、12 日

攻城战斗 12 月 11 日与 12 日整天都在持续着。12 月 11 日，日军完全占领了紫金山。12 月 12 日上午，日军成功地攻占包括通济门、光华门和中华门①城门在内的整个南面的城墙。那天凌晨，唐生智将军与其他军官乘汽艇离开南京，前往不明目的地。他的离去导致了仓皇大溃退，使得中国人的防御完全崩溃。中国军队开始朝城北混乱地撤退，希望能抵达下关，并最终到长江北岸的安全地带。主干道中山路成了溃退军人、汽车、驮东西的牲口、运输车辆、有轮的反坦克炮与重机枪，以及仓皇溃逃中扔掉的军用装备、物品一片狼籍的混乱局面。那天晚上，位于中山路上新近建成的交通部被火燃烧。这致使道路进一步堵塞，给这场景增加恐怖的是，在城北挹江门的狭窄通道内一大堆车辆被点燃，完全堵塞了通往下关的出口。目击者说，这座城门周围的尸体有三英尺高。绝望中，许多中国军人利用临时扎制的梯子与绑扎在一起的衣物缒城而下，但是还有大批人身陷城内。

在仓促撤退的过程中，日军炮击了中山路。

有多少人成功地过江到达相对安全的地带，不得而知，但是，由于中国人蜂拥到超载拥挤的船上，恐怕肯定有很多人溺毙。

12 月 13 日

到 12 月 13 日中午，国际难民区内的外籍居民见到第一支沿中山路向北前进的日军巡逻队，夜幕降临时分，日军完全控制了全城。

据可靠人士（留在城内的外国人）的消息，日本人不留俘虏，从一开始，他们的政策便是射杀所有有能力用枪的男子。许多身陷城内的中国军人丢弃了军装与装备，到国际难民区寻求庇护。从同一可靠人士处得知，日军拘捕了数百人，恐怕被拉出去枪毙了。

12 月 13 日拂晓，从乌江附近渡江抵达北岸的一个日军旅团到达并

---

① 此处英文原文为 Chungshanmen（中山门），应为中华门。

占领了长江北岸的浦口。

12月13日这天,日本军舰(炮艇与驱逐舰)强行通过镇江横江障碍,抵达南京城外江面。

以军事作战的角度来看,日军参谋部门的工作做得很好。12月10日占领芜湖,由此切断任何从那个方向逃跑的机会。攻占南京,一个旅团抵达浦口与海军的到达配合一致。也许可以争辩的是,如果那个旅团能够再早一些抵达,比如,12月12日,结果将会更好。

中国人的头脑中只有一个念头:"赶快逃走。"

国际难民区

6. 正如本报告第二段所述,在南京的几位感兴趣的外籍人士试图在南京城中西部创立一个国际难民区。会长是德国西门子洋行在本地的代表,某个拉贝先生。①

总体的想法是为那些由于形势所迫无法离城的成千上万可怜的中国人提供一个安全区。

照会了日本当局,要求尊重这个区域。拉贝先生以个人名义向希特勒先生发了电报(结果不得而知),请求用他的影响以确保所建议的地区的安全。日本人答复说,他们虽然不能保证这一地区的安全,然而他们会尽力尊重这个区域。中国当局却颇为麻烦,在不断催促之下,他们才将军事设施迁出安全区,停止诸如在已被选中的区域内挖掘战壕等战备工作。就可证实的情况而言,日本人尊重了这个区域,在作战的过程中,

---

① 约翰·韩里克·德特利夫·拉贝(John Heinrich Detlev Rabe, 1882—1950)1882年11月23日出生在德国汉堡。1908年前往中国,1911年受雇于西门子中国公司,先后在沈阳、北京、天津、上海、南京等地工作;1931至1938年任西门子公司驻华总代表,在中国经商、生活长达30年。1937年日军进攻南京之际,他积极组建国际安全区,出任国际委员会会长,在难民营及他自己的宅院里庇护了成千上万的中国难民。同时,他在日记中详细记叙了日军在南京的暴行。他于1938年2月23日奉召离开南京回德国。抵达德国后他四处演讲,放映麦琪拍摄的影片,揭露日军暴行,并写信给希特勒,提交关于南京大屠杀的报告,因此,他曾被盖世太保逮捕。战后,因曾是纳粹党员而被盟军逮捕,1946年6月获释,生活拮据,得到南京市民的捐助及国民政府每月金钱和粮食接济。1950年1月5日在贫困中逝世于柏林。1997年他的墓碑由柏林搬到南京大屠杀遇难同胞纪念馆保存。

只有约 15 发炮弹落入这个区域。

此后,他们拘捕,很有可能射杀了在这个区域避难的体格健壮的(有些无疑是当兵的)中国男子,应予以谴责。

英国及其他国家的公民

7. 为了确保留在南京的英国公民的安全,英国驻南京领事普利熹-布伦先生安排大多数人乘坐怡和洋行的旧船,该船在危险到来之前已从下关江边被牵引至南京上游约四英里半的停泊位置。

12 月 8 日,日本驻上海总领事通知外国领袖领事,①"日军真切地希望目前留在南京的所有外国公民即刻撤离南京,以远离实际作战区域。"

12 月 8 日之前所有妇女(共 7 名)已住在旧船上。8 日晚上,领事作出恰当的决定,要留在城内的英国公民撤到长江中的旧船与其他船上。安全实施了这一行动,人员分布情况如下:

(a) 英国军舰"圣甲虫号"。领事、武官、萨金特·巴森斯(Serjeant Parsons)、武官的职员与麦克唐纳先生②(《泰晤士报》的代表,他后来转乘遭厄运的美国军舰"巴纳号")。

(b) 英国军舰"蟋蟀号"。海关关长希利亚德先生、③和记洋行的代

---

① 当时各国在上海的总领事馆、领事馆形成一个称为领事团的组织,选举出其中一名总领事轮值,作为领袖领事,代表上海领事团与各方联络、交涉,负责领事团的事务。1937 年 12 月初,日本驻上海总领事冈本季正(Suemasa Okamoto)致信给当时担任上海领事团领袖领事的挪威驻上海总领事尼古拉·奥尔(Nicolas Aall),通知他,"日军真切地希望目前留在南京的所有外国公民即刻撤离南京,以远离实际作战区域。"

② 柯林·麦尔科姆·麦克唐纳(Colin Malcolm MacDonald)1912 年来到中国,在北京担任伦敦《泰晤士报》的记者,以后任该报驻南京的记者。1937 年 12 月 8 日登上英国军舰"圣甲虫号"撤离南京,两天后于 12 月 10 日换乘美国炮艇"巴纳号"。1937 年 12 月 12 日"巴纳号"在安徽和县水域被日军飞机炸沉之际,没有受伤,并协助救援幸存者,以后曾受到美国政府嘉奖。他于 1937 年 12 月 17 日乘英国炮艇"瓢虫号"(HMS Ladybird)抵达上海。1941 年 2 月珍珠港事件爆发之际,他在香港,成功躲避日军追捕,并于一年后到达重庆。

③ 胡勃特·杜瑟·希利亚德(Herbert Duthy Hilliard)1883 年 11 月 15 日出生于英国肯特郡(Kent)的格罗弗·帕克(Grove Park),1903 年前往中国,在英国人掌控的海关任职员,1922 年任海关副关长,1926 年任关长,先后在湖北宜昌、云南蒙自、江苏苏州等地任海关关长。1929 至 1932 年出任海关总署统计司长。此后任广东汕头(1932—1935)、天津(1935—1936)、南京(1936—1938)海关关长。他 1938 年 11 月退休回英国。

表希尔兹先生、①太古洋行的代表麦凯先生,以及路透社的代表莱斯利·史密斯先生。②

(c) 亚细亚火油公司的船"滇光号"。蒙罗-福勒先生、林恩先生、③普瑞斯先生,④及其助手。

(d) 太古洋行的汽轮"万通号"。由邮政局长为他本人及工作人员包租。乘坐该轮的有邮政局长瑞齐先生、⑤助理莫兰德先生,⑥以及中国籍邮局工作人员。

(e) 太古洋行的汽轮"黄埔号"。被领事截留,船上乘坐着遭厄运的汽轮"德和号"⑦(该轮 12 月 5 日在芜湖被炸)的轮机长与他的妻子。

(f) 怡和洋行的旧船。容纳了一批英国、德国(包括德国使馆代表罗

---

① 菲利浦·罗勃特·希尔兹(Philip Robert Shields)是南京和记洋行的主管工程师,曾协助组建南京安全区国际委员会,但是在其公司的敦促下,于 1937 年 12 月 8 日撤离南京。他 1938 年 6 月回到南京,担任国际救济委员会的成员。

② 英国路透社记者莱斯利·C. 史密斯(Leslie C. Smith)留下来报道南京战役、南京城陷之后,于 1937 年 12 月 15 日乘坐英舰"瓢虫号"前往上海,并向英国发通讯稿,报道南京大屠杀的情况。珍珠港事件之后出任英国驻华使馆一等秘书,负责新闻方面的工作,战后重返新闻界,担任《星期日泰晤士报》(Sunday Times)驻中国记者。1949 年解放军攻占上海之前,前往香港,创立并主持英国的东南亚新闻中心。七十年代初退休,居住在台湾。

③ J. D. 林恩(D. J. Lean)为亚细亚火油公司的雇员,曾协助组建南京安全区国际委员会,但是在其公司的敦促下,于 1937 年 12 月 8 日撤离南京。他 1938 年 6 月回到南京,担任国际救济委员会的成员直至 1939 年 6 月。

④ 诺曼·哈利·普瑞斯(Norman Harry Price)是南京和记洋行的总工程师,日军进攻南京之前已撤离。

⑤ 威廉·瓦特·皮尔·瑞奇(William Walter Peel Ritchie,1879—1969)1879 年 12 月 6 日出生于北爱尔兰里斯本(Lisburn),1901 年前往中国,并于同年 4 月开始在镇江的邮局工作,以后曾担任济南、成都、哈尔滨、广州的邮政局局长。1937 年,他是江苏邮政局局长。他 1937 年 12 月 8 日撤离南京,于 1938 年 2 月中旬回到南京,恢复邮政服务。在中国服务了 37 年之后,他 1938 年退休回英国。此后,他又回到生活了大半辈子的中国。珍珠港事件之后,被日军关进上海的集中营直至 1945 年战争结束。他最终于 1948 年离开中国,移居加拿大,1969 年 12 月 26 日在加拿大不列颠哥伦比亚省维多利亚(Victoria)逝世。

⑥ 哈罗德·哈利·莫兰德(Harold Harry Molland),英国臣民,为江苏邮政局副局长。

⑦ 汽轮"德和号"(S. S. Tuckwo),3 770 吨,为怡和轮船公司上海至汉口航线的客轮。

森博士①）、荷兰与俄国难民，共计16人。

（g）分属和记洋行与太古洋行的两艘拖轮。

到12月9日晚上，这些船只已撤至南京上游约4英里半处，由此符合日本当局要外籍公民远离实际作战地区的希望。

向上海日本当局通报了这个船队的位置。

12月9日，没有什么特别的情况发生，我在旗舰英舰"圣甲虫号"船长，奥东纳尔海军上校②的陪同下，造访了当时熊熊燃烧的下关。

12月10日晚上，与领事和邮政局长一道，我们试图进城。由于日军炮击，发现这不可能做到。这天夜晚，我们证实位于下关，为一名英国臣民辛夫人所拥有的惠龙饭店③正被大火烧毁。

12月11日，我本人对南京附近事态发展的观察终止了。

大约在14时，位于南京上游4英里半"安全泊位"的船队突然遭到江南岸日军炮火的袭击。这导致我们匆忙向上游行驶了10英里。

12月12日凌晨，我登上"常德号"汽轮，④打算前往汉口。我们7时30分抵达芜湖，以及日本人如何对待我们的情况无疑已由英国海军当局作了报告。

---

① 乔治·罗森（Georg Rosen，1895—1961）1895年出生于波斯（今伊朗）德黑兰，其父弗瑞德里克·罗森曾任德国外交部长。他曾在第一次世界大战参战，1921年进入德国外交界。1933至1938年在德国驻北京和南京大使馆任职。他率领德国领事小组成员保罗·沙尔芬贝格（Paul Scharffenberg）和阿尔佛雷德·休特（Alfred Huerter）于1938年1月9日上午乘英国军舰"蟋蟀号"抵达南京，重建德国大使馆。由于他的犹太裔身世，1938年离开南京回到德国后，被迫离开外交界，迁居伦敦，1940年移民美国，并于1942至1949年在美国纽约州的几所大学任教。他1950年回德国，曾在德国驻伦敦大使馆任职，1956至1960年任德国驻乌拉圭大使。罗森1960年退休，1961年7月22日在西德哥廷根（Göggingen）逝世。
② 乔治·埃瑞克·玛歇·奥东纳尔（George Eric Maxia O'Donnell，1893—1953）1893年8月31日出生于印度孟买，1906年13岁时便加入皇家海军，1923年晋升海军少校，1929年升为海军中校，1936年12月晋升海军上校。1937年7月被任命为旗舰"蜜蜂号"船长，同时担任海军少将瑞吉诺德·沃塞·霍特（Reginald Versey Holt）的参谋长。日军逼近南京时，他担任"圣甲虫号"船长及驻南京海军高级军官，负责指挥当时集结在南京附近江面的英国船队。1937年12月12日，他在英舰"瓢虫号"上遭日军炮火袭击而负伤。他以后曾出任英国驻希腊雅典与土耳其安卡拉使馆海军武官，1946年退役，1953年1月18日逝世。
③ 惠龙饭店（Bridge House Hotel）位于南京下关火车站附近，始建于1913年，为英国人C.辛夫人（Mrs. C. Sim）开办的旅馆。
④ 汽轮"常德号"（S.S. *Tseangtah*, or S.S. *Changteh*），244吨，原为太古轮船公司枯水期在汉口、长沙、常德短程航线上行驶的小客轮。

就在这一天，前文提及的船队也吸引了日本人的注意。

下午，他们三次遭受日本飞机的轰炸。两艘炮艇被迫以机关炮与机关枪开火，这一事实无疑迫使飞机保持相当高的高度。

幸好，飞机没有击中船只，但是，旧船被弹片击中，受损严重，不得不暂时弃置。外籍人员转移到炮艇上。正是在这一天的午前，美国军舰"巴纳号"也被炸沉。

我于 12 月 14 日乘坐英国军舰"瓢虫号"①离开芜湖，12 月 17 日抵达上海。

驻上海海军高级军官(R)"瓢虫号"、长江支队海军中将、英国驻上海大使、驻汉口总领事道格拉斯·麦基勒浦②"蜜蜂号"参谋长③

"瓢虫号"报告，日本人似乎已完全占领南京。史密斯、④孟肯、⑤斯

---

① 英国军舰"瓢虫号"(HMS *Ladybird*)1916 年在英国建造下水，1917 年部署在地中海，1919 年加入英国皇家海军驻中国舰队，作为长江巡逻炮艇。1937 年 12 月 12 日，"瓢虫号"在芜湖港口被日军炮火炸伤。1940 年回到地中海舰队，部署在北非海岸。1941 年 5 月 12 日在利比亚港口图卜鲁格(Tubruk)附近被德国飞机炸沉。

② 道格拉斯·麦基勒浦(Douglas MacKillop, 1891—1959)1891 年 5 月 12 日出生于英国伯威克郡(Berwickshire)，毕业于曼切斯特大学，并在第一次世界大战参战。他 1919 年进入外交界，在索非亚、赫尔辛基、雅典、布鲁塞尔、莫斯科等地使馆任职。1934 至 1938 年他出任英国驻汉口总领事，此后在里加、伯尔尼、慕尼黑任总领事。1950 至 1951 年担任英国在德国巴伐利亚地区的土地巡视员，1952 年出任北约国际事务秘书长，1959 年 2 月 25 日逝世。

③ 原件藏伦敦英国国家档案馆，海军部档案，长江支队档案，ADM116/3880 卷宗。该电报由"蜜蜂号"参谋长发给驻上海海军高级军官，抄发给"瓢虫号"、长江支队海军中将、英国驻上海大使、英国驻汉口总领事道格拉斯·麦基勒浦。

④ 路透社记者莱斯利·C. 史密斯。

⑤ 亚瑟·冯·布里森·孟肯(Arthur von Briesen Menken, 1903—1973)，帕拉蒙新闻摄影社(Paramount Newsreel)的摄影记者，1903 年 12 月 13 日出生于纽约，1925 年毕业于哈佛大学。他在世界各地游历广泛，用摄影镜头记录了众多暴乱、罢工、战争。他曾在非洲沙漠驱车，深入南美奥里诺科(Orinoco)河的上游，报道了西班牙内战。1937 年 12 月，日军进攻南京时，他留在南京报道了南京保卫战、南京城陷，并目睹了接踵而至的南京大屠杀后，于 1937 年 12 月 15 日离开南京前往上海，向海外报道了南京大屠杀的真相。二次大战时，他从军参战，战后曾为美国政府在意大利的情报机构工作。孟肯 1973 年 1 月 10 日在意大利佛罗伦萨去世。

提尔①与杜丁②乘坐"瓢虫号"和"瓦胡号"。③ 船队晚间抛锚停泊,今晨7点启航。"万通轮"与"黄埔轮"拖着13号驳船从位于下三山④的船队来加入这个船队。

11点50分

13点27分　　　　　　　　　　　　　　　　　12月16日

密码电报⑤

重要

发报人:"蜜蜂号"参谋长

---

① 阿契包德·特洛简·斯提尔(Archibald Trojan Steele, 1903—1992)1903年6月25日出生于加拿大的多伦多,1916年移民到美国。1924年毕业于斯坦福大学。1932年成为《芝加哥每日新闻报》驻中国记者。1937年卢沟桥事变爆发时,他在北京;日军攻打南京时,他留下来报道了南京攻防战役、南京城陷之后于1937年12月15日乘美舰"瓦胡号"去上海。他利用"瓦胡号"的无线电设备向《芝加哥每日新闻报》发通讯稿,首先于1937年12月15日向全世界报道了南京大屠杀。他曾于三十年代访问延安,见过毛泽东。七十年代以后曾数次重访中国,并于1978年采访了邓小平。他曾出版多部关于中国的书籍。斯提尔1992年2月28日在亚利桑那州的赛多纳(Sedona)去世。

② 弗兰克·提尔曼·杜丁(Frank Tillman Durtin, 1907—1998)1907年3月30日出生在得克萨斯州的爱尔克哈特(Elkhart),曾就读德克萨斯基督教大学,在多家报社,包括《洛杉矶时报》和《上海晚邮报》,担任记者。1937年,他出任《纽约时报》驻中国记者。日军进攻南京时,他留在城内报道攻城的情况,并目睹了大屠杀的惨况。他于1937年12月15日乘坐美国炮艇"瓦胡号"前往上海,及时向《纽约时报》拍发了多篇有关南京大屠杀的通讯报道。他在《纽约时报》工作至1974年退休。1971年,时任《纽约时报》香港站站长,杜丁曾随美国乒乓球队访问中国大陆,亲身见证了具有历史意义的中美乒乓外交。以后,他多次访问中国,并于1985年会见了邓小平。1988年,他重访南京,参观了南京大屠杀遇难同胞纪念馆,并于1988年7月17日在加州圣地亚哥的报纸《圣地亚哥联盟论坛报(San Diego Union-Tribune)》发表长篇文章记叙了他重访南京参观,回顾了当年亲身目睹日军暴行的经历。杜丁1998年7月7日在加州圣地亚哥去世。

③ 美国军舰"瓦胡号"(USS *Oahu*),460吨,1927年在上海江南造船厂建造下水,1928年服役,部署在美国亚洲舰队,作为长江巡逻炮艇。1937年12月12日,"瓦胡号"的姊妹炮艇"巴纳号"被日军飞机炸沉,当时停泊在江西九江的"瓦胡号"迅即赶赴沉船水域,营救人员去上海。1941年11月,前往菲律宾马尼拉湾巡逻。珍珠港事件爆发后,支援美军在巴丹(Batang)抗击日军直至1942年5月6日在科雷希多岛(Corregidor)附近海域被日军击沉。

④ 下三山位于南京西南,下关上游约10英里处的长江边上三座相连的小山丘。

⑤ 原件藏伦敦英国国家档案馆,海军部档案,长江巡逻记录,ADM116/3881卷宗。

日期:1937 年 12 月 18 日

收报人:长江支队海军中将

抄发:总司令

　　　海军部

　　　驻上海海军高级军官

　　　驻芜湖海军高级军官

英舰"蚜虫号"①

　　我在南京于 15 时拜访了近藤海军少将。② 他通知我,已收到他的总司令的指示,称打通老盐圩③与江阴横江障碍的通道仅供日军使用,而不给中立国船只使用。"瓢虫号""瓦胡号"与船队的其他船只通过障碍不能援引为先例。我已中止了在长江这一段的所有航行。

　　一位日本领事官员来做翻译,他说现乘坐"蜜蜂号"的英国和德国领事官员都不会获准上岸,因为海军与陆军当局已作出决定,目前不允许外国人进入南京。他曾造访英国与德国大使馆的馆舍,看守房屋的人告知馆舍都没有受损。

　　气氛相当紧张,中国人从浦口那边偶尔进行炮击。应近藤海军少将的请求,我已行驶至南京上游两英里半的位置,因为他说今晚有军事行动。

---

① 英国军舰"蚜虫号"(HMS *Aphis*)1915 年在英国建造下水,625 吨,第一次世界大战中部署在罗马尼亚布加勒斯特基地,在多瑙河巡逻。1919 年加入英国皇家海军驻中国舰队,在长江上巡逻至 1939 年 5 月。此后,前往位于埃及亚历山大港的英国地中海舰队,参加第二次世界大战。战后于 1945 年回到亚洲,驻防新加坡,1946 年退役,1947 年拆解。

② 近藤英次郎(Eijiro Kondo,1887—1955)1887 年 9 月 12 日出生于日本山形县,1908 年毕业于海军学院,1920 年毕业于海军大学。1923 至 1925 年在美国见习。此后曾任日本海军军舰"梨号"(Nashi)、"凤翔号"(Hosho)、"赤城号"(Akagi)、"加贺号"(Kaga)等舰艇的船长。他 1935 年晋升为海军少将,1937 年 7 月任第三舰队鱼雷艇分队司令,1937 年 12 月升任第三舰队第 11 战队司令。他 1939 年 11 月晋升海军中将后退役,1955 年 12 月 27 日去世。

③ 老盐圩(Mud Fort)位于南京下游约 10 英里处的长江北岸,属六合县,具体位置大约在今天长江二桥与长江四桥之间,与乌龙山隔江相望。英美海军的记载提到这一江防障碍或长江封锁线时,使用江北岸的地标,称其为老盐圩江防障碍,而中国方面的文献资料中则用江南岸的地理标志物,称之为乌龙山长江封锁线。

驻上海海军高级军官请抄发给英国大使馆。

N. C. G. B. R. T.

1724

长江支队海军中将(R)总司令、驻南京、芜湖、上海海军高级军官、"蚜虫号"、英国驻上海大使馆 v "蜜蜂号"参谋长①

我也许被您 16 日 13 时 27 分的电报以及日本驻芜湖海军高级军官未经授权保证的只字片言误导,而乐观地认为芜湖往下游的水域实际上是对我们开放的。南京城的情况并没有如我预期地稳定下来,下午,中国人在浦口后方山丘里面发射的两发炮弹命中江边。毫无疑问,从这儿到老盐圩之间正进行着横渡长江的联合军事行动。我尝试获取近藤的许可,使英舰"蚜虫号"与英舰"蟋蟀号"能通过老盐圩横江障碍进行交接。还试图安排到镇江、口岸、②上海的直通联运,对此,近藤尚未以军事行动为由加以反对。我不能在此对近藤施加影响,因为他只是服从来自上海的命令。希望能在上海施加压力。我毫不怀疑在此过程中,我们能够使"开普敦号"③行驶出去,但是她也许得在这儿等候一阵。

18 日 22 点 30 分

W/TACR　3 点 39 分

12 月 19 日

---

① 原件藏伦敦英国国家档案馆,海军部档案,长江巡逻记录,ADM116/3880 卷宗。该电报由"蜜蜂号"参谋长发给长江巡逻海军中将,抄发给总司令、驻南京、芜湖、上海海军高级军官、"蚜虫号"、英国驻上海大使馆。
② 口岸,亦名高港,位于长江北岸,属于江苏泰兴的一座港口小城。
③ 英国军舰"开普敦号"(HMS *Capetown*),4 190 吨轻型巡洋舰,1918 年在英国建造下水,1922 年服役,部署在地中海、红海海域。1934 年加入英国皇家海军驻中国舰队(China Station)。1937 年 9 月承担将英国驻南京大使馆人员撤往汉口的任务,并一直留在汉口直至 1937 年 12 月 18 日获得日军准许驶往长江下游,经上海至香港。1939 年回到地中海舰队,部署在直布罗陀与马耳他,曾被意大利鱼雷击中受伤,1946 年出售拆解。

密码电报①

重要

发报人:"蜜蜂号"参谋长

日期:1937 年 12 月 19 日

收报人:长江支队海军中将

抄发:总司令

     汉口道格拉斯·麦基勒浦

     海军部

     驻上海海军高级军官转上海英国大使馆

我再次和近藤会谈,取得下列结果:

（1）他承认目前涉及通过横江障碍不确定的状况是由于日本人到达南京比预期快得多。

（2）他对长江支队海军中将 16 日 13 时 27 分电报的内容并不知情,提供给他一份有相关内容的书面副本。

（3）他很肯定地说,日本海军无论在哪儿控制长江水域,中立国的船只可以随意自由航行,然而,横江障碍为中国人所设。就自由通行这些障碍而提出的原则问题,他不能答复。我得到一个清晰的印象,原则问题是通行横江障碍唯一的难点,因为他今天欣然同意"蚜虫号"溯江而上通过老盐圩横江障碍。告诉他我们的船只肯定会遵从通行横江障碍所实行的规章制度,而不会干扰日军的军事行动时,他说这与之不相干。我们今天将从"蚜虫号"获得信息来对此加以证实。

（4）第三段提出的原则问题是,因为日本人在中国人所设的横江障碍上挖掘了缺口,他们有权说谁可以使用它们。我问他是不是希望我们

---

① 原件藏伦敦英国国家档案馆,海军部档案,长江巡逻记录,ADM116/3881 卷宗。

也去挖掘自己用的缺口，并说我们得开始挖起来，对此，他显得极为尴尬。

（5）在这次相当长的会谈过程中，逐渐变得明朗的是，他一再提到"他不便透露性质的军事行动"只是他争取时间将之提交给更高层当局的一个借口。他向我保证将尽一切努力，安排"蟋蟀号"通过，驶往下游，并认为他可以很快作出安排。他同意，在老盐圩下游没有炮艇之际，将把任何重要的信息传送给位于口岸的船只，并同意对昨天驶往镇江设施的"河光轮"的安全加以确认。

（6）我告诉他"开普敦号"航行与所载人员的情况。他说相当理解，只要我们有耐心，她可以行驶出去是毫无疑问的。如果老盐圩横江障碍那儿的水位对她来说不够高，可以将难民转移到吃水浅一些的船上去。

（7）我交给他书面的驻中国舰队① 062D 文件的内容。他说已收到内容相似的指示，并同意，虽然这些内容肯定适用，但是没有必要在长江上使用。

（8）在整个谈话的过程中，我清楚地指出，虽然我在目前主要关切的是使船只能驶往下游，但是我国政府坚持，我们有权利让英国船只在任何时候都能向两个方向航行。

19 日 14 点 55 分

N. C. G. B. R. T.

---

① 从 1831 至 1865 年，英国皇家海军在东半球的舰队称为东印度与中国舰队（East Indies and China Station），1865 年单独建立驻中国舰队（China Station，1865—1941），管辖的范围包括中国沿海与内河航道、西太平洋，以及东印度群岛（今印度尼西亚）一带海域，主要基地有新加坡、香港、威海卫。1941 年 12 月，该舰队并入英国东方舰队（Eastern Fleet，1941—1971）。

发报人:驻南京海军高级军官①

日期:1937 年 12 月 29 日

收报人:长江支队海军中将

抄发:驻上海海军高级军官

　　英舰"蟋蟀号"

　　驻芜湖海军高级军官

　　芜湖与南京的情况逐日有所改善。日军仍在周围乡村清剿中国武装人员,似乎在肆意摧毁中国人的房产。

　　一旦"黄埔轮"就绪可以离开芜湖,打算派遣"蟋蟀号"和驶往下游的船队一道去上海。"蟋蟀号"将像驻上海海军高级军官建议的那样接英国领事回南京。

9 点 46 分

收报时间:②10 点 36 分

海军保密

炮艇 R. T.

长江支队海军中将 v 驻南京海军高级军官③

　　参阅您 12 月 30 日 21 时 12 分发的电报。我打算,在英国领事从上海抵达之后,英舰"蟋蟀号"或者英舰"蜜蜂号"应该前往镇江。此刻,日军当局不准外国人在镇江或南京上岸,但是,近藤海军少将希望安排我在此后数天内拜访这里的陆军参谋长。今天"圣甲虫号"驶来南京。

　　5 点 50 分

---

① 原件藏伦敦英国国家档案馆,海军部档案,长江巡逻记录,ADM116/3881 卷宗。

② 此处英文原文为 T. O. R. ,是 Time of Receipt 的缩写。

③ 原件藏伦敦英国国家档案馆,海军部档案,长江巡逻记录,ADM116/3881 卷宗。该电报由驻南京海军高级军官发给长江巡逻海军中将。

W/T　　PAC　　8点28分　　12月31日

密码电报①

重要

发报人：驻南京海军高级军官

日期：1938年1月6日

收报人：长江支队海军中将

抄发：驻上海海军高级军官

上海英国大使馆

驻？领事

按指令来开启美国大使馆的美国领事今天上午乘美国江河炮艇"瓦胡号"抵达南京。他建议我应该作为英国领事的代表和他一起上岸。来到日本旗舰②上，受到日本使馆官员的接待，他对我们说，他接到上海的命令安排美国领事进城，但是由于他没有得到有关我的命令，不能安排我进城。为了不失面子，我说希望去查看海军储存在城外的煤炭。日军最终同意我这么做。我发现太古洋行的房产，包括海军食堂都被日军部队占用，周围的土地被用来倾倒大量的军需用品。对于他们未与我们协商便以军事目的使用英国产业，我向陆军和海军当局提出强烈的抗议。所给的借口是，这是最合适的地方，会尊重对待。

6日13点06分

部门间电报③

---

① 原件藏伦敦英国国家档案馆，海军部档案，长江巡逻记录，ADM116/3882卷宗。

② 当时驻守在南京的日本海军为第3舰队第11战队。第11战队司令为近藤英次郎海军少将，第11战队旗舰为"安宅号"（Ataka）炮舰。

③ 此处英文原文为 I. D. T. ，是 Interdepartmental 的缩写。

驻上海海军高级军官(R)长江支队海军中将 v 驻南京海军高级军官①

请向乌伊斯特勒昂②与德国总领事传送这一电报。英国领事、武官和德国使馆工作人员这个星期天下午在南京平安登岸。由于日本人没有收到有关空军武官到达的正式通知,没有允许他上岸。请求您请日本人为他作出安排,准许上岸。

16点18分

W/T ACP　　18点35分　　1月9日

---

① 原件藏伦敦英国国家档案馆,海军部档案,长江巡逻记录,ADM116/3881卷宗。该电报由驻南京海军高级军官发给驻上海海军高级军官,抄发给长江巡逻海军中将。

② 此处英文原文为 Ouistreham(乌伊斯特勒昂),乌伊斯特勒昂是位于法国诺曼底海岸上的一座港口小城。英国海军译电员将这个字错译。这是一封向英、德两国驻上海使领馆报平安的电报,按逻辑推理,这应该是英国驻上海大使馆临时代办罗勃特·乔治·豪尔的名字。

第二章　恐怖笼罩南京

中国来电①

密电。(上海)豪尔先生。1938年1月11日。

日期:(无线电报)1938年1月11日

收报:1938年1月11日下午3点

第47号电报。

以下复述南京领事的1号电报(电文开始)。

南京领事致上海英国大使馆的1号电报。

武官和我1月9日上岸,现住在大使馆内。日本当局提供了所有协助。除了汽车,使馆大院中的建筑与室内的物品均完好。我将就此另行报告。

致外交部第47号电报,抄发东京。收存一份到北京。

---

① 原件藏伦敦英国国家档案馆,外交部政治部门1906至1966年一般通讯联络文件(Foreign Office, Political Departments, General Correspondence from 1906—1966),FO371/22144卷宗,第478号文件。

密码电报①

发报人：南京领事

日期：1938 年 1 月 11 日

收报人：上海英国大使馆第 3 号电

抄发：汉口道格拉斯·麦基勒浦

　　我的美国同事②私下向我透露，在他抵达之际，这里的日本当局提出就日军闯入使馆大院劫走汽车这一侵犯美国大使馆的行为表示道歉。与此同时，日本当局强烈希望，由作为本地驻军总司令的日本皇叔③的参谋长向我的美国同事表示道歉，这样将此事在本地解决。此事上报给了国务院。国务院已答复，同意不将侵犯大使馆一事作为"外交事件"来对待，如果以皇叔的名义致以道歉，此事可按这个方法在本地道歉解决。我的美国同事正和日本总领事协商，安排办理此事。日本当局还提出赔偿造成的物质损失，但是到目前为止，就美国使馆大院的损失而论，这实

---

① 原件藏伦敦英国国家档案馆，海军部档案，长江巡逻记录（Yangtze Records，Records of the Admiralty），ADM116/3882 卷宗。

② 即 1938 年 1 月 6 日抵达南京的美国领事约翰·摩尔·爱利生（John Moore Allison，1905—1978）三等秘书，他 1905 年 4 月 7 日出生于堪萨斯州的小镇霍顿（Holton）。1927 年毕业于内布拉斯加大学后，即前往日本教英语，同时学习日语。1931 年在美国驻上海总领事馆开始了他的外交生涯，并先后在美国驻日本神户、东京、中国大连、济南的使领馆任职。1937 年 11 月从济南领事馆调往南京大使馆。但由于南京地区战事激烈，他一直等到 1937 年 12 月 28 日，率领副领事詹姆斯·爱斯比（James Espy，1908—1976）和译码员小阿契鲍德·亚力山大·麦克法瑾（Archibald Alexander McFadyen，Jr.，1911—2001）乘美舰"瓦胡号"回南京重开美国大使馆。但是日军当局直到 1938 年 1 月 6 日才允许他们登岸入城。回南京后，爱利生，以及其他美国外交官积极调查日军暴行，日军对城内美国财产和权益造成的损失，要求日本当局赔偿损失。爱利生在南京工作到 1938 年 8 月 10 日。他以后担任美国驻日本大使（1953—1957），驻印度尼西亚大使（1957—1958）和驻捷克斯洛伐克大使（1958—1960）。爱利生 1960 年从外交界退休，到夏威夷大学任教，1978 年 10 月 28 日在檀香山逝世。

③ 朝香宫鸠彦（Yasuhiko Asaka，1887—1981）皇叔 1937 年 12 月 2 日至 1938 年 2 月 14 日接替松井石根担任上海派遣军司令，为南京大屠杀元凶之一，但因是皇族，未受远东国际军事法庭审判。

际上仅限于劫走的汽车。英国大使馆的情况似乎与此完全相像。我是不是可以向日本总领事要求类似的道歉？我正在着手对其他英国财产造成的损坏进行调查，我将依次逐一报告。

普利焘-布伦

11 日 16 点 32 分

部门间电报

收报时间：19 点 28 分

发报人：南京领事①

日期：1938 年 1 月 13 日

收报人：上海英国大使馆第 7 号电

抄发：长江支队海军中将

绝密

　　这里的状况远比我们预期的要困难与反常。在占领城市后最初的两个星期所犯暴行的性质与规模几乎难以令人置信。就日军失控的状况而论，情况缓慢地有所改善，但是，孤立的谋杀案与其他野蛮残暴的行径仍持续着。最近三天来，德国人与美国人居住着，并悬挂着各自国旗的住宅被日军强行闯入。在没有知会美国大使馆的情况下，日军从美国人的住宅中强行抓走一名中国人。

　　2. 城市完全在日军控制下。日军凶神恶煞，对我们极度敌视。对我的德国同事就其与我一道来南京时的古怪举止，他们私下进行了规劝。日本使馆的官员，只要环境许可，还是友善助人的。他们组建了自治委员会，②在该

---

① 原件藏伦敦英国国家档案馆，海军部档案，长江巡逻记录，ADM116/3882 卷宗。

② 南京自治委员会于 1938 年 1 月 1 日成立，其成员如下：会长陶保晋，副会长孙叔荣、程朗波，委员赵威权、赵公瑾、马锡侯、黄月轩、胡启阀、王春生；另有顾问五名：张南梧、许ంన音、王承典、陶觉三、詹荣光，秘书长为王仲调。自治委员会还聘请日本人田中、松冈、佐藤、小岛、丸山进、渡部、鹈泽等人为顾问。

委员会1月1日正式就职典礼后一段时间,军方只给予勉强的承认。就我所知,委员会仍处于蹒跚学步的阶段,也许还要有一段时间,才能开始有效地运作。

3. 绝大多数为贫困阶层的中国人集中在安全区内。估计有大约二十万人。所有赞美的言词都难以形容安全区委员会德国与美国成员所做的工作。毫无疑问,仅仅由于他们身在南京便保证了相对安全的区域,他们持续不断,勇敢的干预阻止了很多对难民的袭击。有一种要将他们清除掉的强烈动向。当然最终唯一的解决办法是,一旦能作出妥当的安排,由日本人来负责照管留下的老百姓与总的市政管理。

4. 日军坚决反对除了官员以外的任何外国人返回南京,显而易见,以上述情况而论,任何英国臣民回南京都是不明智,也是徒劳无益的。任何重启商业的活动必须有赖于在中国人之中采取缓和的措施,然而,无法预言那样的情况何时才能到来。

5. 就总的方针政策基础而言,目前继续在这儿留有领事代表似乎是明智之举。我也面临着解雇大使馆警卫人员与解决居住在旧船上中国难民的难题,对此我将另行报告。如果最后决定开设这座领事馆,应该有两位官员留驻于此。我强烈地建议这两位官员之一应为负责日本的领事人员。我觉得这几乎是必不可少的。我本人当然愿意留在这儿直至对确切的安排作出决定,但是,在武官与空军武官离开时,如果您可以任用布莱恩,①把他从日本替换出来,到这儿来工作,将大有助益。

---

① 此处英文原文 Brayne 为译电员笔误。这位外交官是亨利·诺曼·布莱恩爵士(Sir Henry Norman Brain, 1907—2002),他 1907 年 7 月 19 日出生于英国拉歇尔(Rushall),毕业于牛津大学皇后(Queen's)学院,1930 年 11 月进入外交界,到日本任见习翻译,先后在英国驻东京、神户、大阪、淡水、马尼拉、沈阳使领馆工作。1937 年 11 月调任驻上海总领事馆领事至 1938 年 7 月。此后在沈阳、东京任职。1941 年 7 月任驻大连代理总领事直至珍珠港事件爆发后被日军羁押至 1942 年年底。他以后于 1956 至 1958 年任英国驻柬埔寨大使,1958 至 1961 年任外交部助理部长,1961 至 1966 年任英国驻乌拉圭大使,1966 年退休,2002 年 12 月 27 日逝世。

6. 武官赞同这份报告。

17 点 38 分

收报时间：14 日 3 点 20 分
部门间电报

密码电报①

发报人：驻南京海军高级军官
日期：1938 年 1 月 14 日
收报人：长江支队海军中将
抄发：驻上海海军高级军官

英舰"蟋蟀号"

驻芜湖海军高级军官

领事非常希望目前上岸在南京的武官与空军武官离开，因为他们使日本人恼怒不快。

除非安排他们乘汽车或飞机走，打算让 1 月 16 日驶离芜湖的"蚜虫号"载上他们去上海。

这将提供一个显而易见的理由，使炮艇能在横江障碍下游游弋活动，并使"蚜虫号"完全将武器弹药装备好。

"蟋蟀号"将成为驻芜湖的高级海军军官。

14 日 17 点 15 分

N. C. G. B. R. T.

收报时间：17 点 46 分

---

① 原件藏伦敦英国国家档案馆，海军部档案，长江巡逻记录，ADM116/3882 卷宗。

发报人：南京领事①

日期：1938 年 1 月 15 日

收报人：上海英国大使馆

抄发：长江支队海军中将

　　汉口道格拉斯·麦基勒浦

　　更正我 1 月 14 日 17 点 33 分的电报如下：

　　武官报告。电文开始。

　　南京是座死寂之城，近期进行贸易的可能性微乎其微。日军处于完全控制的地位，他们对外国人，尤其对英国人的态度绝对是敌视的。武官一直未能和军方取得联系。

　　根据罗森的说法，1 月 13 日他和日本总领事②与参谋本乡少佐③激烈地争吵。他在城外中山陵附近开车时被日本人阻止，并命令他回城，理由是他没有遵守日军外国人不该出城，以及必须一直由宪兵陪同的指示。此后双方都有激烈火爆的言词，双方也一再提及反共协定。④日本人更是火上浇油地给当时怒气冲天的罗森大肆拍照，拍摄电影。以我的看法，罗森的一些争辩之词无疑是难以使人信服的。他以日本大使在柏

---

① 原件藏伦敦英国国家档案馆，海军部档案，长江巡逻记录，ADM116/3882 卷宗。

② 当时日本驻南京代理总领事为福井淳（Kiyoshi Fukui, 1898—1955），他 1898 年 2 月 1 日出生于日本神奈川县，1923 年毕业于东京工商大学，同年进入外交界。曾任日本驻南京大使馆二等秘书。1937 年底至 1938 年 2 月担任日本驻南京代理总领事。以后出任日本驻缅甸仰光总领事。1944 年任日本海军司政长官，同年任外务省调查官。他于 1955 年 5 月 3 日去世。

③ 本乡忠夫（Tadao Hongo, 1899—1943）1899 年 10 月 16 日出生于日本兵库县（Hyogo），1920 年毕业于陆军士官学校，1933 年毕业于陆军大学。作为上海派遣军司令部的陆军少佐参谋，本乡负责和当时在南京的西方外交官的联络工作。他于 1941 年晋升为大佐，1942 年任 51 师团参谋长。1943 年 7 月 3 日在新几内亚战死。死后追赠少将官阶。

④ 此处英文原文为 Anti-Communist Pact，应为 Anti-Comintern Pact。反共产国际协定（又称防共协定）是纳粹德国与日本在 1936 年 11 月 25 日在柏林签署的反对共产国际及苏联的协定，此协定后来陆续有其他国家加入，其他签署该协定的国家包括意大利、保加利亚、汪精卫政权、克罗地亚、丹麦、芬兰、匈牙利、满洲国、土耳其、泰国、维琪法国、罗马尼亚、斯洛伐克、西班牙。

林并未受到如此保护为由,要求完全的行动自由,不同意宪兵坐在他汽车内(城内情况根本不正常)。每天总有一名宪兵陪同,并认为这是明智之举。罗森声称他在事后见到冈崎①时,接受了冈崎有几分类似的道歉。电文完。

1 月 14 日第 10 号电报。

11 点 01 分

收报时间:14 点 28 分。

部门间电报

中国来电②

密电。(上海)豪尔先生。1938 年 1 月 15 日。

日期:(无线电报)1938 年 1 月 16 日

收报:1938 年 1 月 16 日晚上 6 点 15 分

第 80 号电报。

有人秘密提供给我由日军攻占城市时留在南京的美国传教士与留在芜湖的传教士医生提供的两份相互独立,完全可靠的关于日军所犯暴行的报告(外交文件袋装的几份文件)。这些报告援引了日军攻占南京最初几天内在南京的美国大学的建筑中约 100 件经证实的强奸案件。

---

① 冈崎胜男(Katsuo Okazaki,1897—1965)1897 年 7 月 10 日出生于日本神奈川县。1922 年获东京帝国大学经济学学位后即进入外交界,从 1923 年至 1937 年先后在日本驻英国、中国上海、美国的使领馆任职。1937 年调往驻上海总领事馆任无任所总领事。他战后曾任外务省次官(1947 年 2 月),1949 至 1955 年任下院议员,1952 年短期任日本外务大臣,1963 年任日本驻联合国大使。冈崎胜男 1965 年 10 月 10 日去世。

② 原件藏伦敦英国国家档案馆,外交部政治部门 1906 至 1966 年一般通讯联络文件,FO371/22144 卷宗,第 478 号文件。

送给我报告的中华全国基督教协进会①的博因顿牧师②说,在日军攻进城后抵达南京的日本大使馆的官员极为震惊地见到在安全区内及其周围公然发生的毫无节制的大规模醉酒、谋杀、强奸与抢劫。日本大使馆的官员由于未能对这些司令官施加任何影响,日军司令官无情冷漠的态度很有可能促使日军蓄意放纵对南京城实施报复,也因为他们对于越过日军的控制将报告送往东京的途径已经绝望,外交官甚至提议传教士应设法在日本公布事实真相,这样,公众舆论将迫使日本政府对日军加以节制。

日军在苏州与杭州的所作所为也同样地糟糕,已经允诺给我送来苏州、杭州的目击报道。还传来显然已经证实的日军在上海城区行径的报告。少将今天报告来一件特别恐怖的案件,对此我将另发电报。

1月5日致外交部第80号电报,抄发东京。

---

① 1913年在上海成立中华继进委员会(China Continuation Committee),以继续完成在爱丁堡召开的世界传教会议的任务。1922年,在上海召开全国基督教会议之后,决定成立中华全国基督教协进会(National Christian Council of China)来取代中华继进委员会,诚静怡任首届主席与秘书长至1933年;三十年代末,吴贻芳任主席,罗纳德·里斯任秘书长。该组织在1951年被三自运动委员会所取代。中华全国基督教协进会的历史档案现存纽约哥伦比亚大学协和神学院勃克(Burke)图书馆。

② 查尔斯·路德·博因顿(Charles Luther Boynton, 1881—1967)1881年6月8日出生于佛蒙特州汤森德(Townshend),1901年毕业于加州的波蒙纳(Pomona)学院,并继续在纽约的协和神学院(Union Theological Seminary)学习。他于1906年被浸会教委任神职后于1907年前往中国,在上海任基督教青年会国际部总干事(1907—1912),此后服务于中华继进委员会,以及该委员会的后续组织中华全国基督教协进会直至1946年。珍珠港事件后,他被日军关押在上海闸北集中营直至1945年8月。他1946年回到美国,居住在加州克莱蒙(Claremont),并在那儿于1967年10月28日逝世。

中国芜湖

芜湖总医院

1937 年 12 月 17 日

上海

C. E. 高思总领事①

亲爱的先生阁下：

　　自从日军 10 日抵达以来便笼罩在残酷无情的恐怖之中，在我个人的经历中，日军远比任何中国军人残暴。从医院的窗口，我们见到日军在路上拦截手无寸铁的平民百姓，搜身，没有找到什么，便平静地用枪弹击穿他们的头颅。我们看见日军如同猎手猎杀兔子般射杀奔逃的平民百姓。那些由于已被抢劫多次，没有东西再给强盗，或是因为没有按要求交出他们的女人，而遭军刀砍、被刺刀刺的人，一个接着一个地送到我们医院来。今天上午，一个可怜的人被送到我们这儿来，他的头有一半在后颈部被砍开，喉部在前面被砍到气管，左面颊被砍削至嘴巴，这一切都是因为他没有交出他们要求的女人。

　　在这场战争中，中国军人没有闯入芜湖的外国人房产，然而，日本兵毫不犹豫地侵入悬挂着美国旗，门上张贴着禁止他们入内的日文布告的外国产业。13 日，他们把属于这座医院的一艘舢板上的美国旗扯下来，扔到长江里。我把旗帜捞起来，送交给两名日军指挥官。他们"表示遗憾"。大约在同一天，他们闯入位于青山②的我们卫理公会的住宅，洗劫

---

① 克莱伦斯·爱德华·高思(Clarence Edward Gauss，1887—1960)1887 年 1 月 12 日在美国首都华盛顿出生，商业高中毕业，1906 年进入外交界。先后在中国的上海、天津、厦门、沈阳、济南、北平等使领馆工作。1935 年 12 月出任驻上海总领事。1940 年 1 月调任驻澳大利亚公使。1941 年 1 月至 1944 年 11 月任美国驻中国大使。高思 1960 年 4 月 8 日在洛杉矶去世。
② 青山(Green Hill)，现在芜湖市区内仍有青山街、青山居住小区等地名。其位置在镜湖西面，离江边不远。

房屋,随心所欲地拿走东西。15日,他们来到美国教会学校,萃文中学,①命令房屋看管人降下美国旗,然后,他们无视日军发布,禁止他们入内的布告,闯入房屋搜查,炸开学校的保险柜。他们以类似的方式对待英国国旗与房产。到目前为止,还没有攻击、伤害外国人。我已经和日军当局取得联系,他们向我保证,不会允许日本兵做出这样的事。

昨天,一名日本领事乘海军飞机抵达。他拜访了我,我们希望也许他能为恢复秩序,提供保护做些事情。自从5日以来,城内没有警察,也没有邮政服务,自那天起,也没有电灯。医院完全依靠自己的照明与其他服务设施。送日本领事来的飞机上的人说,他们可以将马歇尔、②瓦因斯③和赫吉④几位先生带回上海,因为这些人急于去上海。日本人在飞机上有好几个摄影师,"要记录下从中国人手中抢救出美国人的场面?"

必要时,我继续驾驶着自己的汽车,在城内四处开行,已经开了很多趟车,把我们打听到的中国妇女接进来。她们日日夜夜生活在惧怕被日军发现的恐怖之中。当然,她们之中已有很多人已被发觉。

---

① 萃文中学(Wuhu Academy),1909年美国基督教来复会传教士在芜湖凤凰山创办萃文书院,1925年更名为萃文中学。1952年,芜湖教育局接管该校,改名为芜湖市第四中学。以后演变成为安徽师范学院附属中学,再随安徽师范学院的校名更动而为皖南大学附属中学、安徽师范大学附属中学。

② 詹姆斯·莱斯利·马歇尔(James Leslie Marshall, 1891—1957)1891年3月27日出生于伦敦,为科利尔杂志(Colliers Magazine)驻远东的记者。1937年12月12日,美舰"巴纳号"被炸沉之际,他在船上,被炸受重伤,由日军飞机将他从芜湖送往上海治疗。但是他却没有能完全恢复健康,并于1957年1月7日在加州帕勒·奥特(Palo Alto)逝世。

③ 弗兰克·海顿·瓦因斯(Frank Hayden Vines, 1880—1976)1880年7月24日在佛吉尼亚州斯普林伍德(Springwood)出生,1912年前往中国,担任英美烟草公司(British American Tobacco)的雇员、地区经理,曾在北京、上海、南京等地工作。在日军攻占南京前夕登上美孚石油公司的油轮"美平号",撤离南京。1937年12月12日,日军将美国炮艇"巴纳号",以及美孚石油公司的油轮"美平号""美夏号"炸沉、炸伤之际,他被炸伤。1938年2月回美国养伤,退休,1976年8月在佛吉尼亚州逝世。

④ 约翰·路德·赫吉(John Luther Hodge)为美国炮艇"巴纳号"上的水兵,1937年12月12日,日军轰炸"巴纳号"与美孚公司的油轮时,他在油轮"美平号"上。虽然受伤,他极力扑灭船上的大火,并救护其他伤员。他因此获授海军十字勋章(Navy Cross)。

我们在医院的山丘①上现在差不多有一千多人,我们设法保护他们。在此,我列上仍在芜湖协助开展工作的美国人名单。② 如果有写给美联社或合众社的信件送到您那儿,您可以不通过邮局将信件发送吗?

真诚地

院长罗勃特·E. 布朗医生③

附言:如果您希望我以官方的身份在芜湖与日本人打交道,请给予进一步的指示。日军指挥官进城之际,我和他们保持了密切的联系,向他们通报美国人与美国产业的位置,请求他们予以保护。R. E. B.④

---

① 即芜湖总医院所在的弋矶山,该医院现名皖南医学院附属弋矶山医院。

② 这份英国外交文件中没有列出在芜湖的美国公民名单。布朗医生这封原来送交给美国驻上海总领事馆信件中附有该名单。美国国务院文件编号为 811.015394/29,主题为《日军攻占后芜湖的状况与美国旗事件,以及南京的情况》的文件中有 1937 年 12 月 17 日在芜湖的美国公民名单如下:罗勃特·E. 布朗(Robert E. Brown)医生、L. S. 摩根(L. S. Morgan)医生、露丝·摩根(Ruth Morgan)医生、G. L. 海格曼(G. L. Hegman)医生、弗兰克·盖尔(Frank Gale)先生、弗朗西丝·科利(Frances Culley)小姐、弗洛伦丝·赛尔斯(Florence Sayles)小姐、玛格丽特·劳伦斯(Margaret Lawrence)小姐、伊丽莎白·奥翰伦(Elizabeth O'Hanilon)夫人、魏玛·S. 梅(Wilma S. May)夫人、康斯坦丝修女(Sister Constance)、珍妮特·安德生(Janet Anderson)医生、茂斯神父(Father Morse)、B. W. 兰费尔(B. W. Lamphear)先生、劳德·克莱格希尔(Lloyd Craighill)牧师。

③ 罗勃特·埃尔斯渥兹·布朗(Robert Ellsworth Brown,1886—1948),中文名包让,1886 年 11 月 29 日出生于堪萨斯州的里昂斯(Lyons),1910 年毕业于伊利诺伊大学,1916 与 1918 年从密歇根大学分别获公共卫生硕士和医学博士学位。随即于 1918 年 8 月前往中国,担任芜湖总医院院长直至 1939 年春天,他到中国的西部地区调查公共卫生的状况,并在成都的华西联合大学医院工作。1943 至 1945 年,任中国旅行服务社的医疗顾问,在美国陆军任文职医官,以及中国政府的医疗事务顾问。布朗 1948 年 5 月 20 日在洛杉矶逝世。

④ R. E. B. 为罗勃特·埃尔斯渥兹·布朗(Robert Ellsworth Brown)的缩写。

舍尔·贝茨博士^①

日军在南京使自己的名誉丧失殆尽，也丢弃了可以赢得中国居民与外国舆论尊敬的一个极好的机会。这一地区的中国当局可耻的崩溃以及中国军队的溃散使得为数众多的人们准备响应日本吹嘘所具有的秩序与组织。日军进城显然终止了战争状况造成的紧张与轰炸带来的直接危险，这时很多当地人直率地表达了他们的宽慰。至少摆脱了他们对混乱无序的中国军队的畏惧，实际上中国军队在撤离的过程中并未对城市绝大部分地区造成严重破坏。

然而，两天之内，频繁的屠杀、大规模无甚规律可循的掳掠，以及毫无节制地骚扰私人住宅，包括侵犯妇女的人身安全，使得所有对前景的展望毁灭了。在城市各处走访的外国人报告说，街头横陈着很多平民的尸体。在南京市中心地区，他们昨天数了一下，大约每一个街区都有一具尸体。相当大比例的死难平民是在日军进城的 13 日下午与晚间遭枪击或被刺杀遇难的。任何因恐惧或受刺激而奔跑的人，黄昏后在街头或小巷中遇到游荡巡逻队的人极有可能被当场打死。这种严酷虐杀的绝大多数甚至都没有任何可以揣度的借口。屠杀在安全区内持续着，也发生在其他地区，很多案件为外国人与有身份的体面中国人亲眼所见。有些刺刀造成的伤口野蛮残酷至极。

---

① 此处英文原文为 Cyril Bates，是 Searle Bates 的笔误。贝茨的这篇文章也收录在美国国家第二档案馆，国务院档案编号为 811.015394/29，题为《日军攻占后芜湖的状况与美国旗事件，以及南京的情况》的外交文件中；耶鲁神学院图书馆第 10 档案组第 102 盒内也收藏此件。马内·舍尔·贝茨(Miner Searle Bates，1897—1978)，中文名贝德士，1897 年 5 月 28 日出生在俄亥俄州的纽渥克(Newark)，1916 年从俄亥俄的休伦(Hiram)学院毕业，并获得罗德学者(Rhodes Scholar)荣誉，前往英国牛津大学留学，于 1920 年获历史硕士，以后，他曾就读耶鲁大学，在 1935 年获历史博士学位。贝茨 1920 年来到中国，在金陵大学历史系任教授至 1950 年。日军在南京大屠杀期间，他是留在南京城内帮助、保护中国难民的 14 名美国公民之一。珍珠港事件爆发之前，他回到美国休假，1942 至 1945 年在耶鲁大学做访问学者，1945 年春回到西迁的金陵大学，并于 1946 年赴东京在远东国际军事法庭上就日军在南京的暴行作证。贝茨 1950 至 1965 年在纽约的协和神学院任教，1978 年 10 月 28 日在新泽西州远足时突发心脏病逝世。

日军将成群的男子作为当过中国兵的人加以搜捕,捆绑起来枪杀。这些军人丢弃了武器,有些人脱掉了军装。除了四处抓来临时为日军挑运掳掠品与装备的人,还有实际上,或显然是成群押往刑场的人之外,迄今为止,我们没有发现日本人手上留有俘虏的痕迹。在日军的逼迫下,当地的警察从安全区内的一栋建筑里挑出 400 个人,50 个人绑在一起,由持步枪与机枪的日本兵在两旁押送走。给旁观者所作的解释使人们对这些人的命运不会有任何疑问。

在主要街道上,多半是从商店与未加防范的橱窗中攫取食品的中国军人小打小敲的抢劫转变成日军在军官的眼皮下面有计划地将一座座店面损毁。日本兵需要有自己个人的挑夫吃力地帮他们挑运沉重的担子。很显然,他们首先要的是食物,然而,一切有用与值钱的东西也一一抢走。全城各处成千上万的私人房屋,不管有没有人居住,无论大小,也不管是中国人的屋子还是外国人的房产,均一律遭到洗劫。日军特别可耻的抢劫包括下列各案件:在大规模搜查中,日军从难民营与收容所里的几十个难民微薄的行囊中抢走金钱与值钱之物;从鼓楼医院工作人员身上抢走现金与手表,从护士宿舍抢走其他物品(他们的房屋建筑是美国财产,犹如其他遭洗劫的房屋都悬挂着外国国旗,张贴着各自大使馆的官方告示);扯下车上的国旗之后,抢走汽车及其其他财产。

报告来很多强奸侮辱妇女的案件,对此,我们还没有时间来进行调查。然而,下列案件足以表明情况。昨天,日军从临近我们一位外国朋友的一座房屋里劫持走 4 名姑娘。在位于几乎无人居住的一片城区,新近抵达的日军军官的居所内,外国人亲眼见到 8 名年轻妇女。

在此情况下,恐怖难以言状,温文尔雅的军官就"他们对压迫暴虐的中国政府发动战争的唯一目的是为了中国人民"所进行的说教,给人留下令人恶心的印象。

当然,在南京令人可怖的表现并不是日本帝国最好的成就。一定有负责任的日本政治家,不管是武将还是文官,为了自己国家的利益,他们将迅速妥善地纠正日本人在中国的名望这几天所遭受的损害。也有个别士兵与军官表现得像绅士,无愧于他们的职业与帝国。然而,整体的行为却是一个令人悲哀的打击。

发报人:南京领事①

日期:1938 年 1 月 18 日

收报人:上海英国大使馆第 21 号电

抄发:汉口道格拉斯·麦基勒浦

　　邮局的快艇现在被用来为南京的日军部队运送邮件。邮政总局显然也被日军军邮所用。建筑物显然完好。海关办公楼被日军占用。除了扬子旅馆②与车站而外,几乎所有下关的房屋都成了废墟。

18 日 14 点 31 分

部门间电报

收报时间:18 日 16 点 25 分

密码电报③

发报人:南京领事

日期:1938 年 1 月 18 日

收报人:上海英国大使馆第 22 号电

抄发:长江支队海军中将

　　　汉口道格拉斯·麦基勒浦

---

① 原件藏伦敦英国国家档案馆,海军部档案,长江巡逻记录,ADM116/3882 卷宗。

② 扬子旅馆(Yangtze Hotel)位于下关,离火车站不远,为一英国人所有、经营的旅馆。当时的英籍老板为 W. W. 布莱顿(W. W. Brydon)。

③ 原件藏伦敦英国国家档案馆,海军部档案,长江巡逻记录,ADM116/3882 卷宗。

保密

太古洋行与怡和洋行在江边的房产。数天前,在长江支队海军中将的指示下,驻南京海军高级军官说服日军搬离这些房产。现在日军当局在没有与我们协商的情况下,又占用了这些房产。日军当局无疑愿意付合理的租金。如果完全合理,似乎很希望催促按这些方法来解决这些房产,以及在日军占领与控制下的长江港口城市中类似的情况。我们在当地与日本人打交道的成功首先有赖于避免与日军发生冲突,逐渐与他们建立起和睦的关系。

18 日 11 点 10 分

部门间电报

收报时间:18 日 13 点 12 分

南京领事(无线电报)[①]

汉口道格拉斯·麦基勒浦

1938 年 1 月 18 日 17 点 30 分

1938 年 1 月 19 日 10 点 00 分

1 月 17 日发往上海英国大使馆第 20 号电报

抄发:汉口道格拉斯·麦基勒浦

下列为有关祥泰木行[②]产业的位置:

1. 主木材场。建筑完好,但办公室被洗劫。房屋看管人报告说,机器没有受损。库存木材没有受损,但日军搬运走少量木材。我正在向日本总领事馆提出必要的交涉。中国工作人员平安。

---

① 原件藏伦敦英国国家档案馆,海军部档案,长江巡逻记录,ADM116/3882 卷宗。

② 祥泰木行(China Import & Export Lumber Company, Ltd.),又称中国木材进出口有限公司,1884 年为德商控股,由法国商人创立,1914 年英商在欧战爆发之际接管祥泰木行。该公司设在上海,并在汉口、南京、天津、福州等地设立分公司。鼎盛时期,在木材市场曾称雄半个世纪。1941 年太平洋战争爆发,日军进驻上海租界,祥泰木行决定停业解散。

2. 江边木材场。消失得无影无踪。轰炸电厂时,这处房产受损,但是我正向日本总领事馆就该房产被炸后的遗留物在 12 月 16 日似乎还完好一事提供证据。

3. 鼓楼木材场。完好,中国工作人员报告没有任何损失或损坏。

4. 南京中央木材场。没有人住在那处房产上,但是似乎完好无损。随后将发送建议。

密码电报①

发报人:南京领事

日期:1938 年 1 月 18 日

收报人:上海英国大使馆第 23 号电

抄发:长江支队海军中将

汉口道格拉斯·麦基勒浦

参阅我的 20 号电报。按目前恶劣的状况来判断,很难想象未来很长时间内能够恢复任何正常的商业活动。如果目前的状况持续下去,不知道祥泰木行是否会建议将他们库存的木材长久存放于此。但是他们也许会运走一些,出售一些给日军。如果是这样的话,也许可以考虑安排一艘公司的汽轮开来的可能性,由一名外籍工作人员主管这桩买卖(但他得睡在船上)。目前就任何这样的建议试图谋求这里日军的同意,时机还不成熟,但是如果关系有所改进,这也许值得考虑。

1938 年 1 月 18 日 12 点 38 分

部门间电报

收报时间:18 日×点×分

---

① 原件藏伦敦英国国家档案馆,海军部档案,长江巡逻记录,ADM116/3882 卷宗。

保密文件袋

英国大使馆①

上海,1938 年 1 月 18 日

编号:16(29/23M/1938)

抄发:东京第 5 号

　　　南京第 4 号

　　　少将②

　　　驻上海海军高级军官

外交部

尊贵崇敬的

枢密院成员、军功十字勋章获得者

安东尼·伊登③

先生阁下:

　　参阅我 1 月 17 日涉及日军在南京与芜湖的所作所为的第 80 号电报,我很荣幸在此呈上相关这一主题,从中华全国基督教协进会的 C. L. 博因顿牧师那儿获得的几份报告。

　　除了这几份文件而外,我 1 月 17 日第 15 号文件中向您转呈了驻上

---

① 原件藏伦敦英国国家档案馆,外交部政治部门 1906 至 1966 年一般通讯联络文件,FO371/22146 卷宗,第 2331 号文件。

② 英军驻上海司令。

③ 此处英文原文在安东尼·伊登(Anthony Eden)的名字后面有 P. C. 与 M. C.,即为 Privy Council(枢密院)与 Military Cross(军功十字勋章)的缩写。罗勃特·安东尼·伊登(Robert Anthony Eden, 1897—1977)1897 年 6 月 12 日出生于英国西奥克兰(West Aucklan)的温多斯通宫(Wendlestone Hall),就读伊顿公学与牛津大学的基督教会学院(Christ Church College)。第一次世界大战期间从军参战,并获授军功十字勋章。他曾三度担任英国外交大臣(1935—1938,1940—1945,1951—1955),并于 1955 至 1957 年任英国首相。他 1977 年 1 月 14 日在英国赛尔斯伯瑞(Salisbury)逝世。

海地区英军少将司令致日本驻上海武官 K. 原田少将①发送在上海西城区最近发生事件报告摘要的信件。

先生阁下，以最崇高的敬意

我很荣幸地作为您

恭顺谦卑的仆人

（签名）R. G. 豪尔

1937 年 12 月 16 日至 27 日金陵大学②
与日本大使馆通信副本及其按语

1. 如果需要，这些信件可以复制，以供秘密传阅。但是，请迅速以安全的途径发送给中国基督教学院联合董事会，③并请他们送几份给位于印第安那布利斯东尼(Downey)大街 222 号的统一基督教协会国外传教部，送给密歇根州底特律高原公园(Highland Park)格林戴尔(Glendale)

---

① 原田熊吉(Kumakichi Harada，1888—1947)1888 年 8 月 8 日出生于日本香川县，1910 年毕业于陆军士官学校，1916 年毕业于陆军大学。1937 年 8 月任日本驻华使馆副武官、上海派遣军参谋长。1939 年 10 月晋升陆军中将。以后历任日军第 35 师团长(1940)、第 27 师团长(1942 年 3 月)、驻印尼爪哇的第 16 军司令官(1942 年 11 月)、第 55 军司令官(1945 年 4 月)。战后，他被澳大利亚军事法庭判处死刑，并于 1947 年 5 月 28 日在新加坡樟宜被处以绞刑。

② 1888 年美国卫理公会在南京创立汇文书院(Nanking University)；美国基督会(Disciples of Christ)1891 年建立的基督书院(Nanking Christian College)与美国长老会(Presbyterian Church)1894 年开办的益智书院(Presbyterian Academy)于 1907 年合并成立宏育书院(Union Christian College)；1910 年，汇文书院和宏育书院合并创立金陵大学(University of Nanking)。陈裕光(Yuguang Chen，1893—1989)1925 至 1952 年担任校长。1937 年秋季，金陵大学西迁至四川成都华西坝，1946 年迁回南京。1951 年 9 月，金陵大学与金陵女子文理学院合并成立私立金陵大学。1952 年院系调整，南京大学与金陵大学合并在金陵大学原校址创建新的南京大学。

③ 中国基督教学院联合董事会(Associated Boards of Christian Colleges in China)的办公地点为纽约第五大道 150 号。

街 45 号我弟弟 G. S. 贝茨医生。[①]

2. 这些信件与安全区国际委员会内容更为全面广泛的信件相关联，我是该委员会一位积极的委员。还有，这些信件通常和在大使馆[②]进行的谈话相关。因此，它们并不完整，仅仅只是这里情况的一瞥。

3. 日军于 12 月 13 日进城。日本使馆人员 15 日抵达，表示他们的目的是要缓解日军对外国人及其权益造成的影响。以前我曾和田中领事有过些许联系。

4. 起初，外交官员拒不相信我们告诉他们的情况。在众多事实的敲打之后，并最终真地撞见强奸与残暴的案件，他们惊醒了。他们仅限于作些有关宪兵微不足道的许诺（五万日本兵完全放纵失控时，城内有 17 名宪兵）；并且有两次告诉我们颁布了"新的严令"以恢复军纪。

5. 后来，他们一再坚持将军们所宣称的一切都在改善，因此根本不存在什么问题的论调。

6. 然而，相关的三名外交官中有两名，面对一系列的悲惨苦难，精神崩溃了，他们请求报道这些情况，这样有助于和军方打交道。因此，便有这半是维护，半是说服军方的一班典型的日本文职官员。

7. 将军们极端的冷酷无情难以用语言来描述。我无法花时间，也没有勇气来讲述整个真相。

8. 我们几乎完全与世隔绝，只有今天有些机会，在这里不受检查的情况下送出材料。

　　　　匆匆草上

　　　　　M. S.贝茨

---

① 盖伊洛德·斯巴豪克·贝茨（Gaylord Sparhawk Bates，1903—1990）1903 年 6 月 14 日出生于俄亥俄州沃伦（Warren），1924 年毕业于俄亥俄的休伦（Hiram）学院，1928 年在哈佛大学医学院获医学博士学位，此后一直在密歇根行医。他 1990 年 7 月 17 日在密歇根州迪尔奔（Dearborn）逝世。

② 此处指日本驻南京大使馆。

不要公布

金陵大学紧急委员会会长致日本驻
南京大使馆 12 月 16 日至 27 日信函的副本

（每一个新的日期表示一封信件，一系列信件的副本按顺序排列，以节省篇幅）

12 月 16 日

请允许我非正式地来向你们谈谈贵使馆建筑隔壁的金陵大学校产上的秩序和总体状况的问题。我们都听到日本官员发表的皇军不希望伤害普通百姓的官方讲话，我们希望在贵当局满意的任何政府领导下恢复和平生活的过程中不会有困难。但此刻，老百姓遭受着巨大的苦难与极大的恐怖。下列案件发生在邻近贵使馆的金陵大学的校产上，还有许多发生在鼓楼医院、金陵大学附属中学①与附近的农业专修科。②

（1）12 月 14 日。日本兵扯下美国旗和位于小桃园的农业经济系院子门上张贴的美国使馆官方布告，抢劫了几名住在那儿的教师和助手，不等拿到钥匙便破门闯入。

（2）12 月 15 日。在上面提到的地方，日本兵来了数次，从在那儿避

---

① 1888 年美国卫理公会在南京干河沿创立汇文书院（Nanking University）；美国基督会（Disci-ples of Christ）1891 年建立的基督书院（Nanking Christian College）与美国长老会（Presbyte-rian Church）1894 年开办的益智书院（Presbyterian Academy）于 1907 年合并成立宏育书院（Union Christian College）。1892 年，汇文书院授课分为大学堂、高等学堂、中学堂、小学堂四级，每级学制四年。1910 年，汇文书院和宏育书院合并创立金陵大学堂（University of Nanking），改中学堂为金陵大学附属中学（University of Nanking Middle School）。1929 至 1951 年，张坊任该校校长。1951 年，金陵大学附属中学与金陵女子文理学院附属实验中学合并成立南京市第十中学；1988 年该校更名为南京金陵中学至今。

② 此处英文原文为 Rural Leaders Training School。1914 年，金陵大学创办农科，次年添设林科，1916 年合称农林科。1922 年在农林科增设农业专修科（Rural Leaders Training School），学制三年。农业专修科位于鼓楼二条巷。1930 年农林科扩建为农学院。

难的难民那里偷走钱与其他物品,还劫持妇女。

(3)12月15日。在我们照管一千五百名老百姓的新的图书馆大楼里,四名妇女在那儿遭强奸;两名被劫持、强奸后放回;三名妇女被劫持走,尚未回来;一名妇女遭劫持,但在贵使馆附近碰到宪兵而放了回来。日本兵的行径给这些家庭,给他们的邻居,给住在城市这一带的所有中国人带来极大的痛苦与恐惧。今天上午又有一百多起发生在安全区其他地方的类似案件报告给我。这些案件现在不该由我来管,但是我提及这些案件是为了显示在你们近邻金陵大学发生的问题只是日本兵抢劫、强奸老百姓造成巨大苦难的一个例证。

我们真诚希望日军能恢复军纪。现在老百姓甚至恐惧得都不敢去领取食品,也就不可能有正常的生活与正常的工作。我们恭敬地敦促贵当局安排进行系统的,并由军官直接指导的检查工作,而不是由散兵游勇在一天之内擅自闯入同一个地点达十次之多,盗窃老百姓全部的食物与金钱。其次,我们敦促,为了日军与日本帝国的名誉,为了日本当局与中国老百姓之间的良好关系,也为你们对自己妻子、姐妹、女儿的思念,应该保护南京众多家庭免遭日军的暴行。

中国军队的混乱与失败给日军提供了一个很好的机会来获得老百姓的信任,如果由于延误,或对普通民众的福祉与道德准则的冷漠而失去这一机会,那对涉及的所有人来说是极为不幸的。

12月16日

请允许我在今天上午致你们的信上涉及第二项的内容略加补充。

在我们位于小桃园的农业经济系的大院里,昨晚三十多名妇女被一而再再而三地到那去的大批日本兵强奸。我已彻底调查了这事,肯定这个说法确实无误。

城里这一带的情况的确非常可怜。我们相信你们已在军事力量上显示出优越之处,也将在显现仁慈上展示出优越之点。保障生命和人身安全是数十万和平民众目前最急需的。

金陵大学位于安全区内,也受到安全区的情况与问题的影响。

有些日本军官很友善,并理解安全区的目的与工作。其他军官则显得粗暴,持怀疑态度。让他们明白,国际委员会所做的一切从一开始就是公开的。每个办公室,每栋房屋,做的每一件事都可以每天进行检查。委员会乐于恢复正常的局面,由此可以从履行人道的职责中解脱出来。同时,委员会只是在极其困难的条件下设法为由于战争而被逐出家园并仍在巨大的恐惧中生存的老百姓提供膳宿。

12月17日

从贵使馆的建筑,以及在你们的邻居中,可以清楚地看到恐怖与残暴的景象仍持续着。

(1)昨晚,日本兵一次又一次来到拥挤着大批难民的图书馆,用刺刀逼着要钱,要手表,要女人。通常因为前两天已被掳掠数次,人们拿不出钱或手表时,日本兵砸碎他们旁边的窗户,粗鲁地将他们推来搡去。我们的一名工作人员就是这样被刺刀捅伤。

(2)昨晚,犹如城里这一带许多地方,日本兵在图书馆强奸了数名妇女。

(3)日本兵殴打我们没有任何武装的警卫人员,因为他没有准备好姑娘供日本兵享用。

(4)昨晚,几栋挂有美国国旗,张贴着使馆布告的美国住宅被一群群四处游荡的日本兵非法闯入,有的被闯入数次。这包括我们的三名美国工作人员现在居住的住所。

我们恭敬地请你们将这些仅仅是发生在广大南京居民身上小例证的日军行径与贵政府对中国人民福祉关注以及对保护外国财产关注的官方声明作个对比。

我们不希望强调个人的事情,提及另外两个事件只是为了显示毫无节制的日本兵狂暴的程度。昨天,我们的一位美国工作人员在日本军官没有进行调查的情况下提出虚假的指控,而被日军官兵殴打。晚上,另一位美国人和我自己被一个持步枪，醉醺醺的日本兵从床上拉起来。

写这封信并不是为了给金陵大学寻求特别保护，而是出于金陵大学和你们近在咫尺的原因，强调这些和平的老百姓面临危险的紧迫性。

我们相信日军有力量，有效率来维持令人尊敬的举止，并给予被征服的老百姓在良好秩序下生活与工作的机会。我们无法理解为什么日军没有这么做，没有在进一步损害本地老百姓，进一步损及日军名誉之前，做到这一点。

12 月 18 日

由于日本兵强奸、施暴和抢劫的行径，苦难与恐怖仍在四处持续着。一万七千多可怜的人们，其中许多是妇女儿童，目前在我们学校的校舍里希望能够安全。人们还在涌进学校来，因为别的地方的情况比这儿更加糟糕。然而，我必须向你们提供过去二十四小时内这个相对不错地区的记录。

（1）位于干河沿的金陵大学附属中学。一名受惊吓的孩子被刺刀挑死；另一个受重伤，奄奄一息即将死去。八名妇女遭强奸。设法为这些可怜的人们提供食物并照管他们的我们几位工作人员在毫无缘由的情况下遭日本兵殴打。日本兵不论白天还是夜晚多次翻墙越舍。许多人三天来无法睡觉，有一种歇斯底里的恐惧。如果这一恐惧与绝望导致对强暴妇女的日本兵进行反抗，将会出现灾难性的屠杀。贵当局要对这种屠杀承担责任。日本兵轻蔑地扯下美国国旗。

（2）位于金银街的蚕桑大楼。两名妇女遭强奸。

（3）位于胡家菜园 11 号的农具店。两名妇女被强奸。

（4）我们工作人员居住的汉口路 11 号教师住宅。两名妇女遭强奸。

（5）美国工作人员居住的汉口路 23 号教师住宅。一名妇女被强奸。

（6）位于小桃园的农业经济系。这地方多次遭受可怕的暴行，所有的妇女都已逃离。今天上午，我去那儿看了看，碰到六个日本兵，其中一个多次举起手枪，扣着扳机，对准我，虽然我只是礼貌地问他在那儿有没有遇到困难而已。

这些显而易见的事实并不能说明被找女人,要粮食,抢东西的游荡的日本兵白天骚扰多达十次,夜晚又侵扰六次的普通百姓的苦难。它们表明急切地需要立即控制这一状况。

贵方的某些代表宣称,昨晚将像其他几处聚集着大批难民的地方那样在几座建筑的大门口设置宪兵。却没有见到一个哨兵。除非真正在总体上恢复军纪,日本兵到处爬墙越舍,几个岗哨无论如何也无济于事。

贵军的士兵得到节制之前,座落在何应钦①往日寓所内的龟山(Akiyama)支队司令部的存在,将对周围的居民构成特别的危害。如果将军们有这样的意愿的话,司令部可以成为维护安全的力量。

由于日本兵抢走他们的粮食与金钱,这里,以及全城的老百姓已因饥饿而绝望;因为日本兵抢去他们的衣物、铺盖,还有许多人受冻,生病。日本当局准备如何处理这个问题?

在每一条街道上,人们含着泪水与忧伤诉说道,无论在哪儿,只要日军在,没有一个人,也没有一栋房屋是安全的。这肯定不是日本的政治家希望要做到的,南京的全体居民希望从日本得到更好的东西。

相信如果你们有机会,你们中的一位可以同我一道穿行在距离贵使馆墙壁如此之近,而恐怖与苦难却仍在持续的地方。写这封信的过程被迫中断,以对付七名从事他们通常称为"巡察"的日本兵。这"巡察"意味

---

① 何应钦(Ho Ying-ching, 1890—1987),国民党陆军一级上将,1890 年 4 月 2 日出生于贵州兴义,1909 年考取清政府官费留日,学习军事,入振武学校,结识同在该校学习的蒋介石,参加同盟会。1911 年武昌起义胜利后回国,1913 年再赴日本,1916 年毕业于日本士官学校后回国在军界任职。1930 至 1944 年任国民政府军政部长,1938 至 1944 年任军事委员会总参谋长,1944 至 1946 年就任中国战区陆军总司令,并于 1945 年 9 月 9 日代表中国政府接受日本投降。1946 年前往美国,担任联合国安理会军事参谋团中国代表团团长至 1948 年。回国后于 1948 年任国防部长,1949 年初短期出任行政院院长兼国防部长。此后,经香港去台湾,任总统府战略顾问委员会主任。何应钦 1987 年 10 月 21 日在台北去世。此处所指何应钦公馆 1934 年建,原地址为斗鸡闸 4 号,现在位于南京大学北园内。日军攻占南京后,该公馆损毁,1945 年在原址重建,现仅存楼房、平房各一座。

着搜寻女人,夜晚再来将她们劫持走。

我昨晚睡在这些屋子里,并打算继续这么做,希望能给无助的妇女儿童施以微弱的援手。从事人道工作的其他外国朋友和我自己不断受到日本兵的威胁。如果在做人道工作的过程中我们被喝醉酒,无法无天的日本兵杀害或打伤,谁应该承担责任是再清楚不过了。

这封信以礼貌而友善的精神写就,但却反映了自从五天前日军进城以来我们一直生活于其中的非常不幸的绝望。急需立即加以惩治的良方。

12 月 21 日

根据您今天上午的要求,我呈交下列事实,其中大部分是见了您以后我本人观察到的,其余的则是在可靠的人士对我讲了之后我仔细调查的结果。

(1) 今天下午,日本兵从图书馆抓走七个人,其中包括我们自己的工作人员。并没有指控或事实证明这些人当过中国兵,但日本兵无视贵使馆的布告,就是要抓走他们去做劳工。

(2) 今天上午,在靠近贵使馆大门的头条巷 4 号,两个日本兵轮奸了一名妇女。这是否意味着数名宪兵在恢复秩序?

(3) 今天和您在使馆会面时,我自己的家第四次遭到掳掠。今天另外还有七栋金陵大学的房子被抢劫,很多房屋被数次闯入。

(4) 在军官指挥下的大批日本兵有组织地纵火,迫使数千老百姓无家可归,没有指望恢复正常的生活与工作。一如以往,他们整天仍继续放火。

(5) 尽管张贴着贵使馆的布告,鼓楼医院位于双龙巷的门今天被砸破。在医院的另一处地方,一个美国人从正在偷车的日本兵手上,抢救下一部救护车。

(6) 今天下午,我亲见日本兵五次抢劫可怜的人们的食品和铺盖,通常还要这些人跟着,为他们搬运抢来的东西。

（7）在邻近我们附属中学的安乐里，我应红十字会包扎所之召去帮忙，他们正在医治夜间被要女人、要钱的日本兵打伤的三个人。昨晚，一名妇女在楼上的屋内遭强奸。我进屋时，两个日本兵在那儿翻箱倒柜，抢东西。从事救护工作的善良人对我说，昨晚在他位于高家酒馆 58 号的家里，两个女子遭强奸。

（8）回家时，我途经五台山南面数百间贫民的草棚。有些人说昨晚情况好些，其他人则说更差，因为日本兵仍从他们家中劫持走姑娘，抢劫最贫困的人们，把没有其他谋生手段的人们的人力车抢走。

（9）昨天，日本兵第二次把五台山美国小学的美国旗扯下践踏。日本兵还威胁说如果仆人或其他人再挂起旗帜，就杀了他。

昨晚遭强奸或被打伤的人数肯定没有前一天晚上多。但是，抢劫，非法闯房入舍与可怕的纵火仍持续着，和以前相比是有过之而无不及。国际委员会的两名成员开车行驶了数英里，没有见到一个宪兵的踪影。宪兵并没有什么成效。

如果将军们打算摧毁老百姓的家舍，掠走他们最后的一些粮食、衣服，最好坦言相告，而不要以对恢复秩序的虚假希望来蒙骗老百姓，欺骗我们。

12 月 22 日

据报告，在几个地方，昨晚和今晨情况略有好转。然而，仍然是极其可耻得糟糕，以下几个案件可以说明情况：

（1）今晨快到 5 点时，十一个人突然被强行从金陵大学图书馆抓走。虽然大门上有宪兵的布告，日本兵破门而入。日本兵凶暴无比，前一天下午也是如此，以至于没有人敢通风报信。日本兵后来又来抓走一个人。至于昨天从这儿抓走的七个人，其中包括我们的工作人员，至此仍没有音信。如此恐怖，没有安全感，当然也不可能找到从事正常工作的劳工。

（2）昨晚 10 点，四个日本兵乘汽车来到金陵大学大门口。其中一个用刺刀逼迫以阻止看门人去报告贵使馆警察。三个日本兵进入校园后，我们的佣人叫来使馆警察，劝他们离开。今天上午 10 点之前，日本兵藐视宪兵的布告，闯入金陵大学达五次之多。

（3）日本兵今天上午仍擅闯金陵大学的住宅，包括那些美国人居住的房屋，进行抢劫。

（4）我和三个同事，每个人今晨在不同的街道上办事，都没有见到宪兵。我们知道有宪兵在，但是他们人数太少，也太文雅，无法维持军纪。

（5）有组织地用卡车进行掳掠，之后再纵火焚烧的情况近在咫尺持续发生着。这日复一日使得越来越多的老百姓无家可归，陷于贫困，将来找不到工作做。

（6）昨晚七个日本兵闯入位于铜银巷的金陵女子神学院，[①]搜寻、强奸妇女。

（7）几个难民营报告日本兵不顾宪兵的布告，闯进来找女人，要钱。

（8）在小桃园的金陵大学农业经济系大院，昨晚日本兵粗暴地砸破许多房门。两天前，日本兵来抓走我们的佣人，拿走钥匙，到现在仍没有释放佣人。

（9）像往常一样，金陵大学蚕桑系今晨被日本兵频繁骚扰。其中一个喝醉的日本兵抓住三个人，帮他抬从别处偷来的酒，在拥挤的难民堆中抢劫之际，还开了三枪。

（10）您会有兴趣得知邮局一位忠心耿耿雇员的诉说，游荡的日本兵打开大量的邮件，造成什么损失，我们不得而知。这些国内、国际都有的

---

① 金陵女子神学院（Bible Teachers Training School（BTTS）for Women）始建于 1912 年 9 月，资助该校的教会组织有美南长老会（American Presbyterian Church，South）、美北长老会（American Presbyterian Church，North）、基督会（Disciples of Christ）、监理会（Methodist Episcopal Church，South）、美以美会（Methodist Episcopal Church）。校址设在铜银巷，毗邻位于汉中路的金陵神学院。1931 至 1937 年，院长为贾玉铭（1880—1964）。1951 年，金陵女子神学院和华东地区另外十所神学院一起并入金陵神学院。新金陵神学院占用了金陵女子神学院的原址，而前者在汉中路的校址转让给南京医学院。

邮件在战事的最后几天没能送出去,为安全起见,存放在健康路奇望街①的邮政总局。

这些仅是我亲见或直接报告给我的例证,表明没有真正整肃军纪。许多已被抢去全部金钱和手表的人们,特别在晚上因为无法再满足日本兵对同样东西的要求而被日本兵殴打。

12 月 25 日

两天来,我想不再打扰您。然而,每天都发生非常困难的情况,今天的情况比往常更加糟糕。目前,既无纪律又无军官管束的一伙伙散兵游勇的日本兵到处转悠,偷窃,强奸,劫持妇女。以下是一些案例:

(1)日本兵刚刚强行闯入大学,拖走用来为难民运粮食的卡车。

(2)仅在我们蚕桑大楼里,每天平均有十多起强奸或劫持妇女的案件发生。

(3)日本兵持续日夜不停地闯入我们的住宅,伤害妇女,任意偷东西。现在仍有美国人居住的房屋也发生同样的情况,和其他住宅完全一样。

(4)日本兵经常撕掉宪兵张贴的布告。

(5)今天上午,一个军官突然走近我们的一位美国工作人员,殴打了他,愤怒地要扯下贵使馆发的袖章。

(6)以上没有提到的其他一些房屋,每栋房子每天也被日本兵闯入数次,他们完全无视贵使馆的布告,搜寻女人,抢劫东西。

(7)虽然存在着完全由日本兵造成的混乱,但是我们没有任何警卫,在我们附近也见不到宪兵。

12 月 27 日

一个多星期之前,你们向我们保证几天之内部队换了防就会恢复秩

---

① 1931 年南京进行街道改造时,将一些小街道拓宽连接成新的健康路。健康路邮局所在地原为奇望街。在 1937 年人们对原街名仍记忆犹新,故称该邮局为健康路奇望街邮局。

序,恢复军纪,增加宪兵等等。然而,可耻的混乱仍然持续着,我们没有看到采取严肃认真的行动对此加以制止。让我举几个发生在邻近贵使馆金陵大学校舍的案例,而不去报告整个金陵大学的情况。

(1) 昨天下午,在位于阴阳营与上海路的农业专修科,一个日本兵剪断绳索,抢走美国旗。

(2) 昨天夜里 11 点到 12 点之间,三个日本兵开车来到金陵大学大门口,声称司令部派他们来巡查。他们强行阻止我们的警卫人员报信,在他们搜寻、强奸三名妇女时也让他跟着。被强奸的姑娘中有一个才十一岁,并把其中一个姑娘劫持走。

(3) 游荡的日本兵持续抓人为他们干活,导致了恐惧与不必要的不方便。例如,昨天,一个日本兵坚持要从鼓楼医院带走一个人;我们的佣人和警卫人员有好几个被抓走。

(4) 我们的几栋住宅每天都被找女人,找食物和其他东西的日本兵闯入。今天上午一小时之内,有两栋住宅被闯入。

案例(5)发生在位于铜银巷的金陵女子神学院。那个地方长期以来受到日本兵严重的骚扰,我相信您曾保证要特别保护那地方,但还没有在那儿见到宪兵。昨天,三四个成群的日本兵在七个不同的时间到那儿,从以前遭类似掳掠之后还剩些东西的人们那儿抢劫衣物、食品与金钱。他们强奸了七名妇女,其中包括一个十二岁的女孩。夜晚,有十二到十四个日本兵的大群团伙来了四次,强奸了二十名妇女。

老百姓的生活充满了苦难与恐惧,这都是日本兵造成的。你们的军官保证为老百姓提供保护,但日本兵每天极其严重地伤害数百人。几名宪兵在某些地方帮了忙,我们感激他们。但那不能带来平静的秩序。通常只是将恶劣的行径转移到附近没有宪兵的建筑里。

难道日军不顾自己的名誉吗? 难道日军军官不希望尊守不伤害普通百姓的公开诺言吗?

在我写这封信时,一个日本兵从我们教师的住宅里强行劫持走一名妇女,他持手枪拒绝让一个美国人进屋。这就是秩序么?

现在很多人想回自己的家,但是他们不敢回去,因为强奸、抢劫、抓人的事每日每夜在持续着。只有认真严肃地执行命令,使用大量的宪兵,严加惩处,才会产生效果。有几个地方情况略有好转,但是军队采取恐怖行动两个星期之后仍是如此可耻之极。现在需要的不仅仅是保证。

密码电报①

重要

发报人:驻南京海军高级军官

日期:1938 年 1 月 19 日

收报人:驻上海海军高级军官

抄发:长江支队海军中将

我刚刚收到近藤海军少将的信,谈到由于来自上海的指示,他不能允许我 1 月 18 日 16 点有关往下游行驶的船队电报中提及的驳船向下游航行,尽管他在昨天同意通行。只要驳船不与之一道航行,他准备让"顺和号"通行。

我今天下午将面见近藤,设法以阻止驳船通行似乎含糊不清为由来获取整个船队通行的许可。如果不能获得这一许可,将安排"顺和号"航行。

N. C. R. G. B. R. T.

收报时间 19 日 13 点 22 分

---

① 原件藏伦敦英国国家档案馆,海军部档案,长江巡逻记录,ADM116/3882 卷宗。

密电译文。(上海)豪尔先生。1938年1月20日。①

日期:(无线电报)1938年1月21日

收报:1938年1月21日晚上7点

第112号电报

参阅您第60号电报。

普利泰-布伦先生报告,在与他的美国同事商讨时,日本人不同意由日军参谋长向美国大使馆道歉,并建议由代理总领事代表日本大使向代表美国大使的领事道歉。这一建议已报告给国务院。如果这个建议被接受,我是否可以授权英国领事采取类似的行动。

1月20日致外交部第112号电报,抄发东京、南京。

密码电报②

发报人:驻南京海军高级军官

日期:1938年1月21日

收报人:长江支队海军中将

自从领事抵达以来,我还没有获准上岸,所以难以判断南京的情况,但是,毫无疑问,领事的处境困难。

至于太古洋行的房产与餐厅又被占用一事,除了提出抗议而外,领事反对采取其他行动。他认为让日本人租用这些房产是最好的途径。我能理解他的反对意见,但现在这是将来的政策问题。

日本人肯定认为被占领地区是他们征服得到权利的领土。我觉得接受这一点,并以尽可能的方式设法改善我们与他们的关系最符合我们的利益。这样做,我们也许能够用船为中国人送去粮食等物。在目前的

---

① 原件藏伦敦英国国家档案馆,外交部政治部门1906至1966年一般通讯联络文件,FO371/22144卷宗。

② 原件藏伦敦英国国家档案馆,海军部档案,长江巡逻记录,ADM116/3882卷宗。

状况下,做生意的可能性还遥远得很。

如果战事不久将中止,由于大多数中国的船只被毁,中国人无疑需要我们的航运服务。

我和日本海军的关系不错,但是他们完全受制于非常不喜欢我的陆军。

如果能得知您对这一形势的看法将会对我大有助益。

21 日 14 点 01 分

N. C. G. R. T. 收报时间:13 点 02 分

密码电报①

发报人:驻南京海军高级军官

日期:1938 年 1 月 21 日

收报人:长江支队海军中将

参阅 20 日 15 点 15 分的电报。

由于他们急需木材,军方于 1 月 19 日请求领事,他们是否可以购买木料。领事请大使馆在公司同意的情况下授权进行这桩买卖。已获得同意。

领事与大使馆都没有将相关这事的电报抄发给您。

21 日 14 点 55 分

部门间电报

收报时间 15 点 33 分

---

① 原件藏伦敦英国国家档案馆,海军部档案,长江巡逻记录,ADM116/3882 卷宗。

密码电报①

发报人:南京领事

日期:1938 年 1 月 21 日

收报人:长江支队海军中将与汉口道格拉斯·麦基勒浦

上个星期,本地的状况没有明显地改善。除了作为军事行动的中心,整个城市死寂一片。不断有部队进进出出,部队的行动似乎并没有受限于城内总体的状况。美国大使馆上个星期一直忙于处理日本兵强行闯入美国房产劫持妇女,掳掠的案件。已在东京提出强烈抗议,我得知已下达指示,要更好地保护外国人的财产。

没有迹象证明有任何尝试来发展市政管理,或为中国人的生命与财产提供安全保障。毫无诚意地劝说安全区内的一些难民返回位于城市其他地区的家中。只有极少数人冒险尝试,但立即遭遇了灾难。

安全区内的粮食供应即将变得严峻。安全区委员会的外国成员善意配合,以解决这一问题所作的努力激怒了军方。军方宣称必须由自治委员会来处理,他们将协助提供粮食。但是到目前为止,没有采取有效的行动。他们似乎还没有开始意识到问题的严重性。

日军仍坚决反对除了外交官以外的外国人回南京。我觉得目前就此对他们施加压力毫无作用。英国臣民在目前状况下来南京也是不明智的。

21 日 17 点 41 分

部门间电报

---

① 原件藏伦敦英国国家档案馆,海军部档案,长江巡逻记录,ADM116/3882 卷宗。

不要发表

密电译文。(上海)豪尔先生。1938年1月22日。①

日期:(无线电报)1938年1月22日

收报:1938年1月22日晚上7点30分

第128号电报。

电文开始。

以下是英国驻南京领事就英国财产的情况所作初步报告的概要。

1. 和记洋行。没有什么损失,但是居住在那儿的人们惊恐异常,遭受虐待。一如其他城区,仍持续不断从洋行的大院中劫持走姑娘。日本领事保证尽力提供保护,日本海军将试图为他们提供粮食。

临近的村庄受到日本海军当局的保护。中国红卍字会②建立,容纳4 000人的安全区也显然由海军当局大方地③提供粮食。日本宪兵即将进驻这一地区。这一安排,加上海军的协助,应该能够改善本地区的状况。

2. 其他英国财产。损害令人吃惊得小,日本人张贴了他们自己的保护房产的布告。只有一桩掳掠、毁坏严重的案子。

3. 抢劫英国汽车。有几辆汽车失踪了。

日本当局提出以相应的车辆补偿被窃的汽车,但是车主宁愿要金钱赔偿,这很可能办到。

电文完。

领事补充道,总体状况正缓慢,但确实地改善,日本领事当局确实希望友善,提供帮助,与疑心极强,设置障碍的军方形成对比。

致外交部128号电报,抄发、存送东京。

––––––––––––––––––––

① 原件藏伦敦英国国家档案馆,外交部政治部门1906至1966年一般通讯联络文件,FO371/22085卷宗。

② 红卍字会是中国民间类似红十字会的慈善组织,南京分会成立于1923年。南京大屠杀之后,红卍字会参与了掩埋遇难者遗体的工作。当时红卍字会南京分会的会长为陈冠麟。

③ 此处英文原文为on a bileral scale,应是on a liberal scale的笔误。

不要公布

1938 年 1 月 10 日于南京①

亲爱的朋友们：

　　身处充斥着强奸，用刺刀行凶，胡乱开枪的环境之中匆匆草就几笔，让日军进城后的状况开始以来第一艘外国船只，从事打捞"巴纳号"的美国海军拖轮送走。在上海的朋友将在总领事馆取走信，并设法在不受检查的情况下，由外国船只带走。

　　主要由于众多日本兵离城，在拥挤的安全区内，元旦以来情况大为改善。"恢复军纪"的确是极度地漫不经心，甚至宪兵也强奸、抢劫，无视他们的职责。由于新的人员到来与行事踌躇不决的摇摆波动，新的转变随时都会出现。没有显而易见的政策。外国外交官（这个星期）最终获准回城，这似乎显示希望稳定。

　　一万多手无寸铁的人被残酷杀害。大多数我可以信赖的朋友认为这个数字要大得多。有些是丢弃枪支，或受困后投降的中国军人；还有包括不在少数的妇女与儿童的平民百姓，通常甚至都没有指责他们当过兵的借口，便被枪杀，或刺刀刺死。能干的德国同事认为发生了两万件强奸案。我应该说不少于八千件，也许是八千以上某个数字。仅仅在金陵大学的房产上，包括一些我们工作人员的家庭与目前由美国人占用的美国房屋里，发生了我具有详情记载的一百件强奸案，以及大约三百件肯定发生的强奸案。你们简直想象不出那样的痛苦与恐惧。仅在金陵大学的房产上，年仅 11 岁的少女与年已 55 岁的妇女均遭强奸。在金陵神学院的校园上，17 个日本兵在光天化日之下轮奸一名妇女。事实上，大约三分之一的强奸案发生在白天。

　　城内几乎每一栋房屋，包括美国、英国与德国使馆或大使官邸，以及

---

① 原件在 R. G. 豪尔 1938 年 1 月 24 日寄往英国外交部的绝密外交文件袋中，藏伦敦英国国家档案馆，外交部政治部门 1906 至 1966 年一般通讯联络文件，FO371/22146 卷宗，第 2334 号文件。

65

占全部外国房产很高比例的房屋，均被日本兵一而再再而三地抢劫。各种各样的车辆、食品、衣物、铺盖、金钱、手表、有些地毯与字画、各类珍贵物品，都是他们主要搜寻的。这仍在持续着，特别在安全区以外的区域里。除了国际委员会的米店与军用商店，南京城里没有一座商店。绝大多数商店被肆无忌惮地破门而入偷盗之后，又遭开着卡车来，通常在军官指挥下的一帮帮日本兵有组织地洗劫所有的商品，再付之一炬。我们每天仍有几处大火。很多区域成片的住宅也遭蓄意焚烧。我们有几根日本兵用于点火焚烧的化学小棍棒，并查看了焚烧过程的各个阶段。

大部分难民被抢去他们的金钱，以及微薄的衣物、铺盖与食品中至少部分遭抢劫。那完全是狠心无情的做法，在最初一个星期或十天里，导致每个人的脸上显露出绝望的神情。没有商店与各种工具，没有银行与交通设施，重要区域的房屋遭焚毁，其他所有的东西均被偷盗，你们可以想象目前面临着饥寒交迫的人们在城里工作与生活的前景。这儿约有二十五万人，几乎所有的人都住在安全区内，足有十万人的吃住完全依赖国际委员会。其他人依靠微薄的余粮以及直接或间接打劫来的收益勉强度日。日军供应部门，出于赚钱或政治原因，开始发放他们从中国政府没收来数量可观的粮食储备中的一小部分米，虽然日本兵也烧毁了为数不少的粮食。但是，下一步将如何？当我们就邮政、电报服务询问日本官员时，他们说，"还没有打算"。所有经济方面的事务与大多数政治事务似乎都是如此。

国际委员会帮了大忙，委员会的经历可称神奇。三名德国人做出卓越的贡献，为了与他们保持友情，我简直想佩戴一枚纳粹徽章。一名丹麦人与三个英国人在初期阶段做了大量的工作。但是在中国人从南京撤出之前，他们的公司与政府指令他们撤离。所以，大部分工作落在美国传教士身上。医院里住满了遭受枪弹、刺刀伤的受害者，只有 9 名美国传教士没有在医院中从事难以脱身，极度紧张的工作。当然，我们当中有些人具有不同的职责，对职责的观念也不尽相同。很自然，一开始就有相当多的中国人协助与合作,而且大多数具体的细节工作都由中国人,或通过他们来做。然而,在某些阶段,如果没有外国人确实在场,必要时勇敢地面对枪弹,任何事情,甚至一卡车米,也动弹不了。我们承担了很大的危险,遭受了(确确实实的与比喻性的)沉重打击,但是却能安然逃脱远比当时的情况所能容忍的大得多的危险。除了提供食物、房屋,进行谈判,给予保护,并密切注视,关注当前发生的情况后进行抗议这些一般性的工作以外,我们还阻止了很多次抢劫,劝说或吓唬很多日军小分队,促使他们释放了多群将被处死的人,并将数十名日本兵驱离强奸或图谋强奸妇女。难怪日本使馆的官员告诉我们,日军将领对于他们得在中立国人士的观察注视下占领城市感到非常愤怒,并(当然是无知地)声称,在世界史上,此前从未有过这样的情况。

我们也有失败的时候,但是成功的比例依然较大,足以证明所付出相当大的努力是值得的。我们必须承认,虽然在某些时候与他们的关系远非令人满意,但是日本大使馆努力在日军与外国利益之间起到缓冲的作用,他们使馆(极个别并不完全如天使般的)警察相对来说还算正派,以及由于国际委员会的主要人物为反共产国际条约国的德国人与野蛮袭击美国船只之后需要安抚的美国人这一事实使我们在工作上大有收获。日本人两次拒绝发送我们因为有大批房产受侵犯及国旗被辱的问题而要求美国官员回南京温和的请求。即使这个星期情况有所改善之际,除了有机会通过美国大使馆的海军无线电设施获取范围有限的信息之外,我们实际上仍然与世隔绝,甚至与周围的农村和江边地区隔绝。

自从 12 月 1 日左右以来,没有邮件,有邮件时则大多数迟缓。昨天夜晚,我们住宅中(7 个美国人中有人和电厂的职工有私人关系)经特别安排而有电灯。日本人以他们为政府雇员这一不实的指控而将电厂 54 名技术员工中的 43 人枪杀。除此而外,还有轰炸、炮击与放火焚烧,你们可以想象得出,设施的恢复是缓慢的。然而,工人及其家属没有安全感则是设施恢复的主要障碍。供水依赖电泵,但是,在地势较低的地区,我们开始有细流的自来水。做梦也不用想有电话、公共汽车,甚至人力黄包车。安全区的范围大约为两平方英里,但并不都是有房屋建筑的区域。在这人员集中的区域内,我们没有不慎失火的现象;直至这个星期人们到安全区以外地区的空房子里开始掳掠,特别是寻找燃料之前,除了日本兵所犯罪行,我们没有犯罪或暴力事件。没有武装警察。

在金陵大学的各类房产上,住有三万难民。管理的问题,甚至于是能够维持的低水平生活的管理,也是令人恐惧的。我们的确只有为数极少的大学正式职员与工人,他们中的大多数工作得很好。有许多国际委员会匆忙召集,具有各种各样动机而自愿来帮忙的人。眼下,还必须加上日本人收买的奸细进行告发与恐吓。我目前处在三个这类麻烦之中,并开始琢磨,他们是否要将我还是金陵大学逼入绝境。比如,三天之内发生了两件涉及我对金陵大学附属中学所受损失的报告有矛盾之处(这样可以记下我向日本人说谎、欺骗的一笔,并打击我与那座巨大的难民营里的关键人物);一个活泼乐观的翻译(在他拒绝离开附属中学难民营接受他们的工作,或拒绝屈服于他们的威胁之后)被捆绑起来带走处死,而当我去试图询问翻译的情况时,被一个可恶的宪兵军官粗鲁地推出门去。顺便提一下,我们的里格斯①凑巧不合时宜地到那儿去而被宪兵用刺刀抵住,然后,从金陵大学的房屋中劫持一名妇女,肆意强奸她。这样,你们品尝了我们挣扎着在为这些可怜,但是异常坚韧与快乐的人们工作之际,每天饮食的一点风味。

五万日本兵在南京放纵为所欲为之际,只有 17 名真正的宪兵,有好

---

① 查尔斯·亨利·里格斯(Charles Henry Riggs, 1898—1953)1892 年 2 月 6 日出生在土耳其埃塔布(Aitab)的一个美国传教士的家庭,1914 年毕业于俄亥俄州立大学,1932 年获得康纳尔大学农业机械硕士学位。他 1916 年来到中国,在福建省山区的邵武工作。1932 年调往金陵大学任农业机械教授至 1951 年。南京大屠杀期间,他是留在城内的 14 名美国公民之一,担任安全区国际委员会分配住房的负责人,尽力帮助、保护中国难民,并因此多次遭到日军的殴打。他 1939 年 2 月回美国休假 3 个月,之后回到西迁成都的金陵大学,并曾在重庆、贵阳工作,1946 年回到南京。里格斯 1951 年离开中国,1953 年 3 月 13 日在纽约逝世。

几天,我们一个宪兵也没有见到。最近,将特殊的袖章发给日本兵,称他们为宪兵,这意味着他们对自己的不端行为拥有特殊的保护,并且不必履行某些日常的职责。我们见到过日本军官碰见正在强奸的日本兵,训斥几句便放走了;其他日本兵抢劫之后,向军官敬个礼就完事了。一天晚上开车到金陵大学来抢劫的,实际上是军官,他们把我们的守门人逼迫在墙根,强奸了三名妇女,然后将三名妇女中的一个劫持走(另一个是年仅 12 岁的小姑娘)。

莉莱丝①完全有理由认为我在"巴纳号"上完蛋了,或受伤了,因为我决定留在南京的信息没有能够抵达她。东京的报纸暗示所有的外国人都被送上船了。但在沮丧了 48 小时之后,她在日本的报纸上看到日军进城后不久,两个傻瓜对我进行的采访。她的朋友向这份报纸致谢,对此,报纸作出反应,迅速在 17 日派出数名记者与一个摄影师(日军进城为 13 日,"巴纳号"12 日沉没,新闻报道缓慢)。其中的一名记者在元旦那天带给我一幅照片、一封信,后者肯定在日本大使馆被非常尽职地阅读过了。由此,免去我们继续担忧挂念。尽管她通过各种途径与机构多次写信,发电报,自从 11 月 8 日以来,除了那封信,我一直没有收到任何信息。12 月 17 日时,她打算在 1 月的第一个星期来上海,但是我没有得到进一步的消息。也许通过刚刚抵达的炮艇发来的无线电报会带来上海的消息。

然而,不会允许我逾越南京的城门,即使她有交通工具可以使用,也不会准许她出发从上海往西面来。这样的状况将持续多久,我们不得而知。中国人非常害怕,生怕美国人,或者所有的外国人将被赶出南京,但是到目前为止,他们②似乎怕我们离开甚于怕我们留下来。与此同时,我

---

① 莉莱丝·M. 罗宾逊·贝茨(Lilliath M. Robbins Bates, 1893—1982) 1893 年 9 月 12 日出生于肯塔基州帕英山(Pine Mountain),1917 年毕业于波士顿大学,1920 至 1923 年在金陵女子文理学院教授英文。1923 年嫁给马内·舍尔·贝茨。1982 年 2 月在印第安那州印第安那布利斯(Indianapolis)逝世。

② 此处,英文原文在"他们"之下加了横线,以示强调,意指日本人。

尽量和日本使馆人员、一些处于半官方位置上的日本人,甚至一些不怎么粗暴与奸诈的日本宪兵、军人保持友好的关系。但这是非常艰难的。到今天已是四个星期了!炮击、轰炸几乎让人觉得舒服些,要是我们当时知道就好了。前景会如何?

附言:这封信的杂乱无序与外面的情况相应。我在一开头就应该说,中国军队在筹划很差的军事行动中,在城外焚烧了许多村庄与成片的房舍,偶尔掳掠商店与住家的食物。除此而外,他们并没有造成什么麻烦,只是对他们显而易见的溃散,他们对并没有进行的巷战所作的准备,以及他们对老百姓可能造成的伤害,有着极度的担忧。中国军队失败的可耻之处在于高级军官的逃跑,军事行动缺乏协调与决心。然而,相比较而论,普通军人是非常正派体面的。

几乎没有必要说明写这封信并不是为了激起对日本人民的敌视。如果事实讲述了一支现代军队毫无必要的野蛮残酷,一支用谎言宣传来掩盖其罪行的军队,那么,让事实说话。对我来说重要的是,这场征服的战争造成了难以估量的苦难,放纵与愚蠢又使苦难成倍地扩增,并深远地勾勒出一个阴暗无望的未来。

请以安全的途径寄往位于纽约第五大道 150 号的中国基督教学院联合董事会。如果你们有这个愿望,请在当地复制此信。

密码电报①

发报人:南京领事

日期:1938 年 1 月 28 日

收报人:上海英国大使馆第 37 号电

抄发:长江支队海军中将

---

① 原件藏伦敦英国国家档案馆,海军部档案,长江巡逻记录,ADM116/3882 卷宗。

1月26日,我的美国同事在调查一桩日本兵从美国房产上劫持走一名中国姑娘的案件时,被日本兵打了耳光。一名日军军官也在现场出现,高声辱骂爱利生先生。① 后者随即将这一事件报告给日本大使馆。次日上午,一名参谋拜访了美国大使馆,以相关的司令官的名义向爱利生正式道歉,还保证不再发生此类事件。爱利生个人已准备接受道歉,但是,此事的了结有赖于国务院的核准,该事件已报告给国务院。他要求此事严格保密。

28 日 14 点 03 分。

部门间电报

收报时间:28 日 14 点 51 分。

密码电报②

发报人:驻南京海军高级军官

日期:1938 年 1 月 30 日

收报人:长江支队海军中将

抄发:驻长江下游海军高级军官

　　驻上海海军高级军官

　　汉口道格拉斯·麦基勒浦

　　上海英国大使馆

---

① 美国驻南京领事三等秘书约翰·摩尔·爱利生(John Moore Allison, 1905—1978),详见本书 32 页注②。

② 原件藏伦敦英国国家档案馆,海军部档案,长江巡逻记录,ADM116/3882 卷宗。

意大利炮艇"卡洛托号"①昨天抵达南京,随炮艇来的有弗瑞罗(Ferriolo)先生与武官普利瑞拉·高兹尔(Prinela Gozio)上校。他们受到日军的接待,本乡少佐带他们察看了意大利的房产,参观了战场。没有就这次来访通知英国领事与美国大使馆,不过英美领事都陪同参观了战场。

22 点 45 分。

部门间电报

收报时间:23 点 26 分。

密码电报②

发报人:南京领事

日期:1938 年 1 月 31 日

收报人:上海英国大使馆

抄发:长江支队海军中将

参阅南京第 37 号电报。本乡少佐昨天通报美国代表,③一名军官与二十名士兵因美国代表被日军哨兵打耳光事件,将由军事法庭法办。

他说已向最高军事当局解释,其中有个误会,美国代表并没有侮辱日军的意图。

领事

31 日 11 点 20 分。

---

① 意大利皇家海军舰艇"厄曼诺·卡洛托号"[Royal Italian Navy Ship(R. I. N. S.)*Ermanno Carlotto*],以镇压义和团运动中在天津阵亡的意大利海军军官厄曼诺·卡洛托号(Ermanno Carlotto, 1878—1900)命名,排水量 318 吨,1921 年在上海江南造船厂建成,作为意大利海军在中国内河的炮艇。1943 年,为免遭日军俘获而自沉于上海。后被日军打捞接收改名"鸣海舰"。日本战败后,由中国海军接收,更名为"江鲲舰"。1949 年起义。1960 年在中国大陆除役。

② 原件藏伦敦英国国家档案馆,海军部档案,长江巡逻记录,ADM116/3882 卷宗。

③ 即美国领事爱利生。

部门间电报

收报时间：1938 年 1 月 2 日 10 点 59 分。

中国来电①

密电译文。（上海）豪尔先生。1938 年 2 月 1 日。

日期：（无线电报）1938 年 2 月 2 日。

收报：1938 年 2 月 2 日晚上 6 点 10 分。

第 220 号电报。

以下是 1 月 29 日普利熹-布伦先生对南京情况评价的概要。

由于缺乏任何集中统一的控制，日军目无法纪的状况仍持续着。主要为强奸。浪人（投靠军队的平民食客，冒险分子，亡命之徒）出现了，很可能是制造更多麻烦的根源。

二十五万中国平民难民的问题非常严重。日本人通知安全区委员会，必须在 2 月 4 日之前遣散难民。大多数难民无家可归，没有生存的手段。日本当局任何仓促草率的举动有可能引起骚乱、更多的暴行。

日本人仍然极度地憎恨外国人对他们行为的观察。对美国与德国大使馆持有敌意。负责日本使馆的福井先生的无能不称职使得这方面的情况更为困难。

日本人准备在市中心建立一个分隔部队的特定的区域。

致外交部第 220 号电报，抄发东京。

---

① 原件藏伦敦英国国家档案馆，外交部政治部门 1906 至 1966 年一般通讯联络文件，FO371/22146 卷宗，第 1371 号文件。

爱利生事件①

1月25日两个日本兵从金陵大学农学系的工场劫持走一名中国妇女。工场的房产为美国财产。日本大使馆张贴了说明它为美国财产的布告。两个日本兵在闯进去之前将布告撕扯下来。

在此事件之前,有一系列几乎是每天发生的涉及从美国房产上劫持、掳掠的事件。就这些事件,爱利生向日本大使馆提出了数次徒劳的抗议。福井指责爱利生过于依赖道听途说的证据与中国人的报告。于是爱利生决定亲自调查这起最近发生的案件。他作出安排,与日本大使馆会商处理。

1月26日上午,日本使馆警察的头目高玉(Taketomi)、两名宪兵拜访了工场的美国经理里格斯。似乎调查原来安排在那天晚些时候,但是他们一起前往美国大使馆去见爱利生。爱利生和他们一起到涉及此案的妇女当时所在的工场去。日本兵将这个妇女劫持到附近的一所房屋,但后来释放她回到工场。

当爱利生、里格斯以及日本人到达工场时,日本人要带妇女到她曾与日本兵在一起待过的房屋,这些人也都随妇女到那儿去。这所房屋并不是美国人的房产,但据信也是外国人的财产(罗马天主教教会的)。这座房屋似乎为日军占用着,但是他们到那儿时,从外表看不出为日军占用。

妇女被带进房屋,爱利生和里格斯正要跟随着进去,刚进门一两步,一个哨兵突然出现。爱利生被日本哨兵打了耳光,里格斯的衣领被撕扯下来,来到现场的一名军官大声辱骂美国人。陪同美国人的日本宪兵试

---

① 原件藏伦敦英国国家档案馆,外交部政治部门1906至1966年一般通讯联络文件,FO371/22153卷宗,第2816号文件。

图加以干预,结果他们自己也卷入与军人的争吵之中。宪兵刚刚解释说这两个外国人是美国人,在场的日本兵便立刻气得脸色发青。

这个事件报告给了日本大使馆。次日上午,日军参谋部的联络官本乡少佐到美国大使馆拜见了爱利生,代表涉案部队的司令官表示道歉,并保证不再发生此类事件。与此同时,日本人似乎又安排通过无线电广播,对该事件发表歪曲事实,极为唐突无礼的言论。

(签名)H. I. 普利荗-布伦

1938 年 1 月 2 日。

南京的状况
目前在英国人保护下的中国难民①

旧船

12 月 12 日遭受轰炸之际,所有的中国人被告知上岸疏散,得到信号再返回船上。很多人按指令返回,被送往上海。还有很多人极度惊恐,没有回来,因而不得已留在了长江北岸。自此之后,有些人设法回到目前停泊在南京上游两英里,炮艇附近的旧船上。由于越来越多的人回到旧船上,近来人数增加了很多。现在总人数差不多有三百名男女与儿童。

这些人都被困在旧船上,在炮艇的监督与关照下生活在那儿。

由于日本人已经怀疑住在旧船上的人,并极度仇视外国人任何试图救助中国人的行为,眼下真不知道应该如何安置这些人。(除了极少数特例之外)不允许中国人在南京上岸、进城,或离城。

附上旧船上人员的详情,②其中没有使馆人员。除了三四个人,我们

---

① 原件藏伦敦英国国家档案馆,外交部政治部门 1906 至 1966 年一般通讯联络文件,FO371/22152 卷宗,第 2818 号文件。

② 在这份文件中,没有发现这个附件。

的人员都遵循 12 月 12 日发布的指示,目前在上海安然无恙。

大使馆大院

二十名中国警卫人员

撤离南京之前,我要求一支强有力的警卫人员在我们不在南京时保护大使馆的房产。任用了十个人,并承诺,如有可能,再增加人员。我离开时,给那十个人每人颁发了证件。日军进城大溃散之际,又有十个人加入使馆警卫的行列。所有的警卫人员都在为他们未来的命运担忧。他们身着黑色制服,四处站着,竭力显得能派上用场的样子,但是除了敬礼之外,无所事事的样子是我所见过的最悲哀可怜的场景之一。

日本人怀疑这些人,我抵达后不久,好不容易才没有让日本人将他们押送走。

最终的解决办法是,让他们加入正由自治委员会筹组,重新组建的中国警察。但必须等到警察部队适当建立好,并有极其明确而可靠的保证。

就中国警卫人员而论,美国大使馆也处于同样的境地。他们也顺势权宜行事,这是唯一可行的。

使馆大院内其他的中国难民

大约有两百名男女和儿童。其中有些人是海关、邮局①官员的佣人,他们无法安全地待在自己的院落里。还有来自萨家湾及附近其他村庄的人。目前根本不可能赶他们出去。除了在安全区内,中国人不能四处走动,除非待在一座使馆大院里,没有人是安全的。我们只能留他们在这儿,直至有妥当的保护措施对平民百姓进行总体的重新安置。

H. I. P. B. ,②1938 年 1 月 31 日

---

① 自从十九世纪末英国人协助中国创办海关与邮政系统以来,英国人一直控制,经营着这两个系统。

② 此处英文原文 H. I. P. B. 为 Humphrey Ingelram Prideaux-Brune(亨弗雷・英吉兰・普利泰-布伦)的缩写。

（在南京的）宪兵问题

当我与武官、空军武官抵达之际，分配给我们一名宪兵，在外出时，陪同我们。我不持异议，因为实际上在日军攻占芜湖后，由于我在芜湖四处走动的经历，我已作出决定，抵达南京之际，我将要求有一名勤务兵或某种陪同人员在此跟随着我。一两天之后，我发现比我们早几天到达的美国使馆官员以及和我们一起来的德国人都没有配备宪兵。大概日本人自有他们的理由在我没有提出要求就为我配备了宪兵，但是觉得没有必要以歧视为由加以抱怨，因为我认为在目前极不正常的情况下，这是一个明智而理智的预防措施。

接着发生了罗森与日本人的争吵，就我的判断来看，争吵中罗森的过错有甚于日方（1月14日致上海英国大使馆的第10号电报报告了这一争吵以及我对宪兵问题的看法）。加强各种限制以及给德国与美国大使馆，还有我配备宪兵便是这一事件的直接后果（有关爱利生的反应，可参阅在接收类文档信件中列为第3号的爱利生的备忘录；其副本已发给豪尔）。

此后，从上海派出护送祥泰木行的代表比希普里克①的军士是非常麻烦的家伙（我想，部分原因是他迫不及待地要回上海）。我不得不向福井淳以及和比希普里克进行谈判的日军军官就这个人提出抱怨。除此而外，我自己的宪兵一直都很文雅，没有任何麻烦。我觉得暂时仍有很实际的理由继续有宪兵陪同。但不久之后，总的情况有所改善之际，必须和另外两个大使馆联合采取步骤，不再要宪兵陪同。

经由我自己的宪兵请求，并得到日军当局的支持，为该宪兵在大使馆的大院内安排了睡觉的床位，但是他自理膳食。

H. I. P. B. ，1938年1月26日于南京

---

① 斯坦利·比希布里克(Stanley Bishoprick, 1904—1995) 1904年5月2日出生于阿拉斯加州斯加维(Skagway)，1929年毕业于俄勒冈州立大学。比希布里克身为美国公民，但受僱于英国公司祥泰木行(China Import & Export Lumber Company)。日军攻占南京时，他人在上海，在南京日军当局的邀请下，他于1938年1月31日至2月6日到南京来商讨出售木材给日军的事宜。1995年10月8日，比希布里克在华盛顿州奥林匹亚(Olympia)逝世。

中国来电①

密电译文。(上海)豪尔先生。1938年2月9日。

日期:(无线电报)1938年2月9日。

收报:1938年2月9日下午5点30分。

第276号电报

电文开始。

以下复述南京2月6日发第41号电报。

电文开始。

2月5日,南京值勤司令官天谷少将②邀请外国代表赴茶话会。将军发表了声明,以下为声明的要点:日军部队在南京犯下的暴行受到显著的报道。进行辩解时,他指出,日军部队长期紧张作战,中国人的顽强抵抗,迅速向前推进致使粮食供应不足,以及部队精疲力尽造成军纪松弛,由此而产生掳掠与暴力。日军部队是世界上纪律最好的军队。日俄战争③与满洲战役④较为轻松,没有发生暴行。日军当局希望在城里恢

---

① 原件藏伦敦英国国家档案馆,外交部政治部门1906至1966年一般通讯联络文件,FO371/22152卷宗,第1692号文件。

② 天谷直次郎(Shojikiro Amaya,1888—1966)为天谷支队支队长,即日军第11师团步兵第10旅团旅团长。他1888年6月12日出生于福井县,1909年从陆军士官学校毕业,1919年毕业于陆军大学,1937年8月晋升少将,并任步兵第10旅团长。他指挥天谷支队攻占镇江后在12月13日北渡长江,于12月14日攻占扬州。1938年1月16日,天谷支队调往南京接替第16师团驻防南京,天谷直次郎接任南京警备司令。他1940年晋升中将,任第40师团长。他1966年11月30日去世。

③ 日俄战争是1904年2月8日至1905年9月5日,日本与沙皇俄国为争夺中国的辽东半岛和朝鲜半岛主要在中国领土、领海上进行的一场战争。结果,俄国战败,日俄双方在美国新罕布什尔州朴茨茅斯(Portsmouth)签订条约,俄国割让库叶岛南半部及附近岛屿给日本,承认日本在朝鲜的特权,转让俄国在辽东半岛的特权给日本,由此,日军得以在辽东驻军。

④ 1931年"9·18事件"被日本人称之为"满洲事件",西方人则称"幕克顿事件(Mukden Incident)"。幕克顿是西方人对沈阳的旧称。1931年9月18日晚,日本关东军在沈阳东北郊柳条湖炸毁铁路路轨,却诡称是中国军队所为,并以此为借口,突然袭击柳条湖以北的东北军驻地北大营。由于东北军奉命不抵抗,9月19日,日军攻占沈阳,进而在此后的数月中侵占整个东北三省。

复正常的生活。在扬州,日军与中国人之间的关系很好,但在南京,外国人的干预阻碍了恢复正常,大批中国人继续住在所谓的安全区内。他希望欧美人士少加批评,只做旁观者,尊重伟大的日本民族。目前已竭尽全力恢复军纪。日军并不敌视中国老百姓,不过,对由于蒋介石试图灌输给中国民众与军队的抗日精神,老百姓中存在间谍与阻击手,日军极为愤怒。他特别谈到"某个国家"(即指美国)的报道及该国公民的行为,正在损害日本与那个国家的关系。他不喜欢外国法庭中一位法官的态度,并警告外国人,他们的批评以及在日本人与中国人之间插手干预将触怒日军部队,那将导致不愉快的事件。他请求得到信任,并保证尽其所能在短期内恢复秩序与正常的生活,这样外国人的家眷可以回南京。他将尽力保护外国人的权益与财产,并请求外国代表有困难和他商讨,但不要干预涉及日本人与中国人的事务。

将军的讲话显然主要针对安全区,以及日本人希望解散的那个由美国人与数名德国人组成的安全区委员会。委员会对日本军人暴力行为的报告已经由我的美国和德国同事送给他们国内的政府。日军当局阻挠了委员会运进粮食分发给难民的尝试。对于委员会恳请不要在 2 月 4日强行将难民驱离安全区的要求(参阅我 39 号电报),他们作出了让步。日本外交官说十万或几乎半数的难民已回到位于安全区以外的住家,但是委员会所列的数目要低得多。对于中国人来说,城内的状况仍很危险,日军当局还没有采取适当的步骤来供应粮食。电文完。

密电译文。(上海)豪尔先生。1938 年 2 月 17 日。①
日期:(无线电报)1938 年 2 月 17 日。

———————————

① 原件藏伦敦英国国家档案馆,外交部政治部门 1906 至 1966 年一般通讯联络文件,FO371/
　22152 卷宗,第 2037 号文件。

收报：1938 年 2 月 17 日下午 4 点 50 分。

第 232 号电报

以下复述南京 2 月 15 日发第 52 号电报。

电文开始。

致上海大使馆第 52 号电报。

参阅东京致外交部第 136 号电报。

刚抵达南京的广田中佐①昨天与外国代表会面。他的英语尚可。我的同事和我希望如果情况需要，他能够亲自和我们见面。我们目前与日军当局的唯一联系是通过既没有效率，也没有影响力的日本大使馆。我得知新的正职总领事被任命到南京，不久将到任。

中国来电②

密电译文。（上海）豪尔先生。1938 年 2 月 20 日。

日期：（无线电报）1938 年 2 月 20 日。

收报：1938 年 2 月 20 日下午 5 点 50 分。

第 348 号电报

以下复述南京 2 月 18 日发第 54 号电报。电文开始。

参阅您的 37 号电报。

本地的军事当局仍以这是军事区域、航行危险为由，拒不允许商人

① 广田丰（Shigeru Hirota，1892—1972）中佐 1938 年 1 月 30 日起任上海派遣军参谋。他 1892 年出生于爱知县，1915 年毕业于陆军士官学校，1923 年毕业于陆军大学，1928 至 1929 年在日本驻美国大使武官处工作，1935 年在日本驻加拿大大使馆任副武官，1938 年 3 月晋升陆军航空兵大佐，并担任华中派遣军参谋。1939 年 4 月调任飞行第 27 战队长，1940 年 12 月晋升陆军少将，并任第 10 飞行团长，1945 年 2 月任第 53 航空师团长，同年 4 月晋升中将。广田丰 1972 年 3 月 21 日去世。

② 原件藏伦敦英国国家档案馆，海军部档案，中日战争，1937 至 1939 年日本人限制长江航行档案（Sino-Japanese Hostilities, Japanese Restrictions on Navigation on Yangtze, 1937—1939），ADM116/3941 卷宗。

现在来南京。没有进行贸易的可能性，也不可能早日复苏。留在南京的都是极度贫困的人们，与周围遭受蹂躏的乡村处于隔绝的状态。银行、商业用房、进口商，以及所有经商的机构均不复存在。日本当局声称眼下这里有充足的粮食，但是将需要源源不断地运进米、面与蔬菜来救济城市的人口。日本人表示，希望城市恢复正常，英国的船只可能有机会运输这些商品。少量的煤油、布匹、纸张和建筑材料也许能够销售。货物必须委托给南京自治委员会，并首先征得上海军事当局的同意。长江上其他港口的贸易仍然死寂一片。

密码电报①

发报人：南京领事

日期：1938 年 2 月 25 日

收报人：驻芜湖海军高级军官

抄发：上海英国大使馆第 60 号电报

　　驻上海海军高级军官

　　长江支队海军中将

　　参阅您 2 月 24 日第 20 电报。

　　在毛豆将运给所选定的政府委员会这一共识的基础上，允许从"万通轮"上卸下毛豆。日本大使馆通知我，近藤海军少将并不知晓这一安排，他们将通知他。

　　船只停靠港口的设施问题还在考虑之中，一旦作出决定，当即奉告。

25 日 12 点 10 分

部门间电报

收报时间：1938 年 2 月 25 日 21 点 19 分

———————————

① 原件藏伦敦英国国家档案馆，海军部档案，长江巡逻记录，ADM116/3882 卷宗。

第三章　沦陷后的状况

南京致英国驻上海大使第 7 号信件

1938 年 5 月 3 日南京状况的报告①

　　南京的状况继续有所改善,中国人的经济状况稳步提高,但这是个缓慢的改善,并没有任何显著的发展。仍然没有迹象显示,中国富裕阶层的商人与生意人将回城。造成这一局面的主要原因似乎是日军控制着全城以及大批日军部队定期经过该城。日军最近加紧了,而不是松懈了控制。江边码头一带仍为军事禁区,仍严密把守着城门。任何经过城门的中国人都可能被拦下来,人身与行李遭到搜查。日本人认为周围的乡村远非安全。武装的土匪就在紧邻南京的地区,稍微远一些的乡野里有中国游击队。日军部队与战争物资最近经过南京,经由津浦线北上运往山东前线,还有一批批大型轰炸机几乎每天飞往那儿,数小时之后,显

---

① 原件藏伦敦英国国家档案馆,外交部政治部门 1906 至 1966 年一般通讯联络文件(Foreign Office, Political Departments, General Correspondence from 1906—1966),FO371/22155 卷宗,第 7116 号文件。

然未受损失地飞回来。在这战争气氛弥漫的地方,甚至中国人也不大可能有更多的信心或许多机会来经商,做生意。正在筹划与开办的中日合资公司最有可能带来经济活动。日军禁止英国与其他国家的公民返回之际,考虑到两个月前城内荒凉的样子,日本平民以惊人的数量来到南京。3月底,日本总领事声称,有800多日本男女居民,从事各种各样的行业,如面粉厂、经纪人、铁路交通、建筑材料、百货商店、保险业、印刷业、电器设备、照相器材、纺织业、图书文具、钟表、医生、牙医、药房、杂货店、旅馆与饭店。然而,总体上肯定是小生意,他们与中国人做生意的营业额受限于人们总体上的贫苦。日本商人显然需要在开店之前,征得日军的同意。日本居民现在可能有上千人。他们组织了一个协会,并计划将城市中心一大片区域发展成日本商业区。一家日本银行的分支机构于4月27日开张,这是南京重新出现的第一家银行。除了日元之外,唯一流通的货币为中国银行、中央银行、交通银行与农民银行发行的钞票。

中国人开的商店与饭店开始出现,也在进行着一定数量的新建房屋与维修老旧房屋的工作。街上有一些人力黄包车和公共汽车,但是除了军人使用的汽车外,没有什么私人小汽车。属于比较贫困阶层的中国人数以百计地返回南京,最近的估计人口为四十万,或几乎是今年年初的两倍。中国商会定期举行会议,并与日军当局保持密切的联系。如果没有日军特务机关颁发的通行证,货物不得运进或运出城。商会于4月22日通过决议,要求特务机关向商会会员提供一切从商贸易的便利。从上海乘火车返回南京的旅途上,我见到中国人勤劳地在地里耕作,并役使了很多水牛。成立了一家名为玉恒(Yu Heng)公司的中日合资企业来经营面粉厂,估计年产一百二十万袋面粉。另一个中日合资企业兴中(Hsing Chung)公司接管了电灯与水的供应。据我所知,还没有对水电供应收费。仍没有电话服务系统。据报告说,成立了一家名为华中铁矿公司(Central China Iron Mining Company)的中日合资企业,在芜湖以南的三山镇开采铁矿。根据报告,不久的将来要在南京开办水泥厂、硫磺厂、砖瓦厂。中国邮政服务运转顺利,瑞奇先生已将主管的责任于4月30日移交给现为江苏邮局代理局长的英国臣民H. H. 莫兰德先生。一家南京电报管理机构受理电报业务,用日文,欧洲语言与中文拍发电报。日军特务机关已开始关注重新开通南京与周围港口的内河航道,现在已经开行了到扬州的汽轮航班。日清轮船公司①有定期开行溯长江而上的汽轮,表面上用于军运,实际上主要也是如此。日清轮船公司计划在下关重建码头设施。他们刚刚完成一项收费500多日元将瑞奇先生家庭用具从南京经芜湖运往上海的交易。我安排日清轮船公司将我的汽车从上海运到南京,汽车按时运达,只是还没有送给我账单。4月29日的《南京民报》②刊载的一篇报道显示到南京的交通进一步地改善,这将引起英国与中国公司的兴趣。这篇短文如下:"为了促进上海至南京、上海至杭州铁路沿线的贸易,日军当局决定废除对旅客的一切限制,并进一步准许由铁路运输货物。正在准备货运价格表,5月份开始运货。"

4月26日,南京市长召集各区区长开会,商讨的问题之一为禁止目前已进入南京的鸦片。据报道,没有就禁止与控制吸毒作出决定。就南京的英国权益而论,又发生一起损害财产的案子。4月21日,在亚细亚火油公司浦口设施工作的一个苦力告诉我,日军闯入该设施,砸破家具当烧火的木柴。我当即写信给日本总领事,要求给日本军人下指令,让他们离开那处房产,以后不要再闯入,并保留要求赔偿损失的权利。总领事第二天给予答复,说广田中佐已指示部队离开,并张贴了日文布告,禁止非法擅闯。这支部队4月23日离开。浦口为军事禁区,我尚未有机会访问。也许要提一提,广田中佐已调往上海,任联络官员,将只会偶

① 日清轮船公司(Nisshin Kisen Kaisha 简称HKK,日文原文"日清汽船會社")1907年在联合几个小公司的基础上创立于上海的日本轮船公司,经营长江航运及其他业务,并迅速发展成为中国,乃至亚洲的主要航运公司。

② 1938年2月28日,日军当局授意南京自治委员会出版一份单张,两面印刷的《南京公报》,但是该报的名称只用了一个多星期,便更名为《南京民报》。该报不定期出版,刊登伪政权的新闻公报及南京当地社会新闻。

尔来南京。对此我们都很遗憾,因为他是一个令人愉快、乐于助人的人。

在布莱顿①的授权下,由一名中国人在 4 月 10 日开张的扬子旅馆,没有能做多少生意。就领取日本人的营业执照一事,没有什么进展,我在 4 月 22 日给布莱克伯恩②的信中提及此事。

4 月初到南京来的和记洋行的希尔兹先生,③如果能从上海把货运来,便可在一年中最适宜的月份开始做利润极为丰厚的生意。因此,对于暂缓坚决要求长江航道向英国船只开放的决定,他非常失望。在目前的情况下,重新恢复英国在长江上的商业航运,是长江沿岸港口向英国公司与商人开放的必要前提。日本人在排斥英国船只与公民的同时,大批日本商人与货物涌入南京,并且在官方的指导下,中日合资的工业与商业企业正在稳步地筹划之中。日本在长江各港口日益增长的影响,除非能够尽早竭力抵消,将可能对英国的贸易造成极大的伤害。

自从 3 月 28 日就职典礼以来,很少听说或见到在南京的维新政府的活动,但是,省政府与地方政府此后发生了一些变化。南京自治委员会于 4 月 24 日解散,成立了南京市政府,维新政府绥靖部副部长任援道先生,④暂时兼任督办。日军最高指挥官与日本领事官员出席了市政府就职典礼,并承诺尽力支持新政府。鼓励中国人返回南京,协助农民与商人,发展工业为任先生施政的要点。在督办公署下面,将成立秘书处

---

① W. W. 布莱顿(W. W. Brydon)为扬子旅馆的英籍老板。
② 亚瑟·狄更生·布莱克伯恩爵士(Sir Arthur Dickinson Blackburn,1887—1970)1887 年 10 月 21 日出生,1908 年毕业于贝德福特(Bedford)学校后,进入外交界,在英国驻北京、福州、上海使领馆任副领事,以后任驻中国使馆参赞至 1943 年。他 1944 年退休,1970 年 3 月 5 日在英国海瑟(Hythe)逝世。
③ 菲利浦·罗勃特·希尔兹(Philip Robert Shields),见本书 20 页注①。
④ 据其他史料记载,当时任援道为绥靖部部长,而不是副部长。任援道(Jen Yuan-Tao,1891—1980)1891 年出生于江苏宜兴,早年毕业于保定军官学校,参加了辛亥革命,曾任平津警备司令。1935 年任冀察政务委员会外交委员。1938 年 3 月出任维新政府南京市督办(即市长,当时称督办)兼绥靖部长。1940 年后先后任汪伪政府苏浙皖三省绥靖总司令、海军部部长、江苏省主席、江苏保安司令、上海市长等要职。与此同时,1942 年之后,他暗地里与重庆国民政府联系,接受重庆的任命。抗战胜利后,他避居香港。1949 年又迁居加拿大。1980 年卒于加拿大多伦多。

和警察署、六个局,即财政、市政工程、劳工与商业、教育、卫生和社会事务局。《南京民报》报道了江苏与安徽省政府的成立,下属民政、财政、建设与教育厅。江苏省政府将驻苏州,维新政府教育部部长陈则民①被任命为省政府主席。省政府下辖各厅局、区政府及区以下各级权力机构。中国人向市政府呈递了第一份请愿书,要求建立一个地区法院、监狱,以加强警察的作用。

英国驻南京领事

(签名)E. W. 捷夫雷②

英国驻南京领事致英国大使③

南京

英国领事馆

1938 年 8 月 11 日

编号:35

上海

英国大使馆

---

① 陈则民(Chen Tseh-Ming, 1881—1951)1881 年出生于江苏吴县,早年留学日本,法科毕业,曾任北京政府总统府顾问,1920 年以后任苏州电气公司董事长,在上海任开业律师、律师公会会长。日军攻占苏州后,担任苏州自治委员会会长。1938 年 3 月出任维新政府教育部长,不久又改任江苏省长。1945 年 12 月以汉奸罪被判处无期徒刑,1951 年在苏州监狱内病逝。

② 欧内斯特·威廉·捷夫雷(Ernest William Jeffery, 1903—1989)1903 年 11 月 20 日出生,1923 年毕业于牛津大学埃克斯特(Exeter)学院,1926 年进入外交界,到中国担任见习翻译,1928 年升任副领事,先后在英国驻北京、广州、天津、上海、哈尔滨使领馆任职。1935 年 10 月晋升领事,1938 年 1 月底继亨弗雷·英吉兰·普利泰-布伦之后任驻南京领事至同年 11 月,此后调任驻汉口领事至 1939 年 4 月。1939 年 4 月至 1940 年 2 月在上海总领事馆工作,此后调到(今为孟加拉首都的)达卡任职。1949 年 1 月任驻汉口总领事。1989 年 10 月 22 日在英国雷克曼斯沃斯(Rickmansworth)逝世。

③ 原件藏伦敦英国国家档案馆,外交部政治部门 1906 至 1966 年一般通讯联络文件,FO371/22155 卷宗,第 9955 号文件。

英国大使

圣米迦勒及圣乔治二等勋章获得者①

阿契鲍德·克拉克·科尔②

先生阁下，

　　非常荣幸地附上 8 月 11 日南京报纸《新报》摘要的译文,提供日本人对 7 月 25 日向南京市政府办公室扔手榴弹的恐怖事件所作调查的结果。该事件是第一次,也是迄今为止唯一的一次对南京新政府采取的恐怖行动。调查报告将这一事件归咎于汉口中国政府的特工所为。

先生阁下,我很荣幸地作为您

最恭顺谦卑的仆人

领事

(签名)E. W. 捷夫雷

1938 年 8 月 11 日 E. W. 捷夫雷先生致上海英国大使第 35 号信件的附件

1938 年 8 月 11 日南京《新报》摘要

1938 年 7 月 25 日向南京政府办公室扔炸弹的事实真相

　　汉口的中国政府任命名为朱鸣(Chu Ming)的军官作为江南保安别

---

① 此处英文原文在阿契鲍德·克拉克·科尔(Archibald Clark Kerr)的名字后面有 K. C. M. G. 即为 Order of St Michael and St George(圣米迦勒及圣乔治勋章)的第二等 Knight Commander(二等勋章)的简称。二等勋章一般授予英国驻外国大使。

② 阿契鲍德·克拉克·科尔爵士(Sir Archibald Clark Kerr,1882—1951)1882 年 3 月 17 日出生于澳大利亚悉尼市郊,就读英国巴斯(Bath)学院,1906 年进入英国外交界,1908 年在柏林升任三等秘书,1914 年在罗马升任二等秘书,1919 年在伦敦外交部升任一等秘书,1925 年任英国驻危地马拉、洪都拉斯、尼加拉瓜与萨尔瓦多等国的总领事,1935 年出任英国驻伊拉克大使。他 1938 至 1942 年担任驻中国大使。此后出任驻苏联大使,并和斯大林关系很好,组织安排德黑兰、雅尔塔、波茨坦会谈。战后出任驻美国大使。1951 年,曾在他手下任职的两名英国外交官叛逃苏联,使他的身心受到极大的打击,而促使他于 1951 年 7 月 5 日在英国英沃切波(Inverchapel)过早地离世。

动队司令,并指示他刺探南京日军的军事行动,暗杀维新政府的要员。

6月中旬接到汉口的指示,朱鸣便立即指示他的人在南京城内外潜伏。他还发给他们手榴弹与手枪,暗杀重要官员,在南京制造骚乱。朱鸣策划了7月25日协调一致的攻击维新政府、南京市政府、警察总部与内务部的行动。

朱鸣手下的几十个人组成十个暗杀小组。七个小组潜伏在城内,三个小组潜伏在城外。

1938年7月25日,朱鸣的人实际上只有五个小组参预了暗杀行动。第一小组受命攻击维新政府。第二小组的人在南京市政府大门口,用手枪威胁哨兵,冲进去扔了九颗手榴弹,其中只有两颗爆炸。扔炸弹的结果造成三名中国苦力与一个警官受轻伤或重伤。第三小组的人阴谋攻击警察总部,但是他们的计划没有实施,因为小组长没有露面。

第四小组的人于1938年7月25日上午9点向内务部扔了两颗炸弹后逃走。他们在当晚再次袭击内务部,但是一名罪犯被日本宪兵当场逮捕。第五小组也参预了,但是他们的行动情况不明。

到目前为止,十四个罪犯,包括首犯黄鲁(Huang Lu)与第一、三、四组组长,被逮捕。其他人潜逃,恐怖组织已被瓦解。

南京1938年8月18日致英国驻上海大使第39号信件

1938年8月18日南京状况的报告[1]

南京在2月至5月之间有一定程度的改善,但是,在过去的三个月

---

[1] 原件藏伦敦英国国家档案馆,外交部政治部门1906至1966年一般通讯联络文件,FO371/22155卷宗,第10385号文件。

中情况保持原样。可以说中国人的经济状况,在治安与市政府的效率上都没有任何显著的改善。自从两个月前开始向汉口大举进攻之际,南京城里挤满了日本兵。在周围农村,游击队积极摧毁道路、桥梁,根据新闻报道,8月13日已非常接近南京,并与日军进行激烈的战斗。日军当局仍完全控制着城内与城门,但是他们仅关注其军事目标,而不关心中国人的福祉与发展商贸。中国人的市政府征集一些税收,通过了城市的法律规章,但是没有证据显示市政府能够有效地控制城市的事务与警察。警察部队最近配备了部分武器,但装备仍令人可笑地不足。

日本平民居民的数量有所增加,根据本地中文报纸《新报》8月18日刊载的一篇报道,有827名男性与687名女性日本居民。这些居民都是做各类生意的商人,该文继续道,颁发了332个商业执照给日本人,有255家商店开业。获颁执照的各类企业数量如下:

19家贸易公司(7家已开业)

12家汽车运输公司(7家已开业)

14家照相馆(全部开业)

16家水果店(6家已开业)

11家建筑公司(都还没有开业)

72家杂货店(63家开业)

12家咖啡店(11家开业)

34家餐馆(29家开业)

6家茶馆(全部开业)

6家旅馆(全部开业)

4家新闻通讯社(都已成立)

还有其他一些生意。

日本人辩解这些商人仅仅是日军的供应商、承包商的论点与事实完全不符。绝大多数日本商店收日元,但有时也收中国货币,销售商品给任何购买他们货物的买主,而不是仅限于卖东西给占领军;任何人都可以从日本运输公司包租轿车或卡车,无论日本平民还是中国老百姓都可以住日本旅馆。有些日本商人先前在汉口与九江做生意,据说还有从上海来的,他们目前在日军的庇护下,但作为一般的零售商在南京做生意,出售日本商品,竭力赚取利润。

据说日清轮船公司有四艘船在上海与南京之间航行,乘日本船来南京的中国人对我说,船上载有大批前往镇江、南京或芜湖的中国旅客。据可靠的报告,一家中国企业,元和蛋行(Yuan Ho Egg Hong)出售鸡蛋给中国鸡蛋公司(China Egg Produce Company)在本地的代理商。代理商用日清轮船公司的船将货运往上海,就在日清轮船公司在下关的码头装货。

逐渐在全城各处开张的中国人的商店与店铺都是很小的小店与临时搭建的铺子。

为华中供应水电的一个中日合资企业,华中水电公司,最近发出5月份以来在南京用电的账单。所收的费用并不是按照电表读数计算,而是以一盏灯一个月一个日元,不管用没用这盏灯。在大多数情况下,这造成收费不公平与收费过高。据说,不久同一个公司将对供水收费。水压很低,许多房屋只有在第一层直接连接到总管道的水龙头才能接到水。已经开始登记用水的客户。电话服务尚未恢复。

由于洪水与军用卡车、坦克经常碾压磨损,南京的道路处于非常糟糕的状况,几乎没有采取任何措施来改善。有许多人力黄包车,并出现了一些出租汽车与运输公司,大部分由中国人经营,但也有一些是日本人开的。车辆由市政府发放执照。

由于最近有大批军队驻扎,以及道路运输和内河航运的困难,粮食、汽油、煤炭与其他商品都很短缺。中国人在进行一些少量的房屋建筑与重建工程。

日军特务机关于6月发出布告,任何拒绝接受日本钱钞、军票的人将受到惩罚。目前有报告称,维新政府财政部提议发行新的法币,并最终禁止使用中国政府银行发行的钞票。南京市政府正在努力开办一家本地的银行。市政府购买与租用耕牛、农具，在一定程度上帮助农民。根据政府的统计，5月份南京的人口为 276 745 人，6月份为 337 559 人。有一定数量的中国难民从周围的农村返回。7月份芜湖的人口估计为142 822。

在我8月16日的第37号信件里报告了在南京的中国人吸食鸦片与毒品的现象严重。8月17日的本地报纸谈到，日军特务机关与南京市政府拟定了禁鸦片、禁毒品的计划，任何购买、销售、吸食毒品的人将受到严厉惩处。这一计划能否有效地实施还将拭目以待。在芜湖与无锡，当地政府要求吸毒瘾君子要申请执照才能吸食毒品。

南京市政府要克服的主要困难之一无疑是资金的短缺。采取了几种形式的征税措施。发布了规章制度来征收米、稻子、麦子、豆子、其他谷物与面粉税，还有商业执照税、土地注册税与船舶注册税。政府向在新住宅区①居住的房客收房租。政府接管了山西路一带过去的住宅区，将其开发成商业区，把房屋租给商人。财政局声称5月的收入超过10 000 元，6月有 20 000 多元，7月超过 50 000 元。实业局长的宏伟计划是要于今秋在南京修建新的道路，建设诸如棉纺厂、针织厂与肥皂制造厂等工厂。修建道路的估计开支为 1 200 000 元，其中 900 000 元由市政府承担，300 000 元由涉及的土地所有人出。因此，这些计划似乎在一段时间之内不大可能实现。

政府已经通过了各种各样的规章制度，诸如工商企业规章、财产制度、对医生的控制与注册、船舶注册。政府是否有适当的机制来执法似乎颇有疑问。

维新政府的官员在南京的时间并不多，但是一名政府官员最近说，

---

① 新住宅区亦称公馆区，大约在北平路（今北京西路）以北，江苏路以南，山西路以西、西康路以东一带，以颐和路为中心，有十多条道路纵横交错，环绕四周。新住宅区内建有九千多栋西式楼房。

由于南京的治安"大幅度改善了",整个政府机构将在 9 月底从上海迁到南京。

J. 金洛基[①]出访南京随记[②]

1938 年 9 月 3 日乘英国军舰"蟋蟀号"从芜湖抵达。

1938 年 9 月 15 日乘英国军舰"瓢虫号"离开南京赴江阴,并转乘英国军舰"蟋蟀号"。

1938 年 9 月 16 日乘英国军舰"蟋蟀号"于 1938 年 9 月 16 日下午抵达上海。

南京的总体状况。下关仍然是"军事禁区",英国船只,以及其他所有悬挂外国旗帜的船只,如果有旅客上岸,或货物运上岸的话,不得不在和记洋行的码头停靠。"蟋蟀号"停靠在"蜜蜂号"旁,在外国旅客离船后,"蟋蟀号"随即驶往江阴横江障碍处,替换"蚜虫号",履行"横江障碍下游值勤炮艇"的职责。

途经下关时,我对日本人在中国苦力的协助下所从事数量庞大的工作印象深刻,看上去他们在将大量军用物资搬运到停满整个江边码头以及停泊在码头外面的运输舰船上。我不清楚太古洋行与怡和洋行[③]产业的确切界限,但是鉴于整个下关码头都被日本人占用,他们显然并没有对侵占外国产业有所顾忌。后来待在南京期间,我听说日军发觉太古洋行在下关的房产可以用作堆放军用物资,还可用作马厩。

---

① 约翰·金洛基爵士(Sir John Kinloch,1907—?)1907 年 11 月 1 日出生,毕业于剑桥大学玛格达琳(Magdalene)学院,1931 年进入太古洋行(Butterfield & Swire Company),先后在上海(1931—1932)、重庆(1932—1936)、长沙(1937—1938)担任洋行的经理人。1938 年在上海太古洋行船舶航运部门工作,以后曾在厦门(1938—1939)、南京(1939—1941)与广州(1941)担任洋行的经理人。
② 原件藏伦敦英国国家档案馆,外交部政治部门 1906 至 1966 年一般通讯联络文件,FO371/22155 卷宗,第 11033 号文件。
③ 此处英文原文 Ewo 为吴方言"怡和"的音译。

在南京时,美孚石油公司的经理人安排我住在他位于美孚山①的家里,也许实际上生活在完全不同的环境之中。然而,我每天都进南京城(我每天都特地到日本大使馆去,就是要向他们显示我人在南京,并毫不认同他们认为南京是第二个日本,完全为日本人以及最近成立的傀儡政府的支持者专用的),不由自主地感受到日本人对昔日中国首都中国老百姓实行的完全控制;看上去人们遭受蹂躏压制、无精打采,似乎并不在意未来(或日本人)将给他们带来什么。

通过傀儡政权,日本人正竭尽全力作出安排,使南京具有市政的功能,但是成效甚微。资金令人悲哀地缺乏,甚至完全不足以进行城市清扫街道,提供水电服务。据说 8 月份的收入达到 50 000 元这个数目,但是人们当时认为,日军将原来给新政权市政工程局②使用的资金抽取了几乎一半。

贸易。与并不久远的繁华时光相比,南京目前肯定是座死寂之城,除了在不大可能遇到日本兵的最肮脏与偏僻的街巷,人们甚至见不到日常做小生意,诸如沿街贩卖食品的小贩与剃头匠。

在主要街道能见到一两座较大的商店开张,但出售的商品绝大部分为日本货,柜台后面的售货员百分之五十是日本人——除了日本人之外,没有什么买东西的人。外国人与传教士告诉我,中国人大多数只在自己想要,以及情况所迫之下,才愿意购买生活必需的物品。英美烟草公司的香烟是我所见到能够销售,外国制造的商品,日本人用现金购买这些由日清轮船公司的船只从上海运来的香烟。然而,香烟是奢侈品,日本人将价格定得很高,除了日本军人与平民购买,销售量不大。

除去日本人在上海购买了香烟、少量煤油运到南京之外,日本人不

---

① 这里英文原文为 Scony Hill, Scony 或 Socony 是 Standard-Oil Company in New York(美孚石油公司纽约分公司)的缩写。这里即指产权属于美孚石油公司的一座小山丘,当时中国人称之为美孚山。
② 此处英文 P. W. D. 为 Public Works Department(市政工程局)的缩写。

欢迎外国商品,人们见不到外国商标的商品。

因此,对外国商品进入南京的歧视,是目前的规矩。

举一个目前日本人对外国商品采取歧视性措施的例子:位于下关的一座小买办商店设法从上海进 50 袋由日清轮船公司汽轮运来的美国面粉。货物抵达之际,该商店竭尽全力设法从日军获取进货许可证(注意:必须要有日军颁发的许可证才能允许任何商品,无论是日本货还是其他商品上岸),但是,尽管雇用了日本经理人与日军当局和颜办理事宜,却没有获得许可证。这些货物最终只得运回上海,重新用印有中国商标的袋子包装,再由日清轮船公司运来南京。货物运回南京时,日军当局没有任何异议,允许进货。

上述为歧视外国商品一个突出的例证;还可以列举许多例子来说明日本人竭力阻止外国人及其商品进入这一地区。侵略者视这个地区为他们自己的领土,他们在这个区域内要尽最大的努力,首先为自己的产品获取垄断的地位,而对中国商品只会有极为次要的考虑。

外国商品贸易的前景。目前外国商品的前景显得极为渺茫,但是,也许在攻陷汉口之后,欧洲的情况稳定下来,列强或许能够在东京施加压力。

离开南京之际(1938 年 9 月 15 日),我从也住在美孚经理处的英美烟草公司在南京的经理那儿得知,他们在上海的公司决定不在南京开设分支机构,不用日本人作为批发商,但是表示,等到更为正常的时候到来之后,再雇用以往的中国批发/经销商,或者,他们之中仍留下来的人员,是更好的策略——无论如何在中国人的眼中是如此。我想,英美烟草公司将继续严格地以现金交易,销售某些品牌的香烟给在上海的日本人,但是不销售战事爆发前在南京更为走俏的品牌。

对于英美烟草公司的决定,目前各油料公司在南京的代表表示出显而易见的宽慰,这些代表虽然不喜欢用日本公司来营销他们的产品,如果他们想在本地市场投放大量产品的话,恐怕也得被迫向他们在上海的公司建议经由日本人来销售。

这是我离开南京时的情况,但是在上海的英美烟草公司当然很有可能回到先前的决定,觉得作为寻求一条更好的销售产品渠道的尝试,有必要通过日本批发商试图重新打入以往每个月的销售额达 2 000 000 元的这一地区市场。

然而,如果英美烟草公司坚持他们的决定,不在南京地区雇用日本批发商,就销售诸如香烟、煤油、汽油、糖等必需的外国商品而论,似乎其他外国公司相对于日本人,将继续处在一个极其强劲的位置。

与此同时,很遗憾,我提不出任何真正具有说服力的实用建议,将太古洋行诸如糖与油漆产品重新投放南京的市场。目前日本人占领南京的方式存在的话,我看不出任何太古糖厂出产的糖与永光油漆公司①的油漆甚至有获准进入南京的希望。

英国大使馆②

1938 年 10 月 21 日于上海

编号:55(230/149/1938)

抄发:东京第 399 号电报

　　　外交部第 860 号电报

　　　长江下游高级海军军官

南京

英国领事

E. W. 捷夫雷先生

---

① 此处英文原文 O. P. Co. 为 Orient Paint, Colour & Varnish Company, Ltd, (永光油漆公司)的缩写。

② 原件藏伦敦英国国家档案馆,外交部政治部门 1906 至 1966 年一般通讯联络文件,FO371/22155 卷宗,第 12571 号文件。

先生阁下，

我在此发送给您怡和洋行的一份信件，信中附有该洋行的代表访问南京、芜湖的报告。

2. 由于占用英国财产的问题从属于重新开放长江航道正常贸易与居住这一主要问题，似乎就此事向日本政府提出正式抗议不会有什么收效。然而，您无疑将继续在当地施加一切可能的非正式压力，以期减少重新开放航道之前日军占领造成的有害影响。

3. 我将很乐意收到您就何益先生①的报告所披露的，分别对南京与芜湖的情况，特别涉及占用英国公司财产问题的观察报告。

4. 如果您也能对芜湖现在发行的报纸与目前南京出版的报纸分别提供简短的报告，我将非常高兴。

先生阁下，您最恭顺

谦卑的仆人

（代表缺席的英国大使）

（签名）W. D. 埃伦②

怡和洋行

1938 年 10 月 12 日于上海

上海

英国大使馆

---

① T. S. H. 何益(T. S. H. Hoey)为英国怡和洋行的经销商。
② 威廉·旦尼斯·埃伦爵士(Sir William Denis Allen, 1910—1987)1910 年 12 月 24 日出生于新西兰，就读于新西兰万加纽(Wanganiu)学校，毕业于剑桥大学，1934 年进入外交界；1934 至 1942 年任英国驻中国使馆的三等秘书；1946 至 1949 年任驻美国使馆的参赞；1953 至 1956 年任外交部负责远东事务的助理；1959 至 1962 年在新加坡任东南亚高级专员；1963 至 1967 年任英国驻土耳其大使；1967 至 1969 年任助理外交部部长。他 1969 年退休，1987 年 5 月 20 日在英国诺尼顿(Noniton)逝世。

圣米迦勒及圣乔治二等勋章获得者

大英帝国三等勋章获得者①

A. D. 布莱克伯恩爵士

先生阁下，

　　我们非常荣幸地附上有我们洋行最近访问南京与芜湖港口的代表提交的有关南京、芜湖情况的报告，以向您提供信息。

　　我们特别提请注意所披露的，有强行占用洋行财产，不付租金的不当行为。如果您能通过主管当局采取适当的行动，我们将非常感激。

　　贸易。我们还特别提请注意在有关芜湖的报告中披露的情况。

先生阁下，我很荣幸地作为您
恭顺的仆人
（签名）W. B. 瑞吉顿②
1938 年 10 月 12 日

出访南京旅途随记

　　1938 年 8 月 25 日至 9 月 14 日

　　1938 年 8 月 25 日。乘坐"黄埔号"汽轮航行，船长为万·温克勒（Van Winckler）。乘客有太古洋行船舶航运主管亭森船长。③ 前往南京

---

① 此处英文原文在 A. D. 布莱克伯恩爵士（Sir A. D. Blackburn）的名字后面有 K. C. M. G. 即为 Order of St Michael and St George（圣米迦勒及圣乔治勋章）的第二等 Knight Commander（二等勋章）的简称与 C. B. E. 即为 Order of British Empire（大英帝国勋章）的第三等 Commander（司令勋章）的简称。

② 威廉·巴瑟勒缪·瑞吉顿（William Bartholomew Rigden）。

③ 约翰·威廉·亭森（John William Tinson）在珍珠港事件爆发后被日军关押在上海的集中营直至 1945 年 8 月。

的有古德费罗①（卜内门洋碱有限公司）、②培林（Pelling，中国肥皂公司），③以及 T. S. H. 何益。在江阴横江障碍下游抛锚停泊。

1938 年 8 月 26 日。早晨 6 点 20 分启航。日本驱逐舰护送通过江阴横江障碍。上午 11 点抵达口岸，一直耽搁到下午 1 点 30 分，接收了太古洋行的摩托艇。5 点 30 分经过镇江。在镇江港停泊着 8 艘日本驱逐舰与 3 艘运输舰。"黄埔轮"于晚上 6 点 30 分停泊在镇江上游处。

1938 年 8 月 27 日。早晨 6 点启航。日本驱逐舰护送通过老盐圩横江障碍。上午 11 点抵达和记洋行，并排停靠在旧船"庆和轮"④旁。港口中有 38 艘大型运输舰艇，早上曾有 7 艘经过我们的船往下游驶去。

阿姆斯特朗海军中校⑤来到船上，告诫说不允许人们在下关江边上岸。于是，我们只得在和记登岸，走小路进入南京。已经在南京的有林恩⑥（亚细亚火油公司）、格拉斯（Glass，英美烟草公司）和米德⑦（美孚公司）。

---

① 贝索·罗勃逊·古德费罗（Basil Robertson Goodfellow，1902—1972）1902 年 10 月 27 日出生于英国兰克郡（Lancashire），毕业于剑桥大学，1930 年代初进入卜内门洋碱有限公司工作，1930 年代中叶到中国担任该公司分支的技术主任直至 1939 年。战时，他在英军驻新加坡特种部队服役，后担任经济作战部的主管，主要在印度和锡兰工作。他 1964 年从卜内门洋碱有限公司退休，1972 年 9 月在伦敦逝世。

② 此处英文原文 I. C. I.，为 Imperial Chemical Industries（卜内门洋碱有限公司）的缩写。卜内门洋碱有限公司为 1926 年创立的英国化学公司。

③ 中国肥皂公司（China Soap Company）由英国驻华利华肥皂公司（Lever Brothers Ltd.）于 1923 年在上海开办。

④ "庆和轮"（Chinwo），617 吨，为英国怡和轮船公司航行于宜昌至重庆航线的客轮。

⑤ 哈罗德·汤姆斯·阿姆斯特朗（Harold Thomas Armstrong，1904—1944）1904 年 9 月出生于波茨茅斯（Portsmouth），1922 年加入皇家海军，1925 年就读海军学院，1934 年晋升为海军少校，1937 年 4 月升任海军中校，1941 年升为海军上校。他 1937 年 8 月任英国军舰大甲虫号（Cockchafer）船长，1937 年 12 月 24 日调任"蜜蜂号"船长。此后，先后任"蟋蟀号"船长（1938—1939），"鹪鹩号"（Wren）船长（1940），"毛利号"（Maori）船长（1940—1941）与"莱弗利号"（Laforey）船长（1943—1944）。1944 年 3 月 30 日，他任船长的"莱弗利舰"在意大利西西里岛帕勒莫（Palermo）港东北 60 英里处，被德军潜水艇击沉而殉职。

⑥ J. D. 林恩（J. D. Lean），见本书 20 页注③。

⑦ 劳伦·约瑟夫·米德（Loren Joseph Mead，1894—1983）1894 年 2 月 23 日出生在加州桑塔·安那（Santa Ana），1916 年毕业于康奈尔大学，1919 年 4 月前往中国工作，为美国美孚石油公司的经销商，曾在承德、上海、南京等地工作。1943 年离开中国。1983 年 5 月 24 日在加州圣地亚哥逝世。

27 日上岸的古德费罗 28 日回到"黄埔轮",前往上海。

驻南京领事（捷夫雷）在休假，不在城里，威廉斯①任代理领事。后者被召往上海，并于 9 月 3 日离开。捷夫雷将于 9 月 14 日/15 日回来，与此同时，高级海军军官任代理领事。

拜访了日本与美国领事、德国使馆的一等秘书和邮局局长。② 从日本领事处申请并领取了身份证或居住证。

1. 下关。被中国军队在离城前烧毁，但仍有一些建筑未受波及而幸存。尽管大部分仍是荒芜破损的地区，那个地方的中国人回来了，而且似乎在进行着大量的重建工作，所用材料是偷窃来的砖头与木料。有一些小店与摊铺在做买卖，但是店里所有货物的价值都不会超过 40 或 50 元。下关火车站（上海—南京铁路）似乎没有受损，还有现在被日军占用的邮局也没有受损。

2. 城市。除了太平路一带，城内受损的情况看起来约有百分之二十到二十五，但是不幸的是，一些较好的建筑遭到毁坏。根据外国人与中国人的说法，太平路一带首先被日本人洗劫，再付之一炬，损失看起来约有百分之九十到九十五。甚至在这儿也已经进行了粗陋形式的重建工作，一些商店目前被日本人占有。很多以前为中国人商店被烧毁的底层建筑被日本人当马厩养马。

除了交通部大楼，所有的政府建筑均完好，并被日本人与维新政府占用着。交通部大楼徒具一个外壳，据传由于楼内装满大批弹药与军用物资无法在撤退之前搬运走，而被中国人摧毁。

有一些露天市场出现，似乎能够满足中国居民的需求。我们得知已

---

① 沃特·亨利·威廉斯（Walter Henry Williams, 1899—?）1899 年 2 月 11 日出生，1930 年 7 月来到中国，任职于英国驻北京使馆，1932 年 9 月调任驻上海总领事馆，1937 年 7 月调往驻南京大使馆。1937 年 12 月日军进攻南京之前撤往上海。1938 年 1 月 27 日与欧内斯特·威廉·捷夫雷一同前往南京，此后一段时间曾在南京上海两地任职。1940 年代，他在英国驻芝加哥总领事馆任副领事。
② 邮局局长即威廉·瓦特·瑞奇（William Walter Ritchie），见本书 20 页注⑤。

经有大批中国人回城了，但是城里看上去人口并不多。那些留下来与回到城里的都是些没有资财的人；有资本的经销商与商人还没有回来，在目前的状况下，不大可能回来。大部分中国人聚居在城南。

没有几个商店有超过 400 元的存货，中国人告诉我们，他们只能和日本人五五对开经营。小一些的商店要付给日本人某种形式的保护费。

见到相当数量的中国人，他们主要在新街口与城南一带。造访过的其他地区荒凉得很，整条街道都没有人居住，中国人也不愿意到那儿去。为了建立起信心，颁发了命令，不准日军部队进入某些街道。

除了军人，能见到的日本人主要都是浪人一类的人。一个日本人告诉我，他原来在上海经营珠宝生意，目前在南京卖啤酒与其他小商品，但"生意不好，没有人有钱"。他的人与货物可以免费搭载军用火车与交通舰只。他不久将前往汉口，希望汉口的生意会好些。中国店主认为，这些日本平民有好一些的地方可去时便会搬走，因为他们无法在南京实现迅速赚钱的希望。

只能买到最低廉的香烟、烈酒、啤酒等，而且除了日本货，别的都买不到。除了日本货之外，几乎没有罐头食品，虽然能在市面上买到几罐年限令人怀疑的澳大利亚黄油。

飞机的活动一直持续着；中山路上来往的车辆也相当多，但几乎都是军用卡车与汽车。

电灯厂的一部分被炸毁；有电灯，但是照明并不很好。首先要从日军获得用电的许可，价格是每个月一盏电灯一元钱。没有路灯照明。城里有自来水供应，但水压很低，领事馆与山坡上的房屋，要用他们自己的井水。

稻草泥巴建的棚屋大多数消失了，原来住在里面的人，用偷窃来的砖、木料与瓦建起了住房。对于修建房屋没有监管，显然，在任何地方，人们想建都可以建房。

据报道，游击队在离城很近的地方活动。南京—芜湖铁路线上的一座桥梁被摧毁,但这是洪水造成的。旅客得乘船过河到对岸,乘坐在那儿等候的列车。造访中山陵时,注意到木头灯柱最近被砍到离地两呎高,据说这是游击队干的。

3. 康黎班克。① 造访这座建筑时,家具看上去有些零乱,但是没有迹象证明受到严重掳掠。花匠在那儿充当看房人,报告说日本兵有一两次闯进来,但只拿走窗帘与陶器。那儿经管得很差,肮脏得很,显然没有清理;仆人住的房屋中住满了难民。现在房屋清理出来,赶走了难民。市政局的人员(将其作为大使馆的一栋住宅)进行了检查,认为某些修缮是必不可少的。房屋所在山丘的山脚下的一座大防空洞中所有的木料被拆卸走,构成塌方的危险。向市政局的人指出这一点,并建议要将几个洞穴填补上。

4. 怡和平房。平房原来被几个中国人占住着,现在已把他们赶走,房屋已清理出来。

5. 下关怡和仓库。我向日本领事申请去查访这一仓库的许可证,但被告知申请得提交给军方。之后通知我不能发放许可证,因为仓库坐落在军事禁区内。我接着提出支付租金的问题,并建议,我人在南京提供了一个商讨这个问题的机会。这也得提交给军方,但是没有任何下文。我向其提出问题的日本领事馆的工作人员不在这里,去了别处,而其他人员声称不知情。

6. 租用的浦口第八号仓库。美孚公司与亚细亚火油公司的代表和我一起联合申请去浦口的许可证。这也提交给军方,并以其在军事禁区为由加以拒绝。

7. 房产登记。就能够知悉的情况来看,这事已搁置起来。外国公司都没有登记,显然采取观望的态度。美孚公司与亚细亚火油公司均有房

---

① 此处英文原文为 Comleybank,这个词也可拼写为 Comely Bank,原为英国爱丁堡一个区域的名称,这里用来命名一座建筑。该建筑的具体地点不详,但应该在英国驻南京大使馆附近。

产在城内,情况和我们山丘上的房产相似,登记房产的问题毫无疑问会首先向他们提出来。

维新政府威胁要没收尚未返回南京的那些中国房主的房屋。如果这些房屋还没有被日本人占用,我们得知,维新政府可以将它们租出去。

8. "庆和号"旧船。去查看了数次,很干净。已告诫工作人员要厉行节约。将在回上海时谈及此事。

9. 镇江。由于难以弄到回程火车票(每天只允许 30 个人旅行),我没有去镇江。亚细亚火油公司的代表与我向阿姆斯特朗海军中校建议,炮艇往下游行驶时,或许可以去镇江,在那儿过夜,这将给我们足够的机会去查看一切想看的地方。对此有反对意见:下水航行的炮艇按时刻表运行,这将减少他们在上海逗留一天的时间。阿姆斯特朗海军中校认为,也许可以在上水航行时安排这样的访问。

10. 芜湖。我已获得通行证前往这个港口,并于本月 14 日乘坐英舰"圣甲虫号"前往。除非接到相反的指示,我期望于月底乘炮艇回上海。

T. S. H. 何益

出访芜湖旅途随记

1938 年 9 月 14 日至 9 月 30 日

获得去芜湖的通行证后,于 1938 年 9 月 13 日下午在和记洋行的码头登上英舰"圣甲虫号",1938 年 9 月 14 日凌晨 5 时驶往芜湖。S. 迪尔斯①(太古洋行)也是船上的乘客。下午 3 时抵达芜湖,与英舰"瓢虫号"并排停靠在亚细亚火油公司的码头设施。

1938 年 9 月 15 日上午,"圣甲虫号"继续向芜湖里面行驶,停靠在太古洋行的趸船旁。

---

① 威廉·斯图亚特·迪尔斯(William Stuart Deas)。

S.迪尔斯与笔者上岸，前往我们获准可以使用的英美烟草公司的房屋，在芜湖逗留期间一直住在那儿。

拜访了日本领事冈部（Okabe），申请了居住证或身份证，第二天将证件送给我。冈部告诉我，他已从南京方面得知我将来芜湖，就占用房产一事面见军方。我告诉他将在芜湖待到月底，如果能够安排，想和军方见面。谈到了占用太古洋行和怡和洋行码头之事，冈部对我们说，他们用我们码头的原因是因为日清轮船公司的产业不在江边！

江边码头。太古洋行与怡和洋行的码头上堆放着大批军用物品，包括装满汽油的 30 加仑容量的油桶。估计有 15 000 到 20 000 个这样的油桶在码头上和码头附近露天堆放着，还有物资持续不断地从运输舰艇上运上岸。至少有 80 到 100 艘小火轮，通常拴在码头边缘的石头上，卸货、装货。

我们到达之后不久，观察到日本人在怡和洋行码头下游一端的台阶往上游约七呎处，修建栈桥。修建栈桥、在我们各自的码头附近堆放汽油的情况报告给英舰"圣甲虫号"的海军少校克里瑟若，[1]他觉得没有必要提出抗议。然后，我告诉他，我已向日本领事抗议，迪尔斯也以汽油一事提出抗议。克里瑟若后来决定仅就汽油一事去见日军运输部门的长官；这位长官不在，但是我们与他的首席助理会了面，通报他我们对汽油与栈桥的不满，留给他一份我给冈部领事信件的副本。显而易见，没有采取任何行动，因为栈桥已完工，汽油仍存放在江边码头上。我离开芜湖之前，几艘 700 到 800 吨的小汽轮在栈桥上卸货。

码头上所有的装卸苦力活都是由在全副武装的哨兵监督下的中国俘房兵（那儿肯定有差不多上千的俘房兵）干的，似乎也没有特别在汽油附近禁止吸烟。

---

[1] 克里斯朵福·布莱恩·斯确斯·克里瑟若（Christopher Bryan Stracey Clitherow，1903—1977）1903 年 7 月 22 日出生，当时为英国炮艇"圣甲虫号"（HMS *Scarab*）的船长。

怡和洋行仓库。我通知冈部领事,还有宪兵队长,我准备打开仓库。撬开锁,打开了仓库。显然,由于对附近地区的轰炸,屋顶有几处漏的地方! 安排进行了修理,花费约 160 元。

仓库里堆满了一袋袋麦子或米,从地面差不多一直堆放到屋顶,由于没有通道,也没有空间,根本不可能清点库存量。托运商的代表当时在场,报告说,顶部有大批袋子潮湿腐烂,如果不将腐烂的袋子搬运走,将传染到其他部分。通知他们如果能够出示收据或仓库的担保书来确定货物的主人,便可以考虑搬运腐烂袋子的问题,这已提交给他们的委托人(这些委托人不在芜湖)。

在门上安装了新锁,将百页窗关牢,入口清理出来。

有小偷潜入仓库,偷走两箱袜子等物。小偷显然是从通风口进入仓库,打那以后,通风口已修复。

怡和洋行大院。大院内堆满了军用物资,并建起一些小木棚子。就我能观察到的情况而论,高射炮已搬运走。哨兵阻止我们仔细查看大院。

到芜湖几天后,日本使馆警察队长来见我,说日军运输部门的长官前原(Mybara)中佐想和我会面。我和他一起到位于一辆军用汽车内的运输部门司令部,并带上迪尔斯帮我翻译,也因为我俩都希望指出我们各自码头的位置。

除了前原中佐,在场的还有三名日本军官(其中一人在会面的过程中离开,前往上海),一名正式的翻译与使馆警察队长。会面持续了一个半小时,日本军官相互之间进行了大量的漫谈与商讨。

前原询问旧船("马德拉斯号"[①])的船主是谁,接着说,他得知轰炸时船上有许多中国军人,并问情况是否如此。我答道并非如此,但是无论如何,我不准备商讨旧船之事,因为目前这事由英国驻东京大使经手。

---

① 英国汽轮"马德拉斯号"(S. S. Madaras)。

我只准备讨论占用与归还大院的问题。旧船的问题又多次提起,每次都给予类似的答复。

我接着说,希望在能作出方便的安排,还有支付大院被占用期间的租金后,我们可以尽快使用大院。日本军官之间又进行了更多的漫谈,在他们谈话的间隔之际,前原中佐作了如下论点:

1. 正在打仗,我们并没有使用大院,而他们守卫了大院。

2. 他们没有占领大院,只是使用大院。

3. 按照国际法,中立国没有权利。

4. "军事需要"与方便。

我们的答复是房产是英国的,是中立国的,日本政府曾通知英国与其他大使,中立国的权利与财产将得到尊重。前原中佐最后同意是这样的,他接着说,他无权讨论大院的问题,这个问题应该在上海商谈。

然后谈到码头的问题,前原中佐问及码头的位置。告诉他太古洋行与怡和洋行码头的位置相似——江边码头是条私人的街道,包括码头边上的石条都是英国财产,都由各自的洋行出资修建,维护保养。对此,除了"军事行动的需要"的言论之外,没有其他答复。

会谈后一两天,一名宪兵来访,说他受命来获取英国产业的详细情况,迪尔斯和我陪同他到江边码头,指出太古洋行与怡和洋行的产业,还有修建栈桥与堆放的汽油。他问及我们是否愿意出租大院,如果愿意租金是多少。我告诉他,我认为租金应为 50 英镑左右一个月,如果他愿意,我可以就这两项事宜给上海发电报。

后来,运输部门的三名军官来访,说他们愿意租用我们与太古洋行的仓库。我告诉他们仓库是满的,迪尔斯对他们说太古洋行的几个仓库都被占用着。他们还告知迪尔斯,想租用或购买太古洋行的旧船,并将此事提交给上海。

"马德拉斯 2 号"轮船。旧船仍泊在通常的位置,船的内里一面是小趸船。后者甲板上连接的船桥遭受了进一步地损坏,现在看来完全不能使用。旧船中间下陷:在上游的一端能见到两英尺半到三英尺的水线船壳,在下游一端能见到两英尺,而中间几乎见不到水线。旧船与趸船旁都有很多小火轮与汽艇,有一次观察到一艘大汽艇泊于旧船临江的一面,船员在旧船甲板上。

庄稼。附近的稻米收成很好。优质普通米零售价为三到三元半一石,最上等的米四元八角至五元一石。

情况。情况平静,除了在江边一带日军运输部门的军人,几乎完全没有日军部队。在全城值勤哨兵的数量减少了。正在进行着大量的重建工作,清理着遭受轰炸地区的瓦砾堆。有很多小商店重新开张了,但是货源短缺。通常价格为17元到18元一袋上等级的日本食糖卖到40元一袋。我们逗留期间,在离芜湖4英里的地方与游击队发生一次冲突。可以清晰地听到枪炮声。

电灯厂已经运行,但是操控在日军手中。白天没有电,只在晚间很短一段时间内,商店等地方才允许有电。

人口。我们在日本人那儿获悉,大批中国人已返城,人口约有十八万,但是其他来源的消息说,这包括了周围地区——芜湖更为确切的人口为八万人。以往芜湖的正常人口是十七到十八万。在街上看到人数量远远多于我前几次访问时所见,虽然有些地区自从遭轰炸以来仍很荒凉,无人问津,没有变化。

贸易。附上日清轮船公司船只9月份运进、运出货物的详细情况。这些详细情况是从各个船运公司、经纪人、船上的装卸工获得的信息汇集而成,大多数装卸工和我们洋行的中国人相识,提供的信息可以认为是准确的。只有在日军特务机关颁发了执照,并向自治政府支付了一定税款之后,货物才能运出。除非经过日本人,否则不可能做生意。商人必须将运出的货物出售给日本人,或经日本人之手,用日本人的名字将货物运出去,运进货物也是一样。一个批发商很想付现金运进太古的食糖,但由于运货困难而被迫购买日本食糖。英美烟草公司的香烟由日清轮船公司的船只运达，估计通过公司的日本雇员把货运来。（南京与芜湖均谣传英美烟草公司 8 月份向昭和海运公司①出售了价值 150 万元的香烟。）

日清轮船公司船只运进的货物必须在船上交货——不存放在仓库中。三井洋行②已经在此开设起来，雇用了几个中国人，其中有些曾受雇于我们的托运商。他们提供的信息是，该公司打算运进食糖、香烟、蜡烛、肥皂等货物，运出谷物与其他货物。

太古洋行。太古洋行的旧船仍停泊在亚细亚火油公司的设施附近。我们的理解是日本人已在前一段时间允许该船回到通常停泊的位置，但是英国驻芜湖高级海军军官持反对意见。他们姓包的经理人、船运职员、仓库负责人已获通行证来芜湖，过几天将到那儿去。

伤员。我们只有一名中国人，旧船上的记账员，仍住在医院里。他不幸有一条腿被截肢，虽然目前不需要医疗，但是仍很虚弱，由于他没有朋友，没有地方可去，我同意我们出钱让他留在医院直至作出其他的安排。我们将来也许可以用他做个门卫。

工作人员。附上目前在芜湖的工作人员的名单、工资等项。

南京—芜湖铁路。南京至芜湖的铁路在太平府③中断，洪水将一座桥梁及一段铁路摧毁。从南京至太平只有三等列车。在太平，旅客必须走大约四分之三英里，然后在露天等四个小时去芜湖的列车。后一段铁路线只运行普通货车。旅客必须持有日军发的证件。每天按时向两个方向各发一趟车，但是我在芜湖逗留期间，有几天没有列车抵达，或发车。

---

① 昭和海运公司（Showa Shipping Company），或昭和海运株式会社，为日本航运公司。
② 三井洋行（Mitsui Bussan Kaisha 简称 MBK，日文原文"三井物産會社"）1876 年在日本东京创立，主要推销、出口煤炭。1898 年洋行成立航运部，并于 1904 年将航运总部从东京迁往神户，营运国际航线。三井洋行在日本的侵略战争中扮演了重要的角色，在日本侵占的每一个国家，从事采矿、航运、铁路、化学等工业。战争后期，洋行企业被盟军轰炸，遭受严重损失。
③ 太平府即现在的安徽当塗。

按芜湖目前的状况来看,除了日本人想把一切操控在自己手中,巩固他们进行贸易的地位之外,似乎没有理由来阻止恢复正常的贸易。虽然码头被日本军用物资占据着,但是船只完全可能在港口的上方或下方停泊,在不影响"军事行动"的情况下卸货、装货。日本人提到,由外国船只运载中国旅客是不明智的,这可能成为不良分子进入占领区的一种途径。就旅客前往其他占领区实施的安排,还有在南京或芜湖登岸的旅客受到日本人检查这一事实,都符合这一论点。

南京。在南京的报告中,我提及没有能够查访怡和洋行的仓库与江边码头。乘坐"圣甲虫号"往下游行驶时,观察到在仓库上游一端的大院内建起几座木头建筑(仓库)。

镇江。我没有能够到访这个港口。过去两个星期中,法国和美国炮艇造访了那儿,虽然和在上海的日本海军当局作出安排去访问,但是没有允许任何人上岸,我们得知美国大使馆正在交涉此事。自从我回到上海之后,听说亚细亚火油公司的汽艇与可供住家的船只获准从口岸返回镇江。

归途旅程。英舰"蚜虫号"接替英舰"圣甲虫号"值勤,英舰"圣甲虫号"驶往亚细亚火油公司的设施,1938 年 9 月 28 日下午上船,1938 年 9 月 29 日凌晨 5 点启航,上午 8 点 30 分抵达南京,并排停泊在英舰"蜜蜂号"旁,等到上午 11 点 20 分,然后和英舰"蜜蜂号"一起航行。日本驱逐舰领航通过老盐圩横江障碍,下午约 2 点 30 分驶经镇江,下午 3 点 45 分过口岸,下午 5 点 50 分抵江阴横江障碍,日本驱逐舰领航通过障碍。晚上 6 点 30 分在横江障碍下游处停泊。从"圣甲虫号"换到"蜜蜂号"上,"蜜蜂号"30 日凌晨 5 点 20 分启航,中午 12 点 30 分到达上海。

T. S. H. 何益

1938 年 10 月 3 日于上海

上海英国总领事馆①

1938 年 10 月 31 日

编号:449

抄发:

外交部(3)第 281 号电报

东京第 139 号电报

商务参赞第 96 号电报

总司令

海军联络官

南京

上海

英国大使馆

英国大使

先生阁下,

阁下知道,8、9 月间,卜内门洋碱有限公司、怡和洋行、太古洋行、中国肥皂公司、亚细亚火油公司、英美烟草公司等六家英国公司的代表,在日本当局发放的通行证的协助下,得以访问南京,现在他们各自向我报告了访问与贸易的情况。除了传教士,以及和记洋行的几名工作人员以外,这些人是第一批,实际上也是迄今为止访问这一地区唯一的外国人。其中两名代表,怡和洋行和太古洋行的代表,还乘坐英舰"圣甲虫号"访问了芜湖。当时没有允许他们访问镇江。

2. 现在我荣幸地向您传送他们总体观察简略的梗概,略去任何仅仅相关他们公司的,诸如房产被占用、不会引起普遍关注的问题。首先值得注意的是,这些公司从不同的角度来看待恢复贸易这个至关重要的问

---

① 原件藏伦敦英国国家档案馆,外交部政治部门 1906 至 1966 年一般通讯联络文件,FO371/22156 卷宗,第 13180 号文件。

题。太古洋行与怡和洋行主要关注沿长江运输货物;卜内门洋碱有限公司和亚细亚火油公司关注在贸易中心推销原材料;烟草公司与肥皂公司关心在尽可能广泛的地区批发小宗消费商品的问题。

3. 费尽周折为他们获取通行证之后,只有一家公司,也就是亚细亚火油公司的代表在南京留下来;相当失望地发现其他代表都离开了——有的只待了几个小时——甚至都没有确定房产的安全,或者索要被征用财产的费用或租金。然而,所有的公司都一致表示,目前在南京恢复贸易的障碍是难以逾越的,同时也主要是人为的,可以很容易地加以扫除。这些障碍简述如下:

a) 不允许商船在江阴横江障碍上游航行;

b) 甚至获准行驶到南京的船只也不准在下关(船舶航运的郊区)码头停泊,必须停泊在其下游 5 英里远的和记洋行的码头;

c) 江边码头的设施仅对军事基地内的日本海军开放。在下关和芜湖,怡和洋行与太古洋行的码头均被日军占用;

d) 只有日本商人与运输商才能获取在江阴以上航行船只上的货物;

e) 必须要有日军当局颁发的进货许可证才能允许任何货物,无论是日本货还是其他货物上岸;

f) 只有在日军特务机关颁发了执照,并向自治政府支付了一定税款之后,货物才能运出;

g) 不可能在任意被指定为"军事禁区"的地方通行(在浦口的怡和洋行的仓库与亚细亚火油公司的仓库均位于这样的区域内);

h) 对试图获取乘火车去南京通行证的外国人设置障碍。

4. 所要达到的是以各种各样的借口,通常归纳为"军事需要"的说词,来禁止英国商船与英国商人进入一个世纪以来英国商贸利益占有至高无上支配地位的广大区域与巨大的航道。

5. 日本人扼杀外国贸易政策的一个不可避免的后果是,在这一地区中国人民之中的贸易企业也消失了。绝大多数商人已经逃离,而那些仍留在商贸圈子里的人,只能在日本人的保护下开张做生意,由于害怕中国爱国人士的谴责,又不敢这么做生意。

6. 南京的人口估计有三十五万,或者约占战前人口的三分之一。南京城基本上是个军事基地,出现的贸易与业务活动几乎完全是为了满足日军部队的需求。根据一个估计数据,由日本人或朝鲜人操控的零售小店有 300 家,还有路边店铺出售农产品。代理商、经销商级别的商店还没有重新开张做生意的迹象。

7. 然而,应该强调,这些可悲的论述只适用于南京城,一定不要以昔日首都城市的情况来错误地判断整个地区的状况。甚至在下关,肯定在长江上的一些中小港口,观察到相当多的贸易活动,但是通常都是远距离的观察。卜内门洋碱有限公司的代表说,"在江阴以上的部分地区,日本人自由地进行贸易,并使用船只持续不断地做生意,享受着对任何贸易的垄断地位。由于他们通常在军队警戒下卸货,别人不能到码头去,无法估计出他们运载了什么商品,或做了多少生意。"

8. 亚细亚火油公司的代表甚至说,日本商人控制了几乎所有的消费商品,诸如火柴、香烟、食糖、油、蜡烛、海产品、罐头等商品的批发。他还列举了日本汽轮从 8 月中旬到 9 月底将 450 吨石油产品运进南京。甚至中国的代理商都有可能安排日本汽轮将英国货运到南京。

9. 怡和洋行的代理商编制了日本船只与货物整个 9 月份往返于上海、南京与芜湖之间详细情况的清单,不容置疑,有着相当数量的贸易活动在进行。在芜湖,日清轮船公司与三井洋行的办公室已在运作,三井洋行甚至雇用了原来供职于怡和洋行托运商的一些中国人。除了日本人想把一切操控在自己手中,巩固他们进行贸易的地位之外,没有理由来阻止恢复正常的贸易。

10. 中国代理商,如上所述,安排用日本汽轮运输英国货的例子并不经常发生,但是正是通过这一途径,卜内门洋碱有限公司、中国肥皂公司与英美烟草公司设法将他们的商品运往上游,以至于目前的市场上有他们小宗的商品。甚至这种并不可靠也不令人满意的开端现在也受到威胁,因为英美烟草公司通过日本人将一小批香烟从上海运往南京之后,在南京的日本商人认为这是对他们特权的一种威胁,结果他们组织了一个协会,向日军请愿,除非经由日本人销售,禁止再运香烟进南京。

11. 阁下知道,战争开始以来,相当数量的贸易活动在江阴下游长江上各个港口兴起,英国公司在这种贸易活动中获得了主要的份额。船只定期到长江两岸的许多村庄去,为船主们获得了可观的利润。如果允许他们到横江障碍以西的村庄去,类似的财源生意毫无疑问会等待着他们;他们没有必要去南京,或其他任何军事活动中心去。既然长江南岸与北岸小一些的港口有相当数量的货物等待着运往上海,甚至中国人也准备用日本船只来运货(一般来说,中国人不准备这么做),日本船只的吨位是不够的。主要的一些英国航运公司向我保证,尽管有战争的影响与声称来自游击队的危险,如果解除目前的种种限制,他们能够用上所有的河运船只赢利。实际上,在长江三角洲活动的游击队对飘扬着英国旗的船只是很友善的,并不是个威胁的因素。

12. 我觉得有必要详细论述,以表明日本人说长江中的贸易活动已停顿这一论点是虚假不真实的。相反,贸易活动正逐步兴起,尽管有种种难以忍受的限制制约,我坚信,是日本当局制定了政策,来最大限度地抵制英国参与贸易活动。贸易是在国旗引导下进行的活动,没有比这更千真万确的例证了。日本商人将竭尽全力保持他们正在获得的对所有商品的进货与分销的垄断控制。他们将尽可能为自己保留所有批发性质的生意,将中国商人限制于做零售生意,同时尽可能长时间地抵制通过正常渠道恢复做生意。

> 尊敬的先生阁下,我很荣幸地作为您
>
> 最恭顺谦卑的仆人
>
> 总领事

（签名）赫伯特·菲利浦斯①

南京 1938 年 11 月 4 日致英国驻上海大使第 59 号信件的附件

1938 年 11 月 4 日南京状况的报告②

日军仍然控制着南京。哨兵把守着城门，守卫在道路的入口处，日军控制着铁路交通，整个江边地区仍然控制在海军或陆军的手中。日军特务机关完全控制着本地中国人的市政府。

没有迹象显示日军的控制在不久的将来会有所松懈；显然，装备良好的游击队在南京城外每个方向都很活跃，日军经常和他们交战，并遭受很多伤亡。似乎游击队的存在使得日军有必要在南京城内继续采取防范的措施。现在日军部队的数量比 8 月份少了很多。日军最近忙于将下关火车站与江边之间的整个街区的房屋夷为平地。并命令住在房屋里的中国人到别处去。根据日本领事馆的说法，这是为了准备修建更为宽敞、更好的道路，并将易于倒塌、危及公众的房屋、墙壁清除掉。其他的传言说，日本人提议在下关建立租界，或者修建大型军队营房。拆毁了房屋的地区的确显得比修建道路所需的面积要大得多。怡和洋行码头的房产紧邻这一地区，但是，就我所知，还没有受到影响。在下关与城内中山路上的海关总督院落内，日军修建起许多大型芦席棚子，供储藏物资之用。

---

① 赫伯特·菲利浦斯爵士(Sir Herbert Phillips，1878—1957)，中文名费理伯爵士，1878 年 7 月 8 日出生，1898 年 3 月进入外交界，到中国任见习翻译。他的整个外交生涯都是在中国度过的，先后在英国驻北京、天津、重庆、上海、福州、哈尔滨使领馆任职直至 1930 年被正式任命为驻广州总领事。1937 年 9 月 24 日出任驻上海总领事至 1940 年 1 月 17 日退休。
② 原件藏伦敦英国国家档案馆，外交部政治部门 1906 至 1966 年一般通讯联络文件，FO371/22156 卷宗，第 13815 号文件。

日本领事馆的一名成员最近估计,在南京的日本平民人口为2 000多做生意的人。他说,他们进入南京受到了限制,否则,这个数字可能要超过5 000。限制他们的唯一理由,我想,是因为日军特务机关难以找到,并拨出足够的房屋、商店来容纳这些新来的人。

日本商店通常有大批货物,综合商店有种类繁多,显然都是日本出产的商品。难以看出他们怎么会有足够的营业额来获得利润。

以往的首都饭店①长期以来一直被日军用作参谋司令部,现在作为日本旅馆重新开张,称为亚洲旅馆。

本地的商会安排在南京开办一家小银行,称为南京商业银行。银行的资本为240 000元,但是银行并不发行钞票。城内做生意的环境,虽然逐步改善,但仍很糟糕,中国商店只有很少的货物出售。大批居民仍需要救济。一个比大多数店家拥有更多的货物,其中包括美国、澳大利亚和英国罐头食品的中国店主说,日本日清轮船公司的船只将他的货物从上海运来南京。商品也可由上海—南京铁路运来,但必须首先从日军当局获取运输许可证。

在上海至南京铁路线上旅行的条件大为改善。从日本运来,以及从华北借来上等客车车厢,运行速度加快了。以下是运行的时刻表:

发车　　　　　　　　　　　　到达
上海上午8点　　　　　　　　南京下午3点10分(东京时间)
南京上午9点40分(东京时间)　上海下午2点50分

车票价格为二等车厢9.40日元;三等为4.70日元;四等为3.15日元。

也使用货车车厢,可以租用货车在南京与上海之间运输货物,价格为60到90日元。据说有些货车车厢是从日本运来的。

---

① 首都饭店(Metropolitan Hotel)位于西流湾,地址为中山北路178号,1932年由华启顾工程师设计,1933年竣工的豪华饭店,招待国民党军政要人及外国宾客。其旧址现为华江饭店。

中国商人在南京地区运输商品不仅要被征收花样繁多不正当的税，据说日本人征税营私舞弊的行为与中国人一样糟糕，而且还要经由市政府与日军特务机关按照规章核准颁发执照与许可证。后者有权禁止运输商品。南京市政府颁发允许开业做生意的商业执照，但是任何公共事业性质的企业，涉及电话、电报通讯、新闻机构、电力、汽油与航运的，必须从日军特务机关获取许可证。南京的电话系统已由日本公司，华中电力公司，安装好。与上海的电话通讯不久将恢复。

10月初，维新政府从上海迁来南京。中山路上往昔国际俱乐部的建筑安置了外交部。9月13日这个政府任命高冠吾①为南京市督办，取代任援道。任援道因为在维新政府担任绥靖部部长的职责过于沉重而辞去督办的职务。据一则新闻报道，市政府将升格为特别市政府。据报道，8月份的税收为80 000元，比7月份的税收增加了30 000元。私人汽车现在交纳的税率为一季度12元。对鸦片征税以及官方垄断药品之事已在南京10月26日第56号信件中报告。已接管与出租无人居住房屋的市政当局现在正忙于在城内某些地区修建房屋、商店，随后出租。在遭受严重破坏的太平路上，进行着数量可观的重建工作。那儿绝大部分商店都是日本人开的。

维新政府决定在江苏和安徽数座城市设立法院。将在南京和苏州设立地区法院与高等法院，在镇江、扬州、无锡和常熟设立地区法院。在安徽，将在芜湖设立地区法院与高等法院，在蚌埠与凤阳设立地区法院。据说南京的地区法院将在11月成立，将由张鸿升（Chung Hung-sheng）先生任院长，由于资金困难，法官的人数将限制为4名。还在筹划建立

---

① 高冠吾（Kao Kuan-wu，1892—1953），原名高愈，1892年出生于江苏（现上海）崇明，毕业于保定军校。在上海等地的一些学校任教数年后，于1924年投奔孙中山在广州的大本营。1926年参加北伐，任第十军副军长、徐州警备司令。1938年8月任维新政府南京市长。1940年以后先后任汪伪政府江苏省主席、安徽省主席、江西省长至1945年初。1945年春经旧友中共干部王绍鏊介绍，高与中共建立联系，弃暗投明。抗战胜利后，更名为张天云，随新四军到苏北，1948年到济南，任山东省文物保管委员会委员。1953年8月29日病逝于济南。

一座模范监狱。

市政府的财政局长 9 月 15 日向新闻界通报,7 000 名房主申请注册在南京房产的产权,与之相比,有 30 000 个房主向往昔的市政府注册。9 月 15 日是按现行规章注册的最后一天(南京 1938 年 6 月 29 日至大使馆第 17 号信件)。迄今为止,还没有提出英国房产登记问题的具体个案。

根据市政府的统计数据,南京的人口 6 月份以来保持稳定,9 月份为 349 655 人。绝大部分人居住在城市中心地带与城南。没有什么富裕的中国人回城。为了防止不良分子居住在南京,市政当局收缴了过去的居民证,现正在发放"良民证"。

很难在本地弄到煤炭。日军与市政当局接管了所有库存的煤炭,不准人们动用。煤炭经销商行会和市政府正在就煤炭的批发与销售进行谈判,官方肯定要施加种种勒索的要求。

南京国际救济委员会在夏末时节派出调查人员,调查水稻与其他庄稼的种植面积与产量,以及南京各地农村的一般状况。他们的报告披露,3 月份以来,这些地区的公共治安和旅行环境大为恶化,日本兵、各类武装人员与许多土匪头子造成了武装骚乱的局面。烧毁村庄、残暴、抢劫,以及日本兵任意强求索取的现象持续着。一个特别有趣的事实是,同样的情况重复发生。任何一种武装政权都对运输货物征收当地的税。报告说,"将米运输 20 到 25 英里的距离要交纳多达三次的运输税(每石米要交一元多)。由水路运输当地的产品 25 英里通常要交八次或更多的税。以棉花为例,没有官府庇护的普通农民或经销商人每石要付 6.55 元"。尽管由于战争农舍被毁,损失了农具与耕畜,中国农民设法将他们的绝大多数土地耕种。主要的农产品为稻米与大豆。洪水,以及夏季大部分时候潮湿、凉爽的天气多少降低了收成,然而,收成似乎足够这个地区城乡人口一年之需。以芜湖为出口中心的地区,据说稻米丰产。救济委员会的调查员报告说,很多村庄极其缺乏布匹、衣物、棉纱或纺线、煤油、火柴、肥皂和药品。

南京亚细亚火油公司的林恩先生最近没有遇到什么困难便获得去镇江的通行证。亚细亚火油公司在那儿的一部分房产遭到严重损坏。以前曾是英国租界的地区差不多都被日军轰炸摧毁。日军的卫戍部队很少，附近的游击队似乎可以轻而易举地重新夺回该城。

过去数月曾在南京的日本领事官员，也就是总领事 Y. 花轮先生、[①]副领事安井[②]和田中先生在汉口陷落时前往汉口。

新任总领事堀公一先生[③]上个月底到达。他英语讲得很好，曾一度在洛杉矶任日本领事。新任副领事为 F. 内田[④]和 T. 山本（T. Yamamoto）先生。前者在德国受训，英语讲得很差，然而，后者在美国度过很多时光，英语说得无可挑剔。

提到外国权益的问题时，在南京的日本领事官员看来对日军没有什么影响力。诸如下列的说法"我们试图在他们情绪好的时候去找他们"说明了他们困难的处境。

我将在答复大使馆 10 月 21 日第 55 号信件时谈及英国公司的房产一事。

英国领事
E. W. 捷夫雷

---

① 花轮义敬（Yoshiyuki Hanawa，1892—?）1892 年 8 月出生于山梨县，1918 年 7 月毕业于东京帝国大学政治科，同年 11 月进入外务省，1921 年通过外交资格考试，1922 年 4 月在日本驻广州领事馆任职。同年 6 月调往驻渥太华大使馆，1927 年任副领事，1929 年升任领事。1932 年任驻满洲国大使馆三等秘书，1933 年升任二等秘书。1935 年 12 月调任日本驻北平大使馆，并于 1936 年 5 月升任一等秘书。他于 1938 年 2 月至 1939 年 1 月担任日本驻南京总领事，其间在武汉陷落后从 1938 年 10 月 27 日至 12 月短暂出任驻汉口总领事。1939 年 1 月 21 日至 1940 年 4 月再任驻汉口总领事。

② Y. 安井（Y. Kasuya）为日本驻南京大使馆的副领事。

③ 堀公一（Tomokazu Hori）1934 至 1937 年在日本驻美国洛杉矶总领事馆任领事，1938 年 10 月至 1939 年担任驻南京总领事，以后任日本外务省情报局第三部长至 1944 年去世。

④ 内田藤雄（Fujio Uchida，1909—1992）1909 年 2 月 22 日出生于东京，1931 年毕业于东京帝国大学法科后进入外务省，1965 年任日本驻西德大使，1970 年退休，1992 年 12 月 21 日逝世。

第四章　损毁英国财产

南京①

（目前在上海）

英国领事馆

1938 年 2 月 3 日

上海

英国大使馆

临时代办

圣米迦勒及圣乔治三等勋章获得者

R. G. 豪尔先生

先生阁下，

　　涉及 12 月 12 日在南京上游方向的长江上，日本飞机轰炸英国船队的事件，我荣幸地向您报告这些轰炸造成的直接后果，我的工作人员 W.

---

① 原件藏伦敦英国国家档案馆，领事馆与使团文件，中国，杂类文件与报告（Consulates and Legations，China，Miscellaneous Papers and Reports），FO233/270 卷宗。

H. 威廉斯先生的个人财物遭受了数额达 24 英磅 7 先令 6 便士的损失；我荣幸地建议您考虑向日本政府提出赔偿这一数额损失的要求。

先生阁下,我很荣幸地作为您

最恭顺谦卑的仆人

领事

(签名)H. 普利焘-布伦

目前在上海的南京

英国领事馆

1938 年 1 月 20 日

南京

英国领事

12 月 12 日在南京上游 14 英里处轰炸英国船队造成的损失

先生阁下,

我的全名为沃特·亨利·威廉斯,受雇于英国领事部门。

12 月 12 日,我乘坐"庆和号"旧船,该船是位于南京上游 14 英里处长江上英国船队的一员,日本飞机分别三次投下炸弹。很多炸弹落在离旧船数码之处,致使这艘用来作为南京英国居民的居住之所的旧船部分船面遭受极为严重的损失。

在此附上由于轰炸,我遭受损失或损坏的物品及其价值的一份清单,我崇敬地请求可以获得赔偿。清单中包括的衣物,当时洗好晾在绳子上,或被炸弹的汽浪冲击或被弹片损坏,掉入江中遗失。一个沉重的架子从墙壁上震倒下来,砸到我的留声机与唱片上,将它们砸毁。几瓶

119

葡萄酒和烈酒被震破。

如果需要作证,我随时可以做依法宣誓声明,来证实我的陈述。

先生阁下,您恭顺的仆人

(签名)W. H. 威廉斯

向日本当局提出的索赔要求

	磅	先令	便士①
1 顶帽子	1	8	6
3 件衬衣	1	11	6
6 块手帕		5	0
1 套内衣		12	6
1 套睡衣	1	1	0
1 条浴巾		5	0
1 台留声机 10	10	10	0
9 张唱片	1	2	6
1 把发刷		4	6
2 瓶 25 年陈酿白兰地	1	1	0
7 瓶布瑟牌杜松子酒②	1	10	0
8 瓶法国苦艾酒	1	10	0
1 瓶薄荷油		7	6
2 瓶三星牌白兰地酒		15	0
4 瓶布莱维丝葡萄酒	1	5	0
2 瓶威士忌酒		18	6
	£24	7	6

---

① 英国以前的货币单位是 20 先令(Shillings)为 1 英镑,12 便士(Pence)为 1 先令;1 英镑有 240 便士。英国货币单位于 1971 年改革成 100 便士为 1 英镑。

② 布瑟杜松子酒(Booth's Gin)是伦敦的一种驰名的杜松子酒,创立于 1740 年,现在仍在生产。该品牌的酒现由地亚哥烈酒公司(Diageo Spirits)拥有。

备忘录

日军侵占南京：解决侵犯大使馆，毁坏、盗窃财物的前景[1]

A. 日军非法闯入，侵犯大使馆；

B. 大使馆的工作人员遭受的损失（实际上限于汽车的损失）；

C. 个人与公司遭受的损失（汽车的损失，寓所与办公室内的损失与损坏）。

在南京与福井以及美国大使馆进行初步的会谈后，我相信日本人会愿意以下列方式同意解决赔偿：

A. 就地道歉；

B. 日本人不加以调查便立即支付赔偿要求；

C. 日本人将仔细审查赔偿要求；我想他们希望我们出示证据，以证明每一个赔偿要求的损失、损坏是由日军造成的。

在我离开南京之际，已经提出的与美国人的解决方案，还没有将细节决定下来，但是我相信，将遵循上述涉及 A 和 B 的总体方针来决定。

日本人极为关切的是 A——侵犯大使馆。对 C——私人损失——获得公平合理解决的最好的机会似乎有赖于将所有的赔偿要求安排成均由日军侵占南京造成的，作为一个整体来对待，一次性加以解决。如果我们对 A 显得严苛强求，较之于我们采取温和的态度，他们也许会更易于接纳 C 的要求。他们非常急于迅速就在当地解决 A 与 B——以便将这些（他们认为严重的）事情处理掉，此后，他们无疑希望将个人赔偿的要求无限期地搁置起来。

如果要将这事作为一个整体来解决，肯定要花些时间——一定要有时间让私人赔偿索赔人（或那些有可能找到的人）到南京去，评估他们的

---

[1] 原件藏伦敦英国国家档案馆，领事馆与使团文件，中国，杂类文件与报告，FO233/270 卷宗。

损失;我们一定要注意,不要同意就 A 接受不够成熟的解决方案。

首先要安排私人赔偿索赔人到南京作短期的访问。如果那儿情况没有恶化,在相当近期的未来是极有可能办到的(这主要有赖于日军的情绪)。

至于解决赔偿总的原则,如果就 A 达成友好和睦的安排(可能为接受就地,口头上的道歉),可以友善地请日本人就私人赔偿方面迁就我们——也就是意味着在有疑点,证据不足之处,相信我们的材料,总体上公正地处理这一问题。

H. I. P. B.　　1938 年 2 月 5 日

发报人:南京领事　　　　　　　　　　　　　　　　无线电报①

收报人:英国大使

发报时间:1938 年 2 月 24 日 11 点 45 分

北京收报时间:1938 年 2 月 25 日 9 点 09 分

58 号。我已收到日本总领事对普利焘-布伦 1 月 24 日要求支付损失汽车款项的信件所作的回复。日本总领事安排经由日本驻上海总领事支付给您 7500 元,作为赔偿从英国大使馆被抢劫走的瑞奇先生、格雷厄姆先生、②普利焘-布伦先生与武官的汽车。他说日本人急于不作调查早日解决涉及侵犯大使馆的索赔要求。在这方面,还没有递交修理莫

---

① 原件藏伦敦英国国家档案馆,领事馆与使团文件,中国,杂类文件与报告,FO233/270 卷宗。

② 沃特 · 杰拉德 · 克鲁特 · 格雷厄姆(Walter Gerald Cloete Graham, 1906—1995),中文名高来含,1906 年 5 月 13 日出生,毕业于牛津大学,1928 年通过考试进入英国外交部,随即派往中国学习汉语,1931 年升任副领事,先后在英国驻南京、上海、北京、沈阳、芝罘、天津的使领馆工作直至珍珠港事件爆发。期间于 1938 年 1 月晋升领事,1942 年任英国驻埃及塞德港领事,1952 年在南朝鲜任总领事,1955 至 1959 年任英国驻利比亚大使,1967 年从外交界退休。

兰、①麦克唐纳②和(亚细亚火油公司的)伊尔顿③汽车的赔偿要求。他说,亚细亚火油公司在三叉河的设施被中国军队占据,他们抢劫走威廉斯的汽车。也没有支付海关署长④的赔偿要求。

我是否应该通知日本总领事,在其他英国臣民能够访问南京,呈递他们的赔偿要求之前,您不愿意接受上述使馆赔偿要求的解决方案,请给予指示,我将不胜感激。同样的耽搁不大会妨碍大使馆的赔偿要求,但是,我想日本人非常不愿意接纳某些私人的赔偿要求。所要求的赔偿成为日本人现在愿意支付的一部分,便显得难以拒绝了。

捷夫雷

英国大使馆⑤

1938 年 2 月 28 日于上海

(20/9x(2)/1938)

南京

英国领事

E. W. 捷夫雷先生

亲爱的捷夫雷,

参阅我们 28 日关于日军侵占造成的赔偿要求的第 43 号电报。

以下是尚未解决的要求赔偿汽车的清单:

---

① 哈罗德·哈利·莫兰德(Harold Harry Molland)。
② 柯林·麦尔科姆·麦克唐纳(Colin Malcolm MacDonald),见本书 19 页注②。
③ 阿瑟·哈兰·瑞斯·伊尔顿爵士(Sir Arthur Hallam Rice Elton,1906—1973)1906 年 2 月 10 日出生于伦敦,1927 年毕业于剑桥大学,1931 年开始纪录片电影摄制,是英国纪录片电影的开创人,1934 年亚细亚火油公司成立电影摄制部门,他担任该部门的首任主任。他 1951 年继承其父的男爵爵位,1973 年 1 月 1 日在英国克利夫顿(Clevedon)逝世。
④ 即胡勃特·杜瑟·希利亚德(Herbert Duthy Hilliard),见本书 19 页注③。
⑤ 原件藏伦敦英国国家档案馆,领事馆与使团文件,中国,杂类文件与报告,FO233/270 卷宗。

1. W. H. 威廉斯的福特牌 V8，号码为 5016 的汽车，从亚细亚火油公司在三叉河的设施抢劫走，价值 2400 元。

2. H. D. 希利亚德①的纳希(Nash)牌，号码为 1249 的汽车，从希利亚德先生的院子里抢劫走，价值 4000 元。

3. 祥泰木行 1937 年造的"白色"卡车，发动机号码为 8A—5893，牌照号码 3010，从美国大使馆大院抢劫走，价值 5300 元。

4. 同为祥泰木行的 1934 年造的雪弗莱牌六缸轿车，发动机号码为 4486839，牌照号码 71，最后一次在该木行位于下关的产业上的车库里见到，价值 2800 元。

5. 普瑞斯先生②的马贵特别克牌 1931 年图瑞型号汽车，淡绿色，车轮为奶油色，号码不明，从和记洋行在下关的大院抢劫走，价值 1500 元。

以上清单遗漏了某些索赔：

(a) 亚细亚火油公司的汽车，我想，直接由这里的日本总领事馆处理；

(b) 端纳③的汽车没有要求我们包括在内，宁愿不包括进去；

(c) 沃伦(Warren)的汽车，由于他仍然不在上海，我们无法得知车子的价值。如果我们能够和他取得联系，这辆车子应该作为大使馆的赔偿要求呈递。

上列第 1 至第 5 个赔偿要求，应该按即将寄给您的新近传阅的指示，作为一般战争损失索赔来处理。一旦英国臣民有机会去南京查看他们的财产，无疑还会有新的索赔需包括进去。

我将在另一封信中寄给您我们就这一点寄往日本大使馆信件的副本。

至于威廉斯的汽车，我希望您能尽最大的努力，就谁偷走汽车获取

---

① 胡勃特 · 杜瑟 · 希利亚德(Herbert Duthy Hilliard)，见本书 19 页注③。
② 诺曼 · 哈利 · 普瑞斯(Norman Harry Price)。
③ 威廉 · 亨利 · 端纳(William Henry Donald，1875—1946)，见本书 12 页注①。

证据,您可以向他保证大使馆将尽力设法使他得到某种赔偿。

您忠诚的

（签名）A. D. 布莱克伯恩

发报人：南京领事　　　　无线电报①

收报人：英国大使

发报时间：1938 年 3 月 19 日 14 点

北京收报时间：1938 年 3 月 20 日 10 点

　　66 号。日本领事通知我,日本当局已支付给上海的亚细亚火油公司 1000 元,解决他们在南京受损汽车的赔偿。两辆亚细亚火油公司的卡车与一辆汽车将从日本总领事馆的大院里交还给我。一辆卡车与一辆汽车目前在这里的英国大使馆内。

　　我很高兴能获得亚细亚火油公司有关解决赔偿的问题以及他们在南京车辆数量的信息。

捷夫雷

W. H. 端纳：赔偿要求②

南京

英国领事馆

1938 年 4 月 27 日

编号：6

———————————

① 原件藏伦敦英国国家档案馆,领事馆与使团文件,中国,杂类文件与报告,FO233/270 卷宗。

② 原件藏伦敦英国国家档案馆,领事馆与使团文件,中国,杂类文件与报告,FO233/271 卷宗。

上海

英国大使馆

英国大使

圣米迦勒及圣乔治二等勋章获得者

阿契鲍德 · 克拉克 · 科尔

先生阁下,

我收到英国驻汉口总领事的信件,该信发来 W．H．端纳寄给他的一封就其财产在南京遭日军损坏提出赔偿的信件副本。在此附上该信的副本。

在回复英国驻汉口总领事时,我告诉他端纳所说的奥本汽车并没有存放在英国大使馆,但是根据一位美国人,菲齐先生[①]的书面证词,停放在南京汉口路的这辆车于 1937 年 12 月 14 日被日军部队抢劫走。

根据端纳先生的地址和职业来看,在目前的中日战争中,他似乎并不是一位中立者,代他向本地的日本代表提交索赔要求很可能会激怒他们,并使得他们不愿意大方地偿付其他一些难以获取令人满意证据的英国臣民。

因此,我荣幸地向尊敬的阁下您就是否应该将端纳先生索赔要求的初步通知送交给本地的日本总领事一事请求指示。

先生阁下,我很荣幸地作为尊敬的阁下您

---

① 乔治 · 爱希默 · 菲齐(George Ashmore Fitch, 1883—1979) 1883 年 1 月 23 日在苏州出生,在中国度过青少年时代,1906 年毕业于美国俄亥俄州的渥斯特(Wooster)学院,并在纽约的协和神学院深造。1909 年回到中国,在上海基督教青年会任干事。1936 年调到南京的基督教青年会工作。大屠杀期间,他是留在南京城内帮助、保护中国难民的 14 名美国公民之一,并担任南京安全区主任,做了大量的工作。菲齐 1938 年 2 月 20 日离开南京,将麦琪在鼓楼医院拍摄的日军暴行影片带出来。之后,他前往美国各地巡回演讲,放映影片,揭露日军在华暴行。他 1939 年初回到重庆,在中国工作至 1947 年。此后他曾在朝鲜和中国台湾任职,六十年代初退休回美国,著有回忆录《旅华岁月八十载(My Eighty Years in China)》,1979 年 1 月 21 日在加州波蒙纳(Pomona)去世。

最恭顺谦卑的仆人

领事

（签名）E. W. 捷夫雷

E. W. 捷夫雷先生 1938 年 4 月 27 日致英国大使第 6 号信件的附件

中国汉口

1938 年 3 月 2 日

汉口

英国总领事

先生阁下，

1. 我希望报告在以下提及的情况下遭受的损失，并请求您尽力就这些损失获取赔偿。

2. 我的全名为威廉·亨利·端纳；地址为经由蒋委员长总部转交；职业是蒋委员长的随从。我是一位英国臣民，持有 1934 年 1 月 23 日在南京颁发的 2/1934 号护照。

3. 以下我描述的是据我所知为日军在南京抢劫去或损坏的财产，都是我本人拥有的，并于 1937 年 12 月 7 日我离开之际留在南京的：

1 辆奥本汽车，敞蓬车，八缸，目前的价值为 2500 元	
中国币（更换这辆车的价值要 6000 元中国币）。这辆	
车于 1937 年 12 月 8 日停放在英国大使馆大院内	2500
1 个弗里杰代尔牌电冰箱，全新	500
1 张餐桌，1 个餐具柜，10 张椅子，由上海的现代家具公	
司出产，全新	500
1 张大的长沙发，天津西姆斯（Simms）出产	200
2 盏标准台灯，意大利锻铁	60

2 盏镀铬标准灯	40
2 盏陶瓷台灯	10
1 张柚木桌子	20
1 张北京黑檀木长凳	60
3 张黑檀木桌子,(雕刻饰纹)分别为 45、30 与 25 元中国币	100
8 件黑檀木家具(2 张椅子、4 只凳子、2 个书柜)	75
1 只朝鲜黑檀木厨柜	60
5 张地毯	150
1 张扶手椅,现代家具公司出产	120
3 张沙发	150
2 张书桌,柚木与红木	55
2 张办公椅	30
2 只炉子	64

共计中国币 4694

上述家具 1937 年 12 月 8 日从陵园四方城搬到财政部,据报告是被日军偷盗或烧毁。还有我无法详述的大量其他家庭用品也在南京遭到毁坏。

4. 作为上述事件的直接后果,根据上述清单,我遭受了数额达中国币 4694 元的损失,并且证明,对上述每一件财产所给予的价值是对其受损失或毁坏时的价值公平合理的估价;是更换财产所需的最低数额。

5. 在我书写此信之际,我无法出示任何收据,但是

6. 如果需要作证,我随时可以做依法宣誓声明,来证实以上任何或所有的陈述。

真诚的

(签名)W. H. 端纳

南京①

英国领事馆

1938 年 5 月 16 日

编号:8

上海

英国大使馆

英国大使

圣米迦勒及圣乔治二等勋章获得者

阿契鲍德·克拉克·科尔

先生阁下,

　　我荣幸地在此附上就赔偿 W. H. 威廉斯先生的汽车损失我致日本南京总领事信件的的副本,以及他答复的副本。

　　2. 去年 12 月 10 日从南京撤离之时,将威廉斯先生的汽车作为公用车使用,并在最后的时刻驶往位于三叉河的亚细亚火油公司的设施。12月 11 日之后的某个时候身份不明的人从那儿将车子开走,据我所知,打那以后再没有见到车子。目前在英国驻上海总领事馆的威廉斯先生本人能够比我更好地描述汽车从英国大使馆开走,留在三叉河的情况。

　　3. 不可能在这儿找到是什么人开走汽车的证据,无疑由于缺乏证据,日本当局不承担这辆汽车遗失的责任,并拒绝赔偿。威廉斯先生处在极为不幸的境地,如果没有把他的车子作为公用车,他就会将车子留在英国大使馆,便会和其他车子从大使馆抢劫走的车主一道获得赔偿。

　　　　　　　　先生阁下,我很荣幸地作为尊敬的阁下您

　　　　　　　　　　　　最恭顺谦卑的仆人

　　　　　　　　　　　　领事

　　　　　　　　（签名)E. W. 捷夫雷

---

① 原件藏伦敦英国国家档案馆,领事馆与使团文件,中国,杂类文件与报告,FO233/271 卷宗。

E. W. 捷夫雷先生 1938 年 5 月 16 日
致英国大使第 8 号信件的附件一

南京

英国领事馆第 3 号信件

1938 年 4 月 25 日

南京

大日本帝国①总领事

Y. 花轮先生

先生阁下，

约三周之前与您会面时，我谈及属于本领事馆 W. H. 威廉斯先生的汽车损失一事。

去年 12 月，威廉斯先生隶属于英国大使馆，在英国臣民从南京撤离前夕的 12 月 10 日，他的汽车锁好，留在位于三叉河的亚细亚火油公司的设施。一名外国记者 12 月 11 日上午还在那儿见到汽车，但是自那天以后，汽车消失了。这是一辆福特 8V，福特沙龙型号的汽车，牌照号码为 5017。

我和您的前任福井先生谈论威廉斯的汽车遗失之事时，他声称中国军队劫走了车子。然而，以我的看法，中国军队驾驶汽车逃离的可能性极小。从亚细亚火油公司设施出来唯一的道路是经挹江门穿城而过，通往芜湖或杭州。12 月 11 日南京被日军包围，芜湖也已被他们占领。在我看来，中国军人冒险驾驶汽车成功地穿越日军占领地区而逃脱，是极

---

① 此处英文原文 H. I. J. M. 为 His Imperial Japanese Majesty's（大日本帝国天皇陛下的）的
缩写。

不可能的。

至于过江的通道,中国军人那时狂乱地急于使用能够找得到任何为数极少的筏子与船只过江,慌忙迷乱之中,他们开走威廉斯先生锁着的车子是极度困难的。

就当时南京的情况来看,我认为威廉斯先生的汽车最有可能落入日军手中。情况类似的是属于亚细亚火油公司的莫利斯·爱瑟斯沙龙型号汽车,①那辆车也从三叉河的设施消失了,日本当局赔偿了那辆汽车。

因此,我荣幸地请求 2400 元赔偿金支付给威廉斯先生,赔偿他汽车的损失。

> 先生阁下,我很荣幸地作为您
> 恭顺的仆人
> 领事
> (签名)E. W. 捷夫雷

中日战争:W. W. 瑞奇与 H. H. 莫兰遭受的损失②

> 南京
> 英国领事馆
> 1938 年 5 月 30 日

编号:9
上海
英国大使馆
英国大使
圣米迦勒及圣乔治二等勋章获得者

---

① 莫利斯·爱瑟斯沙龙型号(Morris Isis Saloon)汽车为英国汽车公司(British Motor Corporation)二十年代末至三十年代中生产的 6 缸轿车型号。
② 原件藏伦敦英国国家档案馆,领事馆与使团文件,中国,杂类文件与报告,FO233/271 卷宗。

阿契鲍德 · 克拉克 · 科尔

先生阁下，

我荣幸地在此呈送两名英国臣民，W. W. 瑞奇与 H. H. 莫兰，在南京遭受损失正式陈述材料的五份副本。

他们遭受损失的数额分别达53英镑1先令7.5便士与5英镑18先令9便士，这些损失都是由日本军人的行为造成的。

我已将包括每件赔偿案梗概的初步通知送交给日本驻南京总领事。

先生阁下，我很荣幸地作为尊敬的阁下您

最恭顺谦卑的仆人

领事

（签名）E. W. 捷夫雷

1938 年 3 月 18 日于南京

南京

英国领事

先生阁下，

我希望报告在以下提及的情况下遭受的损失，并请求您尽力就这些损失获取赔偿。

我的全名为威廉·沃特·瑞奇；地址为南京南祖师庵 3 号；职业是江苏邮政邮务长。我是一位英国臣民，持有 1936 年 1 月 7 日在英国驻南京领事馆颁发的 9/1936 号护照。

财产遭损失的住宅毗邻英国领事馆，直至 1937 年 12 月 19 日被日本军人占据之前，大旗杆上飘扬着英国国旗，并张贴着显示其为英国人居住的房产醒目的中英文告示。大门上镶有刻着我名字的黄铜牌，现在黄铜牌仍在那儿。

财产损失之前,我于1937年12月8日最后一次查看这所房产,一切都井井有条。我也于1937年12月9日晚间,没有进屋,在花园里和我的仆人交谈,得知那时屋子里的东西完好无损。

这座房产留给我的男仆陈光彩、苦力李齐元与看门人李会元负责照管。1937年12月19日,一百多日本军人强行占据这座房产之前,没有损坏,没有遭到偷盗,那些日本军人在前门贴上"井上部队第三中队"字样的告示。1937年12月13日,日军抓走我的仆人,但是后来苦力和看门人被放出来;姓陈的男仆一直没有音讯,据说被枪杀了。

苦力和看门人回来后,发现屋里的东西井井有条,但是1937年12月19日日本军人占据房产时,这些仆人被赶出来,到毗邻我住宅的英国大使馆避难,从大使馆,他们目睹了日本兵几乎每天都在偷盗我所附清单中描述的财产。日本军人于1938年1月4日离开时,他们用一辆汽车搬运走一车我的财物。此后房屋空着,由我的仆人照管着。没有退还任何被偷盗走的财产。

作为上述事件的直接后果,我遭受了数额达894元的损失,以1元兑1先令2¼便士的汇率,相当于53英镑1先令7.5便士。我附上损失物品的清单,以显示这个总数额是如何构成的,并且证明我是这些物品唯一的拥有人。

我附上苦力李齐元与看门人李会元就日本军人抢劫走我的财物所作的证词。

我证明,对上述每一件财产所给予的价值是对其受损失时的价值公平合理的估价,如果需要作证,我随时可以做依法宣誓声明,来证实以上任何或所有的陈述。

> 先生阁下,我很荣幸地作为您
> 恭顺的仆人
> 江苏邮政邮务长
> (签名)W. W. 瑞奇

1938 年 3 月 18 日致英国驻南京领事信件的附件

中華民國二十七年三月十八日

謹報告人李齊元係南京市南祖師庵三號郵務長李齊元公館內之管家苦力，並為李郵務長所派看管財產僕人之一。僕於廿六年十二月十三日曾被日軍提去，經用中文書寫本人，茲職務向之辭說後，當日即被釋回公館，惟於十二月十九日又有百餘日軍前來公館內居住，並在前門粘貼"井上部隊第三中隊"等字樣之通告一紙。僕等當被逐出公館，夏即避難近隣之英國大使館內，承蒙該館樂給飯食，並允居住一小屋內，但自使館與公館間之矮牆牆上，能見東家之物件常被日軍搬出，所懸之英國國旗，係被日軍卸下撕碎並經燒燬。該軍自廿六年十二月十九日起，至廿七年一月四日止詢是住該公館內，並于一月四日用汽車將東家之物件搬去。所有東家報告之經過情形，以及所開遺失之物件，均經用華語詳細向僕譯述，實屬準確無訛。

報告人李齊元（苦力）押

見證人李會元（門役）押

1937 年 12 月 19 日至 1938 年 1 月 4 日之间不同的日子里 从南京南祖师庵 3 号 W. W. 瑞奇的住宅中被抢劫走物品的清单

高尔夫球囊袋中一套 8 只高尔夫球杆	
（3 只球杆是刚买的）	105.00
1 打新高尔夫球	15.00
1 盏黑檀木座台灯	12.00
1 只装有药品与化妆用品的医药柜	40.00
1 张有抽屉的黑檀木桌子	20.00
餐桌用刀具、餐具与各类餐桌瓷器	85.00
1 幅镶有画框的（英国原作）油画	30.00
1 幅镶有画框的中国画	25.00

伊哈吉(德国)照相机,①以及蔡司牌镜头、	
三角架、皮革相机盒、外加的片夹与曝光仪,	
都像新的一样	150.00
3 把手杖(2 把马六甲手杖)	40.00
1 套椅子、凳子与桌子	13.00
厨房用具	40.00
各类衣物、4 双靴子、6 双鞋、	
3 条毛毯、4 张床单、6 只丝绸椅罩	200.00
12 只装饰花盆	40.00
6 只花瓶	25.00
3 吨 18 元 1 吨的煤炭	54.00
	共计:894.00

我证明这个清单准确无误,以及我是上述物品唯一的拥有人。

(签名)W. W. 瑞奇

1938 年 3 月 18 日于南京

依法宣誓证明书

我,中国邮政局的威廉·沃特·瑞奇,庄严而诚恳地声明,在此附上我在 1938 年 3 月 18 日致英国驻南京领事信中所作的陈述是真实的,我认真地作这一庄严的声明,相信依照 1835 年依法宣誓证明法的条文,这也同样是真实的。

1938 年 4 月 29 日于英国驻南京领事馆

宣誓声明,宣誓时面对着

---

① 伊哈吉(Ihagee)是德国德累斯顿一家创立于 1918 年的生产照相机的厂商,该厂最著名的产品是爱克山泰(Exakta)牌照相机。

领事(签名)E. W. 捷夫雷

(签名)W. W. 瑞奇

1938 年 4 月 29 日于南京

南京

英国领事

先生阁下，

我荣幸地报告在以下提及的情况下遭受的损失，并请求您就这些损失获取赔偿。

我的全名为哈罗德 · 哈利 · 莫兰德；地址为南京南祖师庵 5 号；职业是江苏邮政副邮务长。我是一位英国臣民，持有 1937 年 7 月 30 日在英国驻南京领事馆颁发的 C. 43316 号护照。

财产遭损失的住宅邻近英国领事馆，直至 1937 年 12 月 19 日被日本军人占据之前，高耸的旗杆上飘扬着英国国旗，并张贴着显示其为英国人居住的房产醒目的中英文告示。

财产损失发生之前，我于 1937 年 12 月的第一个星期最后一次查看这所房产，一切都井井有条。这座房产留给我的苦力箫春庭、花匠乔水真与看门人李会元负责照管，最后提到名字的人，是我的住宅，也是隔壁 3 号住宅的看门人。1937 年 12 月 19 日，日本军人强行占据这座房产之前，没有损坏，日军士兵强行占据这所房产之际，在前门贴上"井上部队第三中队"字样的告示。我的苦力和花匠 1937 年 12 月 13 日被日军抓走，据说两人都被杀害了。看门人被抓走，负了伤，但是设法回来了。然而，1937 年 12 月 19 日日本军人占据房产时，他被赶出来，到英国大使馆避难。我在此附上看门人李会元就这一案件签署的证词。

作为上述事件的直接后果，我遭受了数额达 100 元的损失，以 1 元兑 1 先令 $2_{1/4}$ 便士的汇率,相当于 5 英镑 18 先令 9 便士。这是因为此案包括我被砸破的钢琴,由于砸开了前面,钢琴本身严重损坏,非常光洁的琴面大部分受损。下面为 1938 年 4 月 4 日上海谋得利有限公司[1]写来信件的副本:

"关于您最近造访本店,涉及在南京抛光擦亮您的钢琴一事,我在此确定,不可能在南京进行令人满意的工作,为了维修,这台钢琴需要运回我们的工厂。"

"这一工作,包括安装新的琴键上的盖板,还要装上前面新的条板,价格如下:

重新磨光钢琴,蜡克抛光	50.00
提供材料安装新的垂直的和前面的琴键横条	20.00
	70.00

所需时间——三周。"

从上述摘录的信件可以看出,钢琴必须送往上海进行必要的修理。然而,除了信中提及的 70 元,将会有来往上海的运输费用,我想,合理地估算这些费用为 30 元,共计需要 100 元,或者 5 英镑 18 先令 9 便士,将我的钢琴维修到原有的状况。

我证明,在此论及的赔偿金数额是公平合理的,如果需要作证,我随时可以做依法宣誓声明,来证实以上任何或所有的陈述。

先生阁下,我很荣幸地作为您

恭顺的仆人

(签名)H. H. 莫兰德

---

[1] 谋得利有限公司(S. Moutrie& Co., Ltd.)位于上海南京路 116 号,为制造、维修、销售钢琴、风琴等乐器的公司。该公司也经销唱片、音乐书籍等。

1938 年 4 月 29 日致英国驻南京领事信件的附件

窃报告人李会元係南京市南祖师庵三度五號郵務長李蔣副郵務長睦蘭公館門役役於上年十二月十三日為日軍提去迨次年一月四日方得逃回暫避英國大使館內遇見李蔣元據稱日軍百餘於廿六年十二月十九日前來兩公館內居住並在前門粘貼「井上部隊第三中隊」字樣之通告一紙役當在大使館內由矮圍墻上能見日軍用汽車將三號郵務長公館內之物件搬去役於次日到五號副郵務長公館檢視只見屋內物件零亂破壞以上報告並實見

具報人李會元（章）

見証人李蔣元 押

中華民國二十七年四月二十七日

中日战争：栾姆·辛与 S. 萨德胡·辛遭受的损失①

南京

英国领事馆

1938 年 8 月 4 日

编号:28

上海

英国大使馆

英国大使

圣米迦勒及圣乔治二等勋章获得者

阿契鲍德 · 克拉克 · 科尔

---

① 原件藏伦敦英国国家档案馆,领事馆与使团文件,中国,杂类文件与报告,FO233/271 卷宗。

先生阁下，

参阅我 5 月 30 日第 9 号信件，我荣幸地在此呈送两名英国臣民，栾姆·辛(Ram Singh)与 S. 萨德胡·辛(S. Sadhu Singh)，在南京遭受损失正式陈述材料的五份副本。这些陈述材料在汉口整理好，由英国驻汉口代理总领事发送给我。

2. 他们遭受损失的数额分别达 1280 英镑 16 先令 8 便士与 56 英镑 4 先令 11 便士，这些损失的责任归咎于日本军人。

3. 我已将包括每件赔偿案梗概的初步通知送交给日本驻南京总领事。

先生阁下，我很荣幸地作为尊敬的阁下您

最恭顺谦卑的仆人

领事

(签名)E. W. 捷夫雷

1938 年 6 月 17 日于汉口

南京

英国领事

先生阁下，

我希望报告在以下提及的情况下遭受的损失，并请求您尽力就这些损失获取赔偿。

1. 我的全名为 S. 萨德胡·辛；目前的地址为汉口三教街①47 号；

---

① 三教街为汉口原俄租界内一条街道，原名开泰街，1924 年收回租界后更名为三教街。1946 年国民政府收回全部租界后，将原属英租界的鄱阳街和三教街统一命名为鄱阳街。该街道现名鄱阳街。

职业为丝绸商人。

2. 我是一位英国臣民,持有 1936 年 6 月 15 日在印度西姆拉①颁发的 1623 号护照。我在南京总领事馆,也在汉口总领事馆注册。

3. 我是包括衣物、家具和个人用品在内的财产唯一的拥有人,所有的财物都存放在我位于南京中山路 322 号的住宅中。1937 年 11 月 20 日,由于日军进犯南京,我被迫撤离那座城市,前述所有的财产都完好地留在中山路 322 号。英国驻南京领事在日期为 1938 年 3 月 4 日致英国驻汉口总领事的信中称我前述所有财产均在掳掠中损失,根据总体全面的报告,普遍的摧毁损坏的责任归咎于日本人。英国驻汉口总领事最近才通知我这一情况。

4. 作为上述事件的直接后果,我遭受了数额达 931 元的损失,以 1 元兑 1 先令 2¼ 便士的汇率,相当于 56 英镑 4 先令 11 便士。我附上损失或毁坏物品的详细清单,以显示这个总数额是如何构成的。我证明,对上述每一件财产所给予的价值是对其损毁时的价值公平合理的估价。

5. 如果需要作证,我随时可以做依法宣誓声明,来证实以上任何或所有的陈述。

先生阁下,我很荣幸地作为您

恭顺的仆人

(签名)S. 萨德胡 · 辛

萨德胡 · 辛先生在南京中山路 322 号的财物遭损失或毁坏的清单

1 架留声机与 60 个唱片	210.00
1 张梳洗台	20.00
1 张婴儿床	20.00

---

① 西姆拉(Simla 或 Shimla)为印度北部喜马偕尔(Himachal)邦的首府。

1 座有镜子的衣橱	150.00
4 幅艺术画作	16.00
1 面大镜子	32.00
1 张桌子	20.00
2 张圆木椅	20.00
3 张普通椅子	12.00
2 条 6′x6′尺寸的地毯	56.00
1 张安乐椅与 4 只靠垫	35.00
过滤器与器皿用具	60.00
2 个门帘	35.00
个人衣物	170.00
3 双鞋	15.00
4 个柞丝绸窗帘	60.00

共计:931.00

(签名)S. 萨德胡 · 辛

南京领事区由于中日战争造成的赔偿要求①

上海邮政信箱 259 号

英国总领事馆

1938 年 10 月 12 日

编号:421

上海

英国大使馆

英国大使

———————————————

① 原件藏伦敦英国国家档案馆,领事馆与使团文件,中国,杂类文件与报告,FO233/272 卷宗。

先生阁下，

我荣幸地在此呈送南京领事区英国臣民报告的由于中日战争而遭受损失案一个初步的清单。该清单包括的损失均直接归咎于日军部队。

2. 虽然这个清单并非完整，再有新的证据出现时，需要修整与增加，我建议将这个清单发送给英国驻南京领事，以提交给他的日本同事。

先生阁下，我很荣幸地作为尊敬的阁下您

最恭顺谦卑的仆人

总领事

（签名）赫伯特 · 菲利浦斯

上海 1938 年 10 月 12 日致上海大使馆第 421 号信件的附件

案件清单(南京)(日本人)①

1. 祥泰木行②报告 1937 年 12 月 15 日至 1938 年 1 月 31 日之间，他们在南京木材场的库存木材遭掳掠。他们在上海估计损失为91877.47元。

2. 祥泰木行报告该公司停放在三叉河与长江交汇处的一辆雪弗莱汽车在 1937 年 12 月 11 日之后失踪。他们在上海估计损失为2800.00元。

3. 莱尔(Lall)医生在南京健康路 344 号开办了一家眼科诊所。1937 年 11 月至 1938 年 3 月之间，在南京被攻占之际或之后，诊所内的物品均损失了。他的损失为 1860.00 元。

4. 上海啤酒公司③报告南京河北饭店④使用了属于该公司的设施与设备，日军部队在 1937 年 12 月摧毁河北饭店时彻底损毁了这些设备。

---

① 南京领事区遭日军破坏损失的赔偿案件清单。

② 祥泰木行(The China Import and Export Lumber Company, Limited)，详见本书 45 页注②。

③ 上海啤酒公司(Union Brewery, Limited)。

④ 河北饭店(North Hotel)为德国商人在南京经营的一座旅馆，位于新街口附近的中山东路上。

该公司称他们的损失为 1545.11 元。

5. R. J. 霍尔姆斯先生①报告他存放在中山北路 188 号全国汽车有限公司②办公室中的财物被日本军人约于 1937 年 12 月 18 日抢劫走。据称日本军人驾驶 3 辆军用卡车到该房产，将所述财物运走。他说损失为 390 英镑。

6. 怡和轮船公司③报告他们的汽艇"卢塔号"（Loeta）在芜湖下游一处地点被日军部队于 1937 年 12 月 12 日征用。这艘船还没有归还给该公司，该公司称他们的损失为 712 英镑 10 先令。

7. C. G. 考普利先生④报告他在童家巷 10 号一座官宦人家庭院中的家具与物品在日军攻占南京的过程中被日军抢劫走。他估计遭掳掠的损失为 139 英镑 5 先令 3 便士。

8. C. B. 瓦特海德（C. B. Whitehead）博士为理麦尔-瓦特公司（Rimmell and White）公司的理事，U. J. 凯利先生⑤代表上述理事报告，位于往日镇江租界第 10、11 与 12 号地块单元⑥上的房屋建筑被日军燃烧弹完全摧毁。他报告损失约为 80000.00 元。

9. A. R. 透纳先生⑦报告他的家具和家庭用品存放在中山北路 188 号全国汽车有限公司房产后面附属的平房中。他报告说这些财物在 1937 年 12 月某个时候被日军掳走。他估计损失为 3000.00 元。

---

① 罗勃特 J. 霍尔姆斯（Robert J. Holmes）曾任南京扶轮社（Rotary Club）干事。

② 全国汽车公司（National Motors, Ltd.）

③ 怡和轮船公司（Indo-China Steam Navigation Company, Limited）由怡和洋行于 1873 年成立，经营远东的航运。

④ 西瑟尔·高登·考普利（Cecil Gordon Copley），加拿大人，珍珠港事件之后被日军关押进上海浦东集中营直至 1943 年 9 月遣返回加拿大。

⑤ U. J. 凯利（U. J. Kelly）为上海英商公会的秘书与司库。

⑥ 根据 1858 年签订的《天津条约》，长江沿岸的镇江、九江、汉口被辟为通商口岸。1861 年，英国在镇江、九江、汉口开辟租界，设立领事馆。镇江英租界的整个范围被划分为 17 个地块单元。1929 年 11 月 15 日，国民政府收回镇江英租界。

⑦ 阿尔弗雷德·雷蒙德·透纳（Alfred Raymond Turner），

10. 绵华洋行①委托给南京一个代理商的库存棉纱在日军攻占南京的过程中被全部摧毁或掳掠。仍然为上述公司拥有的这些财产的价值为 1671 英镑 15 先令 6 便士。

11. 全国汽车有限公司报告他们位于南京中山北路 188 号的修车行被日本军人闯入，他们抢走车行的工具与设备，造成公司的损失数额达 98 英镑 19 先令 3 便士。

12. 全国汽车有限公司报告存放在南京中山北路 188 号车行的 2 辆汽车被闯入该房产的日本军人掳走。2 辆汽车的价值为 215 英镑 15 先令 11 便士。

13. 全国汽车有限公司报告日本军人闯入他们位于南京中山北路 188 号的办公室房产，掳掠走价值 98 英镑 7 先令 4 便士的家具、器材和设备。

14. 利喊机汽车行②报告属于他们的 5 辆汽车在 1937 年 12 月 15 日至 18 日之间被日本军人征用。其中 4 辆从亚细亚火油公司的车库中被抢走，一辆从亚细亚火油公司经理的住宅中抢走。他们称这些汽车的价值为 916 英镑 1 先令 6 便士。

15. 文仪洋行③报告委托给南京中山路 47 号天纳洋行④的货物在南京被攻占之后遭日军掳掠。他们估计损失为 70 英镑 17 先令 9 便士。

16. C. E. 茂顿先生⑤报告 1937 年 12 月 12 日之后的几天内，他的

---

① 绵华洋行(The Central Agency Limited)。

② 利喊机汽车行(The Auto-Palace Company Limited)是英籍犹太富商维克多·沙逊爵士(Sir Ellice Victor Sassoon，1881—1961)在上海开办的，为美国通用汽车公司和英国奥斯汽车公司的特约经销商。

③ 文仪洋行(The Office Appliance Company Limited)。

④ 天纳洋行(Steiner and Company)。

⑤ 西瑟尔·欧内斯特·茂顿(Cecil Ernest Morton)为亚细亚火油公司的会计。珍珠港事件之后被日军关押进上海闸北集中营直至 1945 年 8 月战争结束。

雪弗莱库贝型号汽车①从芜湖美孚石油公司的设施中被掳掠走。他说汽车价值71英镑5先令。

南京大使馆佛贺牌汽车的状况②

南京

英国领事馆

1938 年 10 月 4 日

编号:48

上海

英国大使馆

英国大使

圣米迦勒及圣乔治二等勋章获得者

阿契鲍德 · 克拉克 · 科尔

先生阁下,

参阅 1938 年 9 月 12 日致尊敬的阁下涉及目前存放在南京大使馆车库中佛贺牌汽车③的第 46 号信件(123/9X(2)/1938),我荣幸地报告目前本地的汽车修理工已检查了这辆汽车。

2. 他说汽车的状况很糟糕。蓄电池由于弃置不用而毁坏,轮胎磨损严重,需要更换,两个车窗玻璃被打破,仪表板上的一些仪表与操纵装置

---

① 雪弗莱库贝型号汽车(Chevrolet coupé)型号为雪弗莱汽车公司 1934 年首创的一种品牌,该型号一直延续至今。。

② 原件藏伦敦英国国家档案馆,领事馆与使团文件,中国,杂类文件与报告,FO233/271 卷宗。

③ 苏格兰工程师亚历山大 · 威尔逊(Alexander Wilson)1857 年在伦敦近郊的佛贺(Vauxhall)创立制造水泵与船用引擎的公司,原名为亚历克斯 · 威尔逊公司(Alex Wilson and Company),1897 年更名为佛贺铁厂(Vauxhall Iron Works)。1903 年开始生产佛贺品牌的汽车,1925 年被美国通用汽车(GM)收购,现在仍生产佛贺系列汽车。

不见了,前面的保险杠受损,还需要其他一些小维修。从外表检查来看,引擎完好无损,然而,长期弃置未用,引擎可能需要彻底检修。拆卸开来,可能会发现引擎需要修理或更换。汽车车身没有受到任何严重的损坏。

3. 本地的销售商认为,进行必要的维修之后,有可能在南京将车子处理掉,但是,得到的价钱可能较低。我得知现在可以将汽车用货运火车运往上海。

4. 我建议在本地的车行维修这辆车子,之后可以出售。但是,如果出价太低,可把车子运往上海。我荣幸地询问是否需要定出销售汽车的最低价格。

先生阁下,我很荣幸地作为尊敬的阁下您

最恭顺谦卑的仆人

领事

(签名)E. W.捷夫雷

中日战争:N. H. 普瑞斯遭受的损失①

南京

英国领事馆

1938 年 10 月 19 日

编号:55

上海

英国大使馆

英国大使

圣米迦勒及圣乔治二等勋章获得者

---

① 原件藏伦敦英国国家档案馆,领事馆与使团文件,中国,杂类文件与报告,FO233/271 卷宗。

阿契鲍德 · 克拉克 · 科尔

先生阁下,

参阅我 1938 年 8 月 4 日第 28 号信件,我荣幸地在此呈送 N. H. 普瑞斯先生在南京直接由于中日战争而遭受损失正式陈述材料的五份副本。他遭受损失的数额达 89 英镑 1 先令 3 便士,这些损失的责任归咎于日本军人。

2. 我已将包括这件赔偿案梗概的初步通知送交给日本驻南京总领事。

先生阁下,我很荣幸地作为尊敬的阁下您

最恭顺谦卑的仆人

领事

(签名)E. W. 捷夫雷

和记洋行(江苏)有限公司

1938 年 9 月 12 日于中国南京

南京
英国领事

先生阁下,

我荣幸地报告在以下提及的情况下遭受的损失,并请求您尽力就这些损失获取赔偿。

我的全名为诺曼 · 哈利 · 普瑞斯;地址为南京和记洋行;职业是总工程师。我是一位英国臣民,持有 1937 年 4 月 27 日在南京颁发的 C 43307 号护照。我在英国驻上海总领事馆注册。

1937 年 8 月 26 日,因有公事要办,我不得不前往上海。于是将我的汽车存放在禽蛋仓库的一楼。存放汽车的原因是我不知道将离开南京多长时间，并且在我离开之前，已发生数次空袭，所以我觉得仓库是存放汽车最安全的地方。

兹证明我是这辆汽车唯一的拥有人，汽车的情况描述如下：

马凯特 1931 年别克图瑞轿车，[①]浅绿色的车身，车轮为奶油色。发动机号码为 19851，23.4 匹马力。

附上汽车的照片。

1938 年 5 月 4 日返回到南京之际，我发现汽车不见了。询问和记洋行的中国雇员后得知，日军当局从这处房产拖走这辆汽车。

为证实这一陈述，我附上对强行拉走汽车过程的目击证词。

作为上述事件的直接后果，我遭受了数额达 1500 元的损失，以 1 元兑 1 先令 $2_{1/4}$ 便士的汇率，相当于 89 英镑 1 先令 3 便士。我证明，对上述每一件财产所给予的价值是对其损毁时的价值公平合理的估价。

如果需要作证，我随时可以做依法宣誓声明，来证实以上任何或所有的陈述。

先生阁下，我很荣幸地作为您

恭顺的仆人

（签名）N. H. 普瑞斯

---

① 马凯特 1931 年别克图瑞轿车(Marguette Buick 1931 Tourer)为美国通用汽车公司生产的汽车型号。

証明書

於一九三七年十二月十六日兵進入和記公司直至蛋廠內查蛋廠內洋灰地中央存有汽車兩部一部係於和記華経理之汽車一部係於和記總技師卜瑞斯君之汽車再已固鎖無法開走該日兵等將華経理之汽車開走而卜瑞斯君之汽車將其推出蛋廠至收賬房之前院並將物搬去

於十二月二十日午前十一時日官二名來自勁脚踏車扣和記八號汀高敝人同五號廠巡將門按開時敝人即見該車銅牌上書有中島部隊讀一日官當即語敝人曰於十二時彼即派人來將汽車拉去敝人答以公司內之汽車已被日兵將其開走美俱該日官等聲言雄知仍有一部汽車存於廠內

於十二月二十六日午後十一時十分即到有日兵八名同乘軍用汽車一輛迫敝人開七號汀門該車即直開至收蛋房之前而停於卜瑞斯君汽車之旁從事檢查該卜瑞斯君汽車由七號汀拖走直向洞開後誤車即開直洞至收蛋房內各部歷一小時餘抬將卜瑞斯君汽車並視査廠煤件並視查煤炭崗駛去

南京和記公司五號廠巡徐志 具

拾一九三七年十二月二十日十二時左右　澂等率目觀曰兵八名乘汽

車一輛由和記七號汀间進）和記公司直向蛋厰駛去至蛋厰

外當收蛋房之门旁彼等即用繩將和記公司總技師卜瑞

斯之淡綠色汽車繫縛於彼等所乘之汽車絲攸由七號

门將總技師卜瑞斯之汽車拖走特此証明

南京和記公司職工

朱名宏
高得喜
余海亨
張興泰

第五章　皇家海军记录

英舰"蜜蜂号"于芜湖①

1937 年 12 月 17 日

驻华总司令②

先生阁下，

　　我荣幸地报告自从与长江支队海军中将③的旗舰分手以来的活动情况如下：

　　2. 12 月 10 日

　　飘扬着我国旗帜的英舰"蜜蜂号"12 月 10 日星期五 12 时驶离汉口，

---

① 原件藏伦敦英国国家档案馆，海军部档案，驻中国舰队，长江支队一般通信（China Station，Yangtze Squadron General Letters，），1935—1937，ADM116/3675 卷宗。

② 1865 至 1941 年。英国皇家海军设有英国驻中国总司令之职，负责指挥英国驻中国舰队（China Station）。1936 年 1 月至 1938 年 2 月，英国驻华总司令为查尔斯·詹姆斯·科尔布鲁克·立特尔海军中将（Vice-Admiral Sir Charles James Colebrooke Little，1882—1973），1938 年 2 月至 1940 年为波西·洛克哈德·哈曼·诺布尔海军上将（Admiral Sir Percy Lockhart Harnam Noble，1880—1955）。

③ 英国驻中国舰队长江支队指挥官的称呼为"长江支队海军中将"。如果该指挥馆的军衔为海军少将，则称为"长江支队海军少将"。

向下游行驶,尽早就长江中英国船队的安全事宜,与日本海军司令官取得联系。

3. 英舰"蜜蜂号"于 22 时 30 分抵达九江,英舰"螳螂号"①船长到船上来,我与之商讨在这个港口为英国船队设置"通报区域"②的问题。还从他那儿获悉八宝洲③附近据报告正在设置横江障碍的最新信息。

4. 12 月 11 日

英舰"蜜蜂号"6 时驶离九江,9 时 30 分通过横江障碍,已在 12 月 11 日 12 时 45 分的电报中报告了情况。船在芜湖上游 30 英里处停泊。

5. 14 时 50 分收悉日军炮火在南京上游 4 英里处炮击英国船队,并导致船队驶往下三山上游 2 英里处的消息。G. E. M. 奥东纳尔海军上校④乘坐的英舰"圣甲虫号"牵引着怡和洋行的旧船。船队中的其他船只,包括英舰"蟋蟀号",向上游行驶至新的停泊处。据报告,所有船只的行动于 0 时 25 分完成。所幸没有船只被炮弹直接击中,也没有外国人员伤亡,只是数艘船只被弹片击中,旧船旁一艘舢板上的两名中国人被打死。太古洋行的汽轮"黄埔号"是炮击真正的目标。根据当时在那艘船上的武官 W. A. 洛凡特-弗莱瑟中校称,该船在向上游行驶之际,遭受来自南岸两门野战炮达一小时之久的蓄意炮击。

6. 鉴于上述事实与我从驻芜湖高级海军军官收到的涉及日军已于 12 月 10 日 16 时 30 分井然有序地占领该城的电报,除此而外,他们要求所有外国人需有通行证才能上岸,我要求负责南京上游英国船队,并在"圣甲虫号"上担任驻南京高级海军军官有相当一段时间的奥东纳尔海

---

① 英舰"螳螂号"(HMS Mantis),645 吨,由英国桑德兰德船厂建造,1915 年 12 月服役,1916 年在波斯湾巡航,1920 年到中国长江巡逻,1940 年 1 月在上海拆解。
② 即通报日军英国船只在港口中的位置,以免遭到轰炸。
③ 八宝洲(False Island)为位于江西彭泽县境内长江中的一片沙洲,在马垱镇江对面。该沙洲现为江西彭泽县棉船镇。当时中国方面称这一横江障碍为马垱江防障碍。
④ 乔治·埃瑞克·玛歇·奥东纳尔(George Eric Maxia O'Donnell, 1893—1953),详见本书 21 页注②。

军上校，如果情况允许，于次日早晨在芜湖和我会面，商讨这些情况。他乘坐祥泰木行的汽轮"常德号"于 12 月 12 日凌晨 2 时 30 分从船队往上游驶来，与他随行的有英国驻南京领事 H. I. 普利焘-布伦和武官洛凡特-弗莱瑟中校。

7. 12 月 12 日

我于 6 时驶往下游，约 8 时 45 分听到下游激烈的炮火声，英舰"蜜蜂号"9 时 30 分抵达芜湖，英舰"瓢虫号"要求"蜜蜂号"与她并排停泊。驶经城市时清楚地观察到大批日本野战炮在江边瞄准着江面。它们是口径 5 至 6 英寸的大炮，位于海关下方数码远的处所有一门炮，在"蜜蜂号"行驶经过时，跟踪瞄准着她。

"蜜蜂号"转而与"瓢虫号"并排时，这门炮发射了一发炮弹，越过"蜜蜂号"的正上方，落入离船仅 300 至 400 码远的江中。

8. 与"瓢虫号"并排后，观察到她处于相当混乱之中，并首次听说她此前遭受了炮击，一份全面的报告已作为此信的附件（附件 A）发送。此前，由于她的无线电天线被炸掉，而无法发报。

看来如果不是由于已从"瓢虫号"上岸的奥东纳尔海军上校与武官的干预、抗议，"蜜蜂号"将会受到与"瓢虫号"相同的遭遇。日军司令部设在离江边开火的大炮 50 码的海关内。当时奥东纳尔海军上校与洛凡特-弗莱瑟中校正在前往海关的途中，在大炮开炮时离炮数码远，所以能够阻止其继续发射炮弹。从"瓢虫号"船长的报告来看，他在前一天向日本高级军官指出了英国财产与英国船队的方位。

9. 我立即上岸与日本高级军官桥本大佐①会面。他找了几个徒劳的借口,但最终承认炮击英国炮艇是他的错误,然而,他接到的命令是炮击江面上所有行驶的船只。我和他一起安排了在"瓢虫号"上被炸死的船上诊所护理员 T. N. 朗内根②的葬礼,以及日军有恰当的代表出席葬礼。我此后将这些安排用文字确定下来,附上一个副本(附件 B)。

10. 与此同时,搭乘了一位海军上尉、"瓢虫号"的医官与担任警卫的三名未带武器的日本兵的摩托艇被派往下游,以确定与"瓢虫号"同时遭到炮击的商船是否需要医疗协助,因为这些商船在视线联络以外的距离。然而,发现没有船只被击中,不需要协助。

11. 下午收悉我们的船队在下三山于 13 时 30 分、14 时 30 分与 16 时 15 分遭到三次空袭的报告,以及船队因此疏散开来的消息。前两次袭击是俯冲轰炸。英国军舰在第一次袭击时使用路易斯轻机关枪③开火,在此后的两次袭击中使用了 3 英寸机关炮与路易斯轻机关枪。据报告,射击的效果极好,所有的船只幸运地没有被直接击中似乎都可能归功于这一射击行动。由于这些袭击及其对中国船员产生的影响,负责船

---

① 桥本欣五郎(Kingoro Hashimoto,1890—1957)1890 年 2 月 19 日出生于日本冈山(Okaya-ma)市,1911 年毕业于日本士官学校,1915 年毕业于炮兵学院,1920 年从陆军大学毕业,并于 1922 年到中国哈尔滨,任职于关东军情报部门。1926 年晋升少佐后,于 1927 至 1930 年在日本驻土耳其安卡拉大使馆任武官。1930 年晋升中佐,在陆军大学任教,并卷入右翼政治,参预政变阴谋活动,组织激进组织。1934 年晋升大佐,任第 2 炮兵联队联队长。1937 年12 月日军进攻南京时,他任第 13 炮兵联队联队长,受命炮击南京与芜湖之间长江中任何行驶的船只。他于 1939 年退役,全身心投入右翼政治活动,当选议会议员(1942—1945)、议会副议长(1944—1945)。战后,被远东国际军事法庭作为甲级战犯起诉,1948 年判处无期徒刑,1955 年假释出狱,1957 年 6 月 29 日在东京去世。
② 泰伦斯 N. 朗内根(Terrence N. Lonergan)。
③ 路易斯轻机关枪(Lewis gun 或 Lewis automatic machine gun)由美国陆军上校伊萨克·牛顿·路易斯(Isaac Newton Lewis,1858—1931)于 1911 年发明,1913 年首先在比利时制造,1914 年英国购买专利,并在第一次世界大战时期大量制造,广泛使用。

队的"蟋蟀号"海军少校 J. I. M. 爱希比①提出整个船队驶往芜湖,他知道我在那儿和日本人进行联系。

然而,考虑到依我所见的这些事实,驶离这一已经予以通报的停泊处,而导致新的情况,我觉得是不可取的。而且芜湖的情况极其紧张,尽管我提出抗议,日军野战炮近距离瞄准着并排停泊着的英舰"蜜蜂号"与"瓢虫号"。在江边其他地区,大炮间歇地轰击着江面上任何移动的物体。

因此,依赖在上海采取积极的行动产生效果,命令船队留在原地,并在此后指示船队夜晚不要熄灯,这是中立国船只在安全停泊之处的正确的做法。我也受到桥本大佐所作声明的影响,他说下游有日军大炮,将炮击任何没有灯火的物体。

12. 约 17 时,我在海关时,观察到太古洋行的拖船"朱亭号"②从泊于亚细亚火油公司设施外面的船队行驶而来,虽然受到日军岸炮的瞄准、跟踪,驶来与"蜜蜂号"并排,而没有受到损伤。当时我在和桥本大佐第二次会面(在我 12 月 12 日 18 时 15 分的电报中作了报告)。我向他请求,在我下达命令船只不要移动的同时,这艘拖船可以再往下游行驶。他要求有一个小时的时间,让炮阵地得知,在与他协调安排之下,拖船悬挂着由泛光灯照亮的一面大白旗,于 18 时驶离"蜜蜂号",没有见到该船受到任何干扰。

13. 此时已相当黑了,继续在江面上行驶显然是不可能的。

我于 13 时 17 分,再次于 19 时收到美国长江巡逻司令与驻上海的美军总司令的无线电报,请求我设法与美舰"巴纳号"联系。我最后一次得

---

① 詹姆斯·伊安·莫雷·爱希比(James Ian Murray Ashby, 1901—1990)1901 年 11 月 1 日出生于英国契切斯特(Chichester),1924 至 1925 年在驻扎于中国的英国潜水艇"塔坦尼尔号"(HMS Titania)服役;1936 至 1938 年担任长江巡逻炮艇"蟋蟀号"船长。1946 年从皇家海军退役,1990 年 3 月在英国德温(Devon)逝世。

② "朱亭号"(Chuting),207 吨,太古轮船公司的拖轮,在枯水期也用于汉口、长沙、常德等短程航线。

到该船的消息是她于那天上午9时从我们南京船队处向上游行驶,前往距离英舰"蟋蟀号"、"圣甲虫号"及我们船队停泊处10英里,位于旧济洲上游的停泊地点。21时35分从长江舰队海军中将处收到信息,"巴纳号"在发电报的过程中于13时35分中断发报。然而,在22时43分,我又收到一个信息,称同一天上午11时,乘坐载有日军部队舢板的一名日军军官,登上"巴纳号",进行了堪称友好的接触。因此,所有的事实均显示她的无线电通讯设备出了毛病。我知道与她随行的还有三艘船组成的船队,以及不少于七艘附随的小船,当时显得,如果有什么严重的事情发生,为数众多的这些小船中的一艘不会不将消息送给他们都知晓的,在下游方向仅10英里之遥的我们的船队。

14. 12月13日

12月13日8时30分,没有得到进一步的消息,由于看起来在芜湖做不了什么,上午9时出席诊所护理员朗内根的葬礼之后,我决定在中午驶往下游,和"巴纳号"取得联系。我书面通知了日本高级军官,并用无线电报通报所有其他的当局。

10时06分,参加葬礼的人员离船外出时,收到电报,称"巴纳号"前一天被日军炸沉,54名幸存者,其中很多负了伤,已到达长江北岸的和县。幸存者打电话到汉口,报告了这一消息。立即口头与书面通知桥本大佐。请求桥本大佐派6名日本兵作为真诚的担保人到"蜜蜂号"上去,但是,他们没有按时来,"蜜蜂号"没有搭载他们便于12时驶往和县。

15. 诊所护理员朗内根的葬礼于9时45分在英国公墓顺利举行。出席的有我本人、英国领事、武官、"瓢虫号"船长、另外三名军官、60名水兵、来自"蜜蜂号"与"瓢虫号"的12位抬棺材的人、芜湖总医院的两名医生、桥本大佐的代表、另外两名日军军官与12名日本兵。葬礼由中国内地传教会①的代理主教克莱格希尔②主持。

日本人没有提供棺材，也没有柩车——两艘炮艇上都没有合适的木料做棺材——抬的人轮流将用帆布缝合，放在日本人提供的担架上的尸体抬到公墓——大约有两英里的路程。

极为显而易见，路上遇到的日军部队对尸体没有表示些许的敬意，甚至也不尊敬葬礼行列中他们自己的军官。在城内与周围地区极少见到中国人，见到的那些中国人都佩戴着日本太阳旗臂章。

16. 往下游航行中，"蜜蜂号"在位于芜湖下游 4 英里的英国船队处停留，让武官转乘祥泰木行的汽轮"常德号"，英国领事则留在"瓢虫号"上，保持与日军当局的联系。

由于"蜜蜂号"的医官留在汉口的医院里，"瓢虫号"的医官，海军上尉外科医生 W．A．拉因（Ryan），以及他的一位重伤员，在启航前登上了船。

17. 和县的确切位置不太清楚，县城本身没有在我们船上拥有的任何图表上标示出来。然而，在接近和县地区时，见到巨大的黑色油烟柱，发现了美孚的油船"美平号"③和"美夏号"停靠在位于南岸上开原（Upper Kai Yuen）的趸船边，熊熊燃烧，几乎烧毁了。显然，对这两艘船已无能为力了，也没有见到任何外国人。

---

① 英国人詹姆斯·哈德逊·泰勒（James Hudson Taylor，1832—1905）1865 年在英国成立中国内地传教会（China Inland Mission），派遣英国传教士去中国传教直至 1949 年为止。

② 劳德·鲁瑟福特·克莱格希尔（Lloyd Rutherford Craighill，1886—1971），中文名葛兴仁，并不是英国的中国内地传教会，而是美国圣公会的代理主教，他 1886 年 9 月 3 日出生于美国佛吉尼亚州林奇伯格（Lynchburg），1912 年毕业于华盛顿-李大学（Washington & Lee University），1915 年从佛吉尼亚神学院毕业后，受圣公会差遣，同年 7 月前往中国，曾在南昌传教 19 年，1937 年 11 月到芜湖做救济难民的工作。1940 至 1949 年担任圣公会皖赣（安庆）教区第二任主教，驻节芜湖。珍珠港事件之后，他被日军羁押，关进上海浦东集中营至 1943 年遣返美国。他战后回到中国，1949 年离开，1971 年 3 月 13 日在佛吉尼亚州莱克星顿（Lexington）去世。他的妻子玛丽安·加登纳·克莱格希尔（Marian Gardner Craighill，1890—1982）1972 年出版了回忆录《葛氏旅华回忆（The Craighills of China）》。

③ 美平号（S. S. *Mei Ping*），1,118 吨，美夏号（S. S. *Mei Hsia*），1,048 吨，和美安号（S. S. *Mei An*），935 吨，均为美孚石油公司运油的油轮。

再往下游一英里半处见到另一艘船位于北岸不远处,我接近她,派只小船去作调查。她是美孚的油轮"美安号",搁浅了。没有见到人,船桥与上部结构完全被毁,她显然被炸弹直接击中。船的其余部分异常混乱,显然,她被仓促遗弃。"蜜蜂号"不时拉响汽笛,但是岸上没有动静。

发现"巴纳号"舷外的摩托艇在"美安号"下游几百码处的岸上,将之收上船来,显然也在极度匆忙中被遗弃,因为船上还有个钢盔和一些使馆文件,立即将后者封存起来,最终转交给"瓦胡号"船长。船体上有几个弹孔。

18. 接着我决定停靠到下开原(Lower Kai Yuen)的趸船,试图上岸获取信息。往那儿行驶时见到两个外国人和一个中国人在南岸挥手,放下一艘小船,将两个外国人接来,那个中国人是"巴纳号"上的理发员,过于恐惧,不敢下来。这两个人是美孚的皮克林先生①与"巴纳号"上的一位机械军士长,他们告诉我还有约 12 名外国人躲藏在距离开原趸船一英里半的内陆一带。派出由海军上尉 J. M. S. 考科斯②率领的搜索队,

---

① 詹姆斯·万斯·皮克林(James Vance Pickering,1906—1975)1906 年 2 月 16 日出生于俄亥俄州卡笛兹(Cadiz),1928 年毕业于哈佛大学,此后前往中国,任美孚石油公司南京分支总管。1937 年 11 月,日军向南京进逼之际,他是南京安全区国际委员会委员,参与筹备安全区的工作。12 月初在其任职的美孚公司的敦促下,他乘美孚石油公司油轮美平号撤离南京,于 12 月 12 日日军飞机炸沉美舰巴纳号时,该油轮也被炸伤。1938 年 6 月,他回到南京,担任南京国际救济委员会委员。1939 年调任美孚公司重庆分支经理,负责调度飞越驼峰的中印航线运输。他 1975 年 10 月 13 日在康涅狄格州格林威治(Greenwich)逝世。

② 约翰·马克·塞蒙兹·考科斯(John Mark Symonds Cox,1909—1941)1940 年 6 月 8 日,由于在敦刻尔克大撤退中在英国扫雷艇"翠鸟号"(HMS Halcyon)上的卓越表现而受到嘉奖。1940 年 5 月 28 日担任扫雷舰艇"布里统玛特号"(HMS Britonmart)的船长。他于 1941 年 3 月 15 日,在其任船长的扫雷艇停泊于英国莱伊湾(Rye Bay)被炸时,身亡殉职。

除了三个人失踪,把这些人都带回来了。这些人是美孚的舍伍德先生①与格迪先生、②"美夏号"上的乔瑾森先生、③"美平号"上的曼德先生④与布拉斯纳先生,⑤还有在轰炸时在"美平号"上海军餐厅内的 6 名"巴纳号"水手。

　　三名失踪人员为英美烟草公司的瓦因斯先生、⑥"巴纳号"上的水兵赫吉⑦以及据说负了重伤的《科利尔杂志》的马歇尔先生。⑧ 据信他们试图走陆路去芜湖。于是发电报给海军高级军官,提请桥本大佐注意。他们最终于次日早晨平安抵达芜湖,桥本大佐派了一辆卡车在路上接到他们。

　　此时,一架日本侦察机在空中低空盘旋,使那些刚来的人极度惊恐。

　　美孚的中国雇员和"美平号"与"美夏号"的船员来到趸船上,尽可能地医治伤员,发钱给他们,将他们再次送走,因为人数太多,船上容纳不下。

---

① 约翰 • 宾翰 • 舍伍德(John Bingham Sherwood,1907—1991)1907 年 3 月 19 日出生于纽约州瑟勒克斯(Syracuse),1929 年毕业于纽约州的考盖特(Colgate)大学后,即受雇于美孚石油中国分公司,并于 1930 年 1 月抵达中国,1937 年 12 月,日军攻占南京之前,他登上美孚石油公司油轮美平号撤离南京,于 12 月 12 日日军飞机炸沉美舰巴纳号时,该油轮也被炸伤。1941 年珍珠港事件爆发时,他在天津,被日军扣押,关进位于北京的陆军监狱至 1942 年 8 月遣返美国。他 1991 年 8 月 17 日在北卡罗来纳州莫菲(Murphy)逝世。2009 年,他的回忆录《一个年轻人在古老中国的美好回忆》(*Fond Memories of a Young Man in Old China*)在美国出版。

② 大卫 • 史密斯 • 格迪(David Smith Goldie,1896—1951)1896 年 1 月 10 日出生于英国苏格兰的格拉斯哥,1925 年前往中国,曾在芜湖担任美孚石油公司的主管。"巴纳号"被炸时,他乘坐在美孚油轮"美平号"上。他 1951 年 12 月 27 日在洛杉矶逝世。。

③ 波爵 • 乔晋森(A Birger Jorgensen),挪威卑尔根(Bergen)人,当时是美孚油轮美夏号的船长。

④ 此处英文原文为 Mendy,根据其他资料,他的名字应为彼特 G. A. 曼德(Peter G. A. Mender),爱沙尼亚人,当时是美孚油轮"美平号"的船长。

⑤ 玛瑞欧 • 布拉斯纳(Mario Blasina),意大利的里雅斯特(Trieste)人,当时是美孚油轮美平号的轮机长。

⑥ 弗兰克 • 海顿 • 瓦因斯(Frank Hayden Vines,1880—1976),详见本书 40 页注③。

⑦ 约翰 • 路德 • 赫吉(John Luther Hodge),详见本书 40 页注④。

⑧ 詹姆斯•莱斯利•马歇尔(James Leslie Marshall,1891—1957),详见本书 40 页注②。

19. 接到长江支队海军中将谈到幸存者在和县的电报后,进一步查找图表,找到一条小河或运河标示着"通往和县"。由于主航道与小河之间的一条河流还没有勘察过,我决定黎明时乘驳船,配上手提无线电发报机,出发去那儿。

由于"蜜蜂号"前面有几艘船在燃烧,我将船开出去,停泊在江流中过夜。天黑后,间断地用探照灯向北岸传送"蜜蜂号"早晨将再次去和县的信号。

20. 日本江河炮艇"保津号",①熄灭了灯火,于 19 时 30 分从下游驶来,就在我的上方停泊。该船的船长说,这艘船被派来救援"巴纳号"上的军官与人员,送他们去上海。了解了这儿的情况后,上田(Ueda)海军中佐提议立即在北岸上岸,与幸存者联系。然而,我劝阻了他,鉴于日军部队登岸会对当地的中国人产生的后果,而我要依赖这些中国人来获取幸存者下落的信息。在这个情况下,以及此后提出协助时,日本人似乎完全没有考虑到,如果进入充满敌意的乡村,以战斗来开启救援行动是不合时宜的。

收到信息说美国江河炮艇"瓦胡号"将于次日早晨抵达,协助搜索。

21. 12 月 14 日

6 时 15 分,驳船牵引着"巴纳号"的舢板驶离"蜜蜂号",我们驶往那条溪流,途中询问是否见到美国人。他们曾见到美国人,并给我们指出溪流入口处的疍船,我们可以由此登岸。一路上,我们驶经"美意号""美英号""美孚(11)号"与"美孚(9)号"。这些船都是船队的船只,当时船队从南京疏散出来时,躲藏在这儿。船都搁浅了,显然并未受损。

在疍船与周围房屋附近岸上的活动有些鬼鬼祟祟,于是使劲挥舞英国旗。所幸,当我发现有 40 个民兵瞄准着我们时,他们认出了英国旗,并从隐蔽得很好的战壕中站起来。

---

① 日本炮艇"保津号"(*Hodzu*)。

　　上岸时询问得知,"巴纳号"的幸存者曾在和县,但觉得他们已经离开了。伸入内陆约三英里半的那条通向和县的运河中水不多,但是那儿有一条比较好,虽然有些崎岖的路,于是步行去那儿,并遇到县长王先生。① 他是一位很有魅力的小个子,曾在美国生活过大约7年,英语说得无懈可击。他告诉我,幸存者前一天晚上乘舢板沿另一条运河前往再往内陆约20英里,名叫含山②的地方。通往含山有一条很好的路,但是,由于中国军队撤退时,抢走了所有的运输工具,除了县衙门里的两辆人力车外,他们也抢走了所有的人力车。美国人不得已,只能乘舢板走。

　　王先生告诉我,听说美国人已抵达含山。试图打电报给他们,幸好,我立即和美国大使馆的爱契逊③联系上。我让他们放心,如果他们回到和县,可以保证他们的安全。他答道,他们都极度惶恐,不能再面对失望了。我再次向他们保证,一艘日本军舰专门来这儿,受命提供一切协助。我还和《泰晤士报》记者麦克唐纳先生通了电话。他们最终同意回来,但是11点之前不能动身,因为要将11副担架抬回舢板上。我还得知意大利记者尚德洛 • 赛德利④和美国水兵C. L. 恩斯敏杰⑤在离开"巴纳号"之后,伤重而死,他们的尸体留在了和县。

　　这段旅途预计要花八个或九个小时,我和王先生作了安排,由苦力把担架抬到登岸之处,其他人到炮艇的几条小艇那儿,运粮食与医疗用

① 王殿之(Tien-chih Wang)毕业于位于纽约州的瑟勒科斯(Syracuse)大学,曾在张学良的东北军中任职,1936年西安事变之后到安徽和县任县长至1938年。
② 位于和县西面的安徽含山县城。
③ 小乔治·爱契逊(George Atcheson, Jr. , 1896—1947)1896年10月20日出生于科罗拉多州的丹佛,1919年毕业于加利福尼亚大学,1920年进入外交界,大部分时间在美国驻中国使领馆任职。1923至1928年在美国驻长沙、天津、福州等地的领事馆任副领事、领事;1934年10月调到驻南京大使馆,升任二等秘书。日军进攻南京时,于1937年12月10日乘"巴纳号"撤离南京。"巴纳号"被炸沉后,他受伤,与其他人员一道被援救至上海。他于1938年3月11日回到南京,两天后又离开南京去上海。1938年3月前往驻北平、天津使领馆工作。1947年8月16日爱契逊乘坐的军用飞机在太平洋上空失事而殉职。
④ 尚德洛 • 赛德利(Sandro Sandri)为意大利都灵的报纸《印刷报》(La Stampa)驻南京的记者。
⑤ 美舰"巴纳号"水兵查尔斯 • 李 • 恩斯敏杰(Charles Lee Ensminger)。

品,还安排了一艘大舢板或帆船送幸存者上炮艇,因为我所能用的几条小艇的容量较小。

我然后带着三名从"美安号"上逃脱出来,受伤的中国水手回到船上,并从他们那儿得知他们那艘船的船长卡尔顿①在船桥上被炸死,他的尸体还在那儿。我之后作了安排,日本人应该将他的尸体运出来,转交给美舰"瓦胡号",送往上海。

22. 回到"蜜蜂号"时,发现"瓦胡号"已经抵达,受命提供协助,将幸存者送往上海。此外,日本大使馆的冈村(Okamura)先生,以及长谷川海军大将②部下的一名军官乘水上飞机从上海来,就芜湖事件致以正式的道歉,并感谢我们对美国人的协助。陪同他们到船上来的是乘驱逐舰来的,杰出贡献十字勋章获得者,③长江日本海军高级军官近藤英次郎海军少将④部下的一名军官。还用水上飞机又送来医生。

日本海军少将本人乘"安宅号"⑤日夜兼程全速航行,冒着相当大的风险,穿越水雷区与横江障碍,于 13 时 25 分抵达,来提供协助。

23. 由于要为晚上的行动准备命令等工作,我未能正式拜访他,但是他,虽然资格比我老,⑥私下拜访了我,主动提供一切协助。鉴于上午的

---

① 美孚石油公司油轮"美安号"的船长卡尔·哈利·卡尔森(Carl Harry Carlson)。

② 长谷川清(Kiyoshi Hasegawa,1883—1970)1883 年 5 月 7 日出生于福井县,1903 年从海军学院毕业后服役于日本海军,并历任日本军舰"日进号"(*Nisshin*)舰长(1926 年 5 月 1 日至 12 月 1 日)、"长门号"(*Nagato*)舰长(1926 年 12 月 1 日至 1927 年 12 月 1 日)。他 1927 年晋升为海军少将,1933 年晋升为海军中将,1936 年 12 月担任日本海军第三舰队司令,1939 年 4 月晋升为海军大将。长谷川清 1970 年 9 月 2 日去世。此处英文原文为"Admiral Hasegawa"(长谷川海军大将),但是他当时的实际军衔为海军中将。

③ 此处英文原文"D. S. C."为"Distinguished Service Cross(杰出贡献十字勋章)"的缩写。

④ 近藤英次郎(Eijiro Kondo,1887—1955),详见本书 24 页注②。

⑤ 日本炮艇安宅号(*Ataka*)是以近藤英次郎(Eijiro Kondo,1887—1955)为司令官的日本海军第三舰队第 11 战队旗舰。该舰 1922 年由日本横滨造船厂建造,725 吨,1945 年 9 月交由中国海军接收,更名为安东号。1949 年 4 月 23 日由舰长韩廷枫率领下在南京笆斗山江面起义,1949 年 9 月 24 日在芜湖被国民党空军炸沉。

⑥ 近藤英次郎(1887 年出生)1935 年晋升为日本海军少将;本文作者瑞吉诺·威瑟·霍特(Reginald Vesey Volt,1884 年出生)1936 年晋升为英国海军少将。这里指近藤英次郎比本文作者晋升海军少将早一年,所以资格老一些。

经历,我不得不劝阻他派遣任何人和我的队伍一起去,但是,我借了一艘小艇,由英国水手操纵,以我们的一艘船牵引,并告诉他,将很感激能有两名医生到"蜜蜂号"与"瓦胡号"上去,在伤员抵达时,为他们治疗。

他对我说,一旦"瓦胡号"与"瓢虫号"搭载幸存者就绪启航,他将护送他们去上海,在前面扫雷,鱼雷艇在炮艇两侧护航。

24. 不幸的是,"安宅号"抵达之际,近藤海军少将鸣炮致敬,对此,我觉得必须答礼鸣炮。这是扰乱我晚间计划的第一个因素,因为溪流那儿岸上的中国人,看不到船只,认为是在炮击轰炸,再加上我移动了"蜜蜂号""瓦胡号",与日军的"保津号"更加接近溪流,使得他们处于极为不信任人的状态之中。

25. 我带领着所有能够用的小船,搭载着医生、担架、医疗物品、粮食等项,于17时天还大亮时驶往登陆地点。由于给予当地中国人我个人的保证,日本人不会来袭击,向幸存者保证他们的安全,这时在趸船旁见到一艘日本登陆艇,使我惊恐异常。我在12月15日10时18分的电报中报告的这艘摩托艇在船尾约9英尺长的旗杆上飘扬着一面长宽为三英尺,上面有小小的日内瓦红十字①的三角白旗,获准行驶到离趸船几码的地方。但此时被中国人发现船上有持步枪瞄准的武装人员,很自然地向其射击。小艇立即驶往远处的岸边,行驶经过我们,这样我们处于双方交叉火力之下。我们也展示了一面大的红十字旗帜,中国人认为我们也和日本人一样,不可信任,也向我们射击。我将驳船驶到河岸下面,隐蔽好,但是过了一段时间,他们才认出我,我们得以使他们相信一切都好。

此后弄清楚了,日军当局为了尽力提供协助,在前一天用飞机在这片乡村地带都撒下传单,通知他们的部队为美国人提供一切援助。在河流上游的日军捡到传单,相应地派遣了前文提及的摩托艇。

---

① 国际红十字会于 1863 年在日内瓦成立。

中国人仍深信日本人将会袭击,虽然我向趸船附近的民兵劝说,情况一切都好,在下游河岸上还有我所不知道的一个排的民兵。他们向我们的几艘摩托艇猛烈射击,使之耽搁到天黑以后才聚拢,让日本摩托艇离开。

虽然我成功地和第二个民兵排取得联系,但是他们向"瓢虫号"的小艇发射了几梭子弹。由于当地的苦力都向内陆逃走,我已没有帆船或舢板可以依赖,所以派遣这艘小艇去充数。

26. 上岸之际,我立即派遣由海军上尉外科医生 W. A. 拉因、"瓦胡号"的医官、船上诊所的水兵,以及"蜜蜂号"与"瓦胡号"上约 15 名水手组成,由 F. B. P. 布莱恩-尼科斯海军上尉①率领的这支主力队伍前往和县,现在一切都已平静,剩余的人员也跟随而去。在我去的路上,遇到我的一名成员带信回来,称县城的城门都已关闭,哨兵环列在城墙上,这支主力队伍完全不受欢迎,我给王先生打电话,他即刻让他们进城,他本人到城门口来见我,一队仪仗兵在那儿迎接了我。

我给王先生讲述了上岸时的困境,他立即打电话,同时派传令兵前往河岸上的民兵那儿传达指示。令我安慰,也使不知情的幸存者们的心绪安宁的是,我们最终回到炮艇之际,没有放一枪。

27. 幸存者们听说了日本兵攻打和县的传言,一直耽搁到 20 时 30 分才抵达那儿。运河在离县城约一英里半处便到头了,所以到我们船只停泊处有足足 5 英里的路要走。

情况比我期望的要好得多。我发现,与我从混淆视听的电话中得到

---

① 弗朗西斯 · 布莱因 · 普瑞斯 · 布莱恩-尼科斯(Francis Brain Price Brayne-Nicholls,1914—1998)出生于 1914 年 12 月 1 日,1927 年就读达特茅斯(Dartmouth)皇家海军学院。在英舰"苏赛克斯号"(HMS Sussex)与"林德号"(HMS *Leander*)上服役后,于 1936 年前往中国,在长江巡逻炮艇"蜜蜂号"上任海军上尉。1941 至 1942 年在地中海舰队的扫雷艇"曼克斯曼号"(HMS *Manxman*)上任领航员。1954 年晋升海军上校,任英舰"阿波罗号"(HMS *Apollo*)和"德瑞亚德号"(HMS *Dryad*)的舰长。1963 至 1965 年在新加坡任远东舰队参谋长,军衔为海军少将。他 1965 年退役,1998 年逝世。

使我信以为真的消息相反,"巴纳号"的医生没有负伤,并成功地抢救出不少急救物品、设备,因此,伤员在这样的条件下得到很好的照料,几乎不需要我派出医疗队的帮助。幸存者第一次经过和县时,从那里的驻军处获取了足够的担架。

从舢板上抬下担架,用滑溜的竹竿抬着担架,爬上陡峭的河岸,是项艰巨而冗长的任务,但是吃了三明治,喝了东西之后,我们开始艰难地跋涉,于22时30分到了船那儿。有些幸存者由于受伤或者没有靴子而蹒跚跛行,抬担架的苦力还要不时停下来歇脚,直到1时50分才将最后一个人弄上船。王先生最后留着的两辆黄包车也令人感激地用上了。

28. 12月15日

顺便提一下,王先生考虑周到地在前天将两名死者秘密掩埋,以使其不致落入日本人之手。我和王先生安排用棺材将两名死者于上午9时运到登岸之处。然而,由于河面上有雾,直到11时30分才去运它们上船,当棺材运上船时,所有船只均降半旗。

29. 日军主动用水上飞机运送一两名伤员去上海的提议被他们所有的人断然拒绝,在"蜜蜂号"与"瓦胡号"上的两名日本医官试图进行医治的尝试也遭到拒绝,但是奥东纳尔海军上校手上还有一个弹片,需要X光检查,他接受了乘飞机的提议。

30. 船队由一艘日本驱逐舰、"瓢虫号"、"瓦胡号"和一艘日本扫雷艇组成,并以这个次序于13时驶往上海,"瓦胡号"上容纳不下的未受伤的幸存者转乘"瓢虫号"。日本海军少将乘"安宅号"在这天早些时候突然驶走。

31. 我尽了最大的努力,如果日本人决定攻打和县及其勇敢,数量众多的民兵时,能够善待王先生。

32. 刚刚收到的"蟋蟀号"船长对本文11段所涉及的两次袭击南京上游英国船队的书面报告在此附上(附件D)。

先生阁下,我很荣幸地作为您

恭顺的仆人

海军少将

（签名）瑞吉诺 V. 霍特①

英舰蜜蜂号于南京②

1937 年 12 月 31 日

编号：23/c/6

情况报告

长江支队高级海军军官

海军少将

先生阁下，

我荣幸地呈交自从 1937 年 12 月 24 日 9 时 40 分在八宝洲横江障碍处的英舰"蜜蜂号"上行使长江下游高级海军军官职责以来至今的活动情况报告。

12 月 24 日

---

① 瑞吉诺 · 威瑟 · 霍特(Reginald Vesey Volt,1884—1957)1884 年 5 月 26 日出生于伦敦，1899 年加入皇家海军，1936 年晋升为海军少将，1939 年升为海军中将。1937 年 12 月日军攻占南京时，他是英国皇家海军长江支队的高级海军军官，"蜜蜂号"船长至 1937 年 12 月 21 日。哈罗德 · 汤姆斯 · 阿姆斯特朗于 1937 年 12 月 24 日继他之后任"蜜蜂号"船长。1937 年 12 月至 1940 年 1 月任长江支队司令。他 1957 年 12 月 9 日在英国方特威尔(Fontwell)逝世。

② 原件藏伦敦英国国家档案馆，海军部档案，海军舰队，长江支队一般通信，情况报告(Naval Stations，Yangtze General Letters，Proceedings)，1937—1938，ADM1/9558 卷宗。

9时40分从英舰"大甲虫号"①来到英舰"蜜蜂号"时,中国炮艇"威宁号"②上的一名军官通知我,"威宁号"将驶往下游,在安庆下游20英里处布雷。我告诉他,我将驶往安庆去接几名传教士上船,请求允许时间完成这一任务。他同意了,但是坚持我应该在16时离开安庆,因为要在那天的傍晚,可能在太子矶布雷。我立即驶往安庆,于13时50分到达。海军上尉登岸与传教士联系,只有三个人希望撤离。然而,他们告诉我,另外还有约20人希望在位于再往下游去的贵池城接他们,他们都要求乘船去芜湖。我便相应地往那儿驶去。

17时50分,江南岸有人用步枪,在大约一缆距的距离,时断时续地向船射击,但没有造成损害。射击于18时终止,我在次日早晨其余的传教士将抵达的地点旁停泊过夜。

12月25日

由于晚间没有再射击,在破晓时派遣一艘悬挂白旗,搭载一名传教士的小船靠岸,与驻军联络,和传教士取得联系。

当地的民兵起先疑惧担心,不久便为他们昨晚的错误道歉,并解释说,他们以为是一艘日本船。

19名传教士于10时上船,我10时30分行驶。由于两岸都有大批中国军人,从14时起直至抵达芜湖,所有的人员都避离上层甲板,以避免两岸阻击手造成的危险。

16时45分抵达芜湖,英舰"蜜蜂号"与英舰"甲虫号"并排停泊。传教士下了船。给予时间用餐。

12月26日

我拜访了在那儿的日本高级海军军官,日本军舰"保津号"的上田海

① 英舰"大甲虫号"(HMS *Cockchafer*),625吨,由英国巴克莱科尔船厂建造的炮艇,1915年服役,1920年加入英国驻中国舰队,在长江上巡逻。1939年改建为扫雷艇,到中东伊拉克海域参战,1945年回到亚洲,1949年在新加坡拆解。
② 中国海军巡防艇"威宁号"(*Weining*)。

军中佐,他后来回访了我。他非常友善,并告诉我日本海军期望最终抵达重庆。他安排我在上午晚些时候去拜访谷将军。① 将军与他的参谋长同样都很和善,并重申他们要在城市里维持秩序的愿望,以吸引中国人返城。我告诉他,除非他们表现出能够向所有非战斗人员保证安全与公正地对待他们,这不可能做得到。我下次来芜湖时,他将正式回访我。他今天无法办到,因为他正忙于组织在城市西南"清剿"中国的散兵游勇。

我在上午上岸,察看了日军刚刚抵达芜湖时对英国财产造成的损失。由于英国和美国的财产遭受掳掠,我指示英舰"圣甲虫号"船长和最近抵达芜湖的日本领事官员联系,向他指出被损坏与掳掠的英国财产。

12 月 27 日

6 时 30 分英舰"蜜蜂号"往下游行驶,停靠在芜湖油驳船旁,搬运 40 吨油料上船。

启航前,"大通号"②汽轮的船长请我去察看他的船和"北京号"③船体所受的损伤,并对抢救修理的可行性给予他一些建议。由于两艘船都已搁浅,底舱进了水,船底壳板变形得厉害,我对他说,我的意见是,将船留在这儿过冬,进行维修,现在不要将船拖走,这样船只才能够最终得到最好的救援。

在我启程前,"黄埔号"汽轮抵达,搭载着救援专家,来巡视在芜湖沉

---

① 谷寿夫(Hisao Tani,1882—1947)1882 年 12 月 23 日出生于日本冈山(Okayama)县,1903 年毕业于日本陆军士官学校,1911 年陆军大学第 24 期毕业,1925 年 3 月晋升陆军大佐,1928 年 8 月作为第 3 师团参谋长参加了侵略中国山东的作战。1930 年 8 月晋升为陆军少将,任驻国联的日军陆空军代表。1933 年 8 月任近卫师团第 2 旅团长。1934 年 8 月晋升陆军中将,1935 年 6 月任第 9 师团留守师团长,同年 12 月任第 6 师团长。1937 年,中日战争爆发时,率第 6 师团参加进攻华北的战斗,同年 11 月初参加金山卫登陆,攻打上海,继而奔袭南京。攻占南京后,怂恿部队大开杀戒。1937 年 12 月 22 日,第 6 师团奉调芜湖及皖南。1946 年 2 月作为战犯被盟军总司令部逮捕移交中国,定为乙级战犯,被南京军事法庭判处死刑,1947 年 4 月 26 日在南京雨花台被枪毙。
② "大通号"(S.S. *Tatung*)汽轮,2548 吨,为太古轮船公司上海至汉口航线的客轮。
③ 汽轮"北京号"(S.S. *Peking*),2866 吨,为太古轮船公司的客轮。

没与搁浅的船只。我于 12 时 30 分驶往南京,16 时 35 分到达。

日本军舰"安宅号"上的值日军官来访,并安排我次日拜访近藤海军少将。

岸上的情况看来比较平静,但是江两岸都有几处大火在燃烧。

12 月 28 日

根据我前一天的指示,英舰"蚜虫号"船长所作的安排,我于 10 时拜访了近藤海军少将。他和参谋长都极其令人愉快,谈话中,他们保证向我完整地通报长江上总体的情况,并说我当然可以在江面上随意航行,但请我注意老盐圩与江阴那些地区的水雷(正如驻上海的高级海军军官 12 月 27 日 18 时 22 分电报中所报告的)。我问他是否可以安排我去拜见军事当局,他说将设法安排,但是目前日军仍忙于在城内清剿中国武装人员。

南京与浦口都比较平静,但是,全城各处整天都可见到刚刚燃起的大火。看上去,日本人在肆意摧毁中国人的财产。

打算使用旧船作为娱乐场所,我视察了旧船,但是由于有 180 多个中国人在极为不舒服的条件下居住在船上,我决定那是不可能办到的。

12 月 29 日

上午,我和日军参谋长会面,对他说,我还无法告诉他将驶往下游的船队出发的日期,因为救援专家还没有作出决定是否将"大通号"和旧船搁浅在那儿过冬,还是设法使它们浮起来,拖往上海。

14 时 30 分,参谋长通知我,在老盐圩那儿又发现了水雷,并说,实施扫雷行动之前,他们不考虑在这一区域为船只护航。

12 月 30 日

12 月 29 日夜晚,英舰"圣甲虫号"报告,由于她的无线电发报设备有故障,无法维持必要的无线电通讯联络。11 时派遣英舰"蚜虫号"去芜湖,接替那儿的无线电通讯岗位。

下午与近藤海军少将的参谋长会谈时得知,前一天报告的扫雷行动已在 13 时圆满地完成,日军已完全控制了上海至芜湖的长江两岸,认为不再需要护航了。

在船上时,我强烈抗议了日军飞机在距离英国舰只 1000 码之内进行机关枪扫射演习。他立即打了电话,打那以后,我们没有再为这种令人担扰地展示高昂精神的行为而担忧。

我和日本人的关系很友好,我觉得他们在竭尽全力设法帮助我们。但是人们总得面临他们那种不是万不得已决不愿意承担任何责任的做法。

船上的人员健康状况很好,情绪高涨。安排了晚间值班时的讲座与室内游戏供他们消遣娱乐。

先生阁下,我很荣幸地作为您

恭顺的仆人

海军中校

(签名)H. T. 阿姆斯特朗①

英舰蜜蜂号于上海②

1938 年 1 月 31 日

编号:23/c/7

情况报告

长江支队高级海军军官

---

① 哈罗德·汤姆斯·阿姆斯特朗(Harold Thomas Armstrong,1904—1944),见本书 98 页注⑤。
② 原件藏伦敦英国国家档案馆,海军部档案,海军舰队,长江支队一般通信,情况报告(Naval Stations,Yangtze General Letters,Proceedings),1937—1938,ADM1/9558 卷宗。

海军少将

先生阁下,

我荣幸地呈交下列在我指挥下的英国舰艇自 1938 年 1 月 1 日以来至今的活动情况报告。

1 月 1 日

由拖轮"常德号""顺和号""朱亭号",以及 12 艘驳船组成的船队 9 时 55 分从南京启程驶往上海。英舰"圣甲虫号"为船队护航,船队启航的时间被大雾拖延。

下午,安排我在日本军舰"安宅号"上和日军高级参谋会面。他出乎意料地友好,我们随意商讨了局势。我 1 月 1 日 19 时发的电报报告了这次会谈的梗概。

1 月 2 日

14 时,5 架中国重型轰炸机袭击了南京。根据日本人的消息,投下了 19 枚炸弹。其中一枚落入和记洋行边的江中,一枚落入电厂后面。是否造成损害尚不得而知。日本舰艇、岸炮长时间向中国飞机猛烈开火。中国飞机往上游方向飞回去,显然没有受损。日军的炮火开始极不稳定,但是,飞机进入驶往上游的航线后,日军的炮火有所改善。由于岸边的日军高射炮阵地坐落在南京西南方向的长江两岸,有一段时间炮兵阵地与舰艇炮火集中在英舰"蜜蜂号"上空。然而,没有碎片落在英舰"蜜蜂号"或旧船上,不过引起旧船上中国人些许恐慌。

由于中国人有可能袭击在芜湖的舰艇与江边一带,我命令英舰"蚜虫号"从先前的泊位驶往芜湖附近亚细亚火油公司设施的周围地区。英舰"蜜蜂号"仍在南京上游的停泊处。

1 月 3 日

与日军参谋长会谈时,就向英舰"蜜蜂号"方向开火一事,我提出了抗议。他向我保证以后会多加小心。我还询问了英国拖轮"卢塔号"的下落。他说会去查询，以后通知我。

1月6日

美舰"瓦胡号"搭载着美国领事上午抵达。领事告诉我他受命来开启美国大使馆，并提议我应该作为英国领事的代表陪同他上岸。当我们到达日本旗舰"安宅号"之际，一名日本领事官员对我说，他接到命令安排美国领事进城，但是不能允许我进城。对此，我答道，我希望察看堆放在城外的海军煤炭库存。踌躇不决了好一阵之后，军事当局同意我上岸，领我到英国海军餐厅。到达太古洋行的房产时，发现所有的建筑与周围的空地都被日军占用，作为堆放物品、弹药的场所。我向陪同我的参谋长提出了强烈抗议，并要求去见日军高级军官；耽搁了一阵之后，被部下簇拥着的一位将军出来见我。

重复了我的抗议，引起一阵尴尬的沉默。接下来是来自一大群军官的一阵辱骂。我听不懂他们在说些什么，但是，其中一个军官向我挥舞拳头，我猜测那并不意味着友好。

陪着我的两名海军军官躲开不见了，此时又被召回来，把我带回日本军舰"安宅号"，在那儿我向近藤海军少将提出抗议。他非常有礼貌，并说日本人会作出赔偿的，他将尽最大的努力，促使军队撤离，不过，因为他们需要房屋用，可能难以办到。当然，他们会以其他方式尊重房产。

汽轮"瑞和号"、①拖轮"汉和号"，②以及两艘驳船于17时从上海驶来。怡和洋行的航运主管斯格姆先生③乘"瑞和号"来考察南京与芜湖的情况。"汉和号"为在南京的旧船"庆和号"运来一个新的铁锚和钢缆，因

---

① 汽轮"瑞和号"，2672吨，为怡和轮船公司航行于上海至汉口航线的客轮。
② 怡和轮船公司的拖轮"汉和号"1919年由上海英联船厂建造作为长江小轮用，1940年11月为英国皇家海军征用为扫雷舰，1941年12月在香港凿沉。
③ 怡和洋行的航运主管弗兰克·哈洛德·埃尔科·斯格姆(Frank Harold Elcho Skyrme，1896—1975)1896年4月5日出生，1914年9月加入皇家海军，毕业于皇家海军学院，1918年晋升为海军上尉，1926年升为海军少校，1936年4月退役。第二次世界大战爆发后，他应召再次入伍。曾于1940至1941年担任英国驱逐舰"凯瑟顿号"(HMS *Castketon*)的舰长。他1975年11月28日逝世。

为目前用的铁锚与钢缆已坏,不安全。

1月7日

汽轮"金堂号"①8时从下游抵达南京。她加入"瑞和号"和"汉和号"的行列于10时30分驶往芜湖。两艘驳船则留在南京。我在下午拜访了近藤海军少将,向他通报了在长江下游的英国船队即将行驶的消息。

下午,日本皇军的外交顾问福田先生②拜访了我,使我极为惊讶的是,他代表陆军就江边的英国财产被占用一事表示道歉。他极其文雅,对于我们认为他们的军队行为不端,显得真挚地沮丧。我们再次商讨了占用英国财产的事,他问我是否可能安排将房屋租借给日本人,因为日军特别想使用那些建筑。他认为他们不大可能搬走。此外,他说要有一段时间才能搬出来。我对他说,要就此询问上级,在得到我的消息之前,日军可以留在那里。我觉得把房屋租借出去,相关的洋行至少可以得到一些金钱上的回报,也肯定能得到全额赔偿;此外,在一段时间内,洋行不会有指望用得到这些办公用房。

在1月7日16时51分给您的电报中谈到,我同意了他们的请求,因为我意识到如果不予批准,会通知我。不幸的是,您报告已通报中国人江边所有的英国房产,以及已尽力获得他们不轰炸江边的保证的那份电报一直到当晚很迟才收到。

1月8日

您时间为1月7日23时13分的电报刚刚收到,我即刻到日本军舰"安宅号"上去,请他们领我到英国房产那儿去。两名海军军官陪同我前往,我们和在办公楼内设有司令部的将军进行了会谈。我通知他必须立

---

① 汽轮"金堂号"(S. S. *Kin Tang*),420吨,曾经是太古轮船公司行驶于宜昌至重庆航线的客轮。

② 福田笃泰(Tokuyasu Fukuda,1906—1993)1906年10月13日出生于日本东京,东京大学毕业后供职于外交界直至战争结束。1937—1938年南京大屠杀期间,担任日本驻南京大使馆参赞。他战后从政,曾任议员,1993年8月7日在东京去世。

即搬出去。对此,他非常愤怒,接着,我们进行了很长时间的商讨,其间他对我说,中国军队曾经使用这一建筑,防守江边一带,并被赶了出去,他无法理解我们的态度,特别当他们已准备支付全额赔偿与租金之际。经过进一步讨论之后,他说以后会通知我他的决定。全副武装的人员护送我到日本军舰"安宅号"。18时,一名军官来到船上,带来将军的信,称将于次日中午搬出英国房产。

1月9日

英舰"蟋蟀号"中午从上海驶来,搭乘该船的有英国驻南京领事 H. 普利勋-布伦先生、武官洛维特-弗雷泽中校、临时空军武官沃斯勒空军中校,①以及德国总领事与使馆工作人员。英国领事和武官,以及德国官员在下午上岸,但是,因为在上海的当局没有通知日本人空军武官将陪伴武官一起来,他没有获准上岸。在获准上岸之前,他被安置在英舰"蜜蜂号"上。领事和武官住进领事馆。

由汽轮"瑞和号""黄埔号""汉和号"和一艘拖轮,以及 1 号、6 号与 11 号驳船组成的向下游行驶的船队于 12 时 30 分从芜湖抵达。英舰"蟋蟀号"于 14 时驶往镇江,查看那儿的情况,我打算让她 1 月 13 日回南京。英国领事下午证实已完成搬离英国房产的行动。

1月10日

往下游去的船队从南京带走 13 号和 15 号驳船,于 7 时 5 分驶往口岸。9 时 47 分,一艘日本炮艇护送船队通过老盐圩横江障碍。此后,我安排"瑞和号"脱离船队,留在口岸,从那儿,她将于 1 月 12 日星期三驶往镇江,为怡和洋行的旧船解缆启航。

1月11日

汽轮"黄埔号"、"湘和号"、②一艘拖轮和 1 号、6 号驳船驶离口岸前

---

① 空军武官 J. S. 沃斯勒(J. S. Wasler)空军中校。
② 汽轮"湘和号"(S.S. *Siangwo*),2595 吨,为怡和轮船公司航行于上海至汉口航线的客轮。

往上海。

1月12日

船队抵达上海。英国拖轮"绍斯号"从美舰"巴纳号"沉没处驶抵南京。由于日本人宣布要限制从上海往上游去的航行,安排怡和洋行的拖轮"汉和号"留在口岸。

和日本人作出令人满意的安排之后,空军武官离开英舰"蜜蜂号",上岸和领事住在一起。

1月13日

黎明时分,拖轮"绍斯号"离开南京,驶往下游。"瑞和号"牵引着13号驳船离开镇江,驶往口岸。

1月14日

英舰"蟋蟀号"在镇江察看情况之后,离开镇江,傍晚时抵达南京。运给英舰"蚜虫号"的信件、给养从英舰"蜜蜂号"转运到英舰"蟋蟀号"上,以便在第二天送达在芜湖的英舰"蚜虫号"。

汽轮"武昌号"①与拖轮"绍斯号"离开口岸,驶往上海。

1月15日

英舰"蟋蟀号"7时驶往芜湖,接替英舰"蚜虫号"。

武官与空军武官继续待在南京使日本人越来越恼火,因此,我安排他们乘坐英舰"蚜虫号"回上海。

汽轮"金堂号"16时从芜湖抵达,并于次日上午驶往上海。

1月16日

英舰"蚜虫号"11时30分从芜湖抵达,武官和空军武官搭乘该船。她于13时驶往上海,19时10分抵达口岸。

由于限制从上海出发的航行,怡和洋行指示汽轮"瑞和号"装满货物再驶离口岸。她因此没有加入1月17日星期一从口岸驶往下游的

---

① 汽轮"武昌号"(S. S. *Wuchang*),3204吨,为太古轮船公司上海至汉口航线的客轮。

船队。

1月19日

在安排汽轮"瑞和号""汉和号"和驳船于1月20日航行的过程中，遇到一些困难。1月18日，近藤海军少将告诉我，他同意这些船只航行，但是19日上午，他对我说只能允许"瑞和号"与"汉和号"航行，不准那几艘驳船航行。所给的理由是，他不知道装载的是什么货物，也不知道她们航行的原因。我想这也许是因为前几天相关的航运公司曾请求允许驳船驶往通州，①这使得日本人认为航运公司在那个地区做生意，有损于日军的军事行动。近藤海军少将的态度似乎被上海的日本当局左右。

然而，经过长时间的商讨，说服了近藤海军少将允许船队，包括驳船，毫无阻碍地于次日航行。

1月24日

对于日本陆军征用和记洋行的趸船，运走英国海军56吨煤炭之事，我向近藤海军少将口头和书面上提出强烈抗议。他对我说，将采取步骤归还趸船与煤炭，事成之后会告诉我。

1月26日

近藤海军少将乘坐日本军舰"安宅号"凌晨非常出乎意料地驶往下游。日本高级海军军官的职责由日本军舰"热海号"无礼而讨厌的千叶(Chiba)海军中佐接替。据信近藤海军少将只是暂时离开南京。

1月27日

我将英舰"蟋蟀号"从芜湖召集来开一次由英舰"蚜虫号""蟋蟀号"船长与我本人出席的会议，讨论长江这一航段的情况。英舰"蟋蟀号"上午如约从芜湖抵达，英舰"蚜虫号"13时过后不久由上海抵达。新任驻南京领事E. W. 捷夫雷先生与威廉斯先生一道乘"蚜虫号"抵达，接替在南京的普利烹-布伦先生。

---

① 即今之南通。

1月28日

英舰"蚜虫号"11时驶往芜湖,我打算在英舰"蜜蜂号"即将前往上海期间,英舰"蟋蟀号"的船长应该成为驻南京高级海军军官。

下午得到消息,1月19日被日本陆军当局掳走的和记洋行趸船1月25日归还到原先的泊位。日本海军当局并没有向我通报此事,虽然他们曾许诺一旦趸船归还便通知我。煤炭被日本人用掉,我正在对此提出赔偿要求。

1月29日

普利焘-布伦先生与国际安全区委员会的菲齐先生上了船,10时过后不久,我驶离南京。英舰"蜜蜂号"通过老盐圩与江阴横江障碍时分别由一艘日本炮艇护送。

在暴风雪中通过老盐圩横江障碍,无法看清旗帜,但在向上游航行时,希望能够测绘出这一通道的最新航图。江阴横江障碍很清楚地用旗帜与油灯浮标标示着。

我在镇江停泊过夜。岸上的情况依然与英舰"蟋蟀号"船长1月10日18时的电报报告的相同。军方仍然拒绝任何外国人上岸。

1月30日

我在口岸停靠,让太古洋行的巴尔(Barr)先生上船前往上海。大约在17时15分,我在姚港①外面停泊过夜。晚间,菲齐先生为船上的人员,就日军攻占南京以来发生的情况作了一次非常有趣的演讲。

1月31日

15时抵达上海。普利焘-布伦先生、菲齐先生和巴尔先生下了船。英舰"蜜蜂号"在英国海军码头并排停靠在英舰"格陵斯比号"②右舷一

---

① 姚港(Vine Point)即今位于长江北岸的南通崇川区姚港。
② "格陵斯比号"(HMS Grimsby)由英国戴文文波特船厂建造的扫雷艇,1932年服役,加入英国驻中国舰队至第二次世界大战爆发。1939年10月回到英国,1940年到地中海、红海参战。1941年5月在利比亚港口城市图卜鲁格(Tobruk)北面海域被炸沉。

侧,舰首朝向上游方向。

　　船上人员的健康状况良好。一个月来,不可能给予假期,但是从上海买来各类游戏,有益于在业余时间供他们消遣娱乐。

先生阁下,我很荣幸地作为您

恭顺的仆人

长江下游高级海军军官

海军中校

(签名)H. T. 阿姆斯特朗

英舰蜜蜂号于上海①

1938 年 2 月 28 日

编号:23/c/8

情况报告

先生阁下,

　　我荣幸地呈交下列我作为长江下游高级海军军官自 1938 年 2 月 1 日以来至今的活动情况报告。

　　2.2 月初,船只在上海逗留期间,大使馆和航运公司的代表与我本人就长江下游航运的议题进行了数次讨论。

　　3.2 月 4 日,驻上海高级海军军官(英舰"格陵斯比号"船长)和我到日本军舰"出云号"上去拜访长谷川海军大将。他非常友好。我 2 月 4

---

① 原件藏伦敦英国国家档案馆,海军部档案,海军舰队,长江支队一般通信,情况报告(Naval Stations,Yangtze General Letters,Proceedings),1937—1938,ADM1/9558 卷宗。

日 14 时 5 分的电报报告了我们会谈的要点。由于亚细亚火油公司与美孚石油公司在本地的经理问我能不能到镇江察看他们在那儿的财产,如果可能,是否可以将所欠的工资送给他们的员工,我问他是否可以在往上游航行时,安排我在镇江登岸。他说将尽最大的努力作出安排,但是不幸的是,军事当局拒绝了登岸的请求。

4. 同一天下午,航运公司负责船舶的主管在英舰"蜜蜂号"上举行了最后一次会议。

* * * * * * * *

5. 2 月 5 日 13 时 15 分,英舰"蜜蜂号"驶离上海,搭载荷兰大使馆的勃斯先生①前往南京。

6. 2 月 7 日 11 时 30 分抵达镇江,我紧靠着江边,在日本高级海军军官的舰只附近停泊,等候值勤军官来访。到 14 时他仍未来访,我派海军上尉去询问什么时候方便我去拜访高级海军军官,因为我有急事相求。立即安排我到他们的船上去,受到涉谷(Shibuya)海军中佐的亲切接待。我问他为什么执勤军官没有来访,他答道,他觉得处于战时,没有这个必要。我接着问他是否可以安排亚细亚火油公司与美孚石油公司的员工到趸船上来,我可以给他们发放工资。他对我说,这得首先询问军事当局,但是他认为可以作出安排。我然后回到英舰"蜜蜂号"上。

7. 15 时,收到信息称军事当局仍然不同意我上岸,但是将送数名员工到英舰"蜜蜂号"上来领工资。最终将这事办成了。

8. 在镇江仍有相当可观的军事活动,大量物资和弹药运往江北岸。似乎有一些中国人回来了,但是,城市实际上仍相当死寂。

9. 2 月 8 日 13 时 20 分驶抵南京,勃斯先生下了船。信件、给养转运到英舰"蟋蟀号"上去。高级海军军官报告说,情况有所改善,他与他

---

① 亨德里克·勃斯(Henderick Bos)荷兰驻南京外交使团的秘书,曾于 1938 年 2 月 8 日至 12 日访问南京。

的军官们那天获准上岸，并与德国领事共进午餐。这是日本人攻占南京之后，英国海军军官首次获准进城。

10. 次日 9 时驶往上游。在和县边上时，见到日本炮艇"势多号"沿溪流行驶，轰炸北岸。有一定数量的步枪、机关枪回击，但无法看清楚是谁在射击，虽然可以猜测是一伙中国杂牌部队，他们给这一地区的日军造成相当大的麻烦。

11. 当天 14 时 40 分驶抵芜湖，英舰"蜜蜂号"在亚细亚火油公司的趸船旁与英舰"蚜虫号"并排停泊。我发现比我上次于 12 月底造访这座港口时，芜湖的情况好多了。有些中国人回来了，见到一两艘帆船与舢板在江面行驶。允许外国人在白天自由行动，但是天黑之后留在船上是个明智之举。亚细亚火油公司仓库的一部分被用作羽毛球场，有一小块场地可供船上人员踢足球。办公室改造成这些人的临时餐厅，并很受欢迎。我在芜湖逗留期间，应房产的主人之请，查访了几处英国房产，比如太古洋行、亚细亚火油公司等。我还造访了美国传教会与西班牙教士。大家都很高兴，但是都有满腹的艰辛，遭受日本人的侮辱。

12. 我于 2 月 11 日 10 时 10 分离开芜湖，14 时 20 分到达南京。汽轮"万通号"从上海驶往芜湖，到那儿进行救援工作。她还载有运给南京国际安全区委员会的 100 吨毛豆。

13. 法国炮艇"都达·德·拉格瑞号"①船长在 2 月 12 日上午拜访了我，此后，我回访了他。他告诉我，他到南京来，以显示法国船只在长江上有自由航行的权利。

我在同一天拜访了近藤海军少将，询问"万通号"第二天抵达时该在哪儿停泊，但是他不肯立即作答。因此，我发电报给"万通号"，在作出卸下毛豆的安排之前，次日抵达时停泊在"蜜蜂号"附近。

---

① 法国炮艇"都达·德·拉格瑞号"（R. F. S. *Doudart De Lagree*），183 吨，由法国香迪尔·德·布列塔尼（Chantiers de Bretagne）船厂建造，1909 年服役后即开始在中国长江上巡逻，1941 年退役。

14. 2月13日8时,"万通号"抵达,船上搭载着邮务长瑞齐先生。一小时后,通知领事和我,军事当局拒绝将毛豆运上岸。白天又就这事进行了进一步的商讨,但是由于没有取得进展,我决定"万通号"在次日拂晓驶往上游。希望在芜湖的救援工作完成之后,能够就卸毛豆一事取得一致的意见。

瑞齐先生下午平安登岸。

15. 2月14日拂晓,"万通号"驶往芜湖,13时50分到那儿。

太古洋行的代表,迪尔斯先生(在"万通号"上),在南京时告诉我,在口岸有些货物与个人财物被扣在那儿,该洋行急于运往上海。我请求驻上海的高级海军军官使那儿的日军当局知悉这一情况,不致产生误会。高级海军军官的答复为,一致同意的方针是,除非有可能取得当地日本人的同意,希望不要装运这些财物。在我确实得到当地日本人的同意之前,他不打算通知上海的当局。从洋行获取这些货物与个人财物的详细情况之际,我和近藤海军少将谈了这个情况,并请求在"万通号"往下游行驶时,同意她装运这些货物。他对我说,他要去和军事当局谈了之后再给答复,但是由于日军在口岸采取军事行动,他们不大可能同意船只在那儿停靠。

16. 2月19日,近藤海军少将通知我,由于前一天所给的原因,上海的日本当局不能同意"万通号"在口岸装运货物,他们要该船直接驶往上海。我因此通知驻上海的高级海军军官这一情况,以及,除非得到相反的信息,我将命令"万通号"在南京卸下毛豆后,直接驶往上海。

同一天,英舰"蟋蟀号"从上海驶往南京。

17. 次日(2月20日),我于10时30分收到英舰"蟋蟀号"的电报,称其在江阴横江障碍的上端遭到日本驱逐舰"莲号"①的拦截,与此同时,"莲号"船长正在向南京查询。对此,我极为惊讶,因为我在两天前通报

---

① 日本驱逐舰"莲号"(*Hasu*)。

给近藤海军少将"蟋蟀号"航行一事。然而,不久,收到另一个电报,称两位船长会面之后,英舰"蟋蟀号"继续航行。似乎上海与南京的海军当局都没有向"莲号"船长通报英舰"蟋蟀号"航行一事。之后,近藤海军少将对这一失礼行为向我致歉。英舰"蟋蟀号"2月21日15时20分抵达南京。

18. 2月22日,船只都盛装挂起彩旗。以庆祝乔治·华盛顿的诞辰日。

同一天12时,英舰"蚜虫号"抵达,从英舰"蟋蟀号"取走信件与给养,于13时40分回芜湖。

19. 南京安全区国际委员会的德国官员拉贝先生2月23日搭乘英舰"蜜蜂号",10时过后不久,我驶往上海。往下游的航行平安无事。显然情况在稳步改善。见到很多帆船,村民们在忙于维修他们遭到损坏的家室。我在口岸停靠,询问航运公司中国代表们对重新开展贸易活动前景的看法。他们并不很乐观,他们说日军在这一地区上岸,使当地的中国百姓非常惊恐。

20. 上海与通州之间有相当可观的贸易活动,日本人似乎还没有涉足通州。太古洋行与怡和洋行在这两个城市间有定期汽轮航班运行。

21. 我于2月25日15时抵达上海,并排停泊在高级海军军官的舰只,英舰"格陵斯比号"旁。

在上海期间,我和航运公司的负责人,以及大使馆的参赞与一等秘书会了几次面。告诉他们,我认为施加压力在横江障碍上游进行有限度航行的时刻现在已经到来,这样,重启贸易活动之际,我们的船只已经处于显著的位置。

已安排一艘油轮驶往芜湖,补充那儿的油库,我请长谷川海军大将就油轮驶往上游一事通报相关的当局。

英舰蜜蜂号

1938 年 3 月 13 日

长江下游的局势①

长江下游的局势仍然很不正常,但在过去的两个月内有很大的改观,尽管该地区还处在相当的混乱之中,和平时期的各项活动已有复苏的迹象。

2. 在江阴与老盐圩的横江障碍使得长江下游遭到部分地阻拦,但穿过这两处障碍的通道已经清理出来,横江障碍本身并不对航运构成真正的危险。然而,日本人坚持要为外国船只领航通过,并宣称仍在清除水雷。

3. 镇江、南京和芜湖这三个主要港口实际上是几座死寂的城市。没有踏足这些城市的人很难想象那种彻底的荒凉与正常生活活动的消失。留下来的都是最贫困阶层的中国居民,在骇人听闻的贫穷与困难的环境中生存。标志着攻占南京与芜湖最初阶段的一个显著特征的暴行,实际上已经中止,尽管孤立的强奸案仍有所闻,所有的中国人都会没有酬劳地被强迫劳动。这些状况持续之际,境况好一些阶层的中国人是不大可能冒险回来重新安家落户的。

4. 从南京乘火车去上海的人报告称,城市间的乡村实际上遭受了彻底地蹂躏,驻扎在这一地区的日本兵的劫掠,阻碍了农民到他们的田地里重新开始干活。

5. 没有采取步骤来组织适当的卫生或保健服务,医疗资源也不足以应付霍乱、斑疹伤寒、痢疾与天花这类疾病的爆发。这导致居住在南京

---

① 原件藏伦敦英国国家档案馆,海军部档案,海军舰队,长江支队一般通信,情况报告(Naval Stations,Yangtze General Letters,Proceedings),1937—1938,ADM1/9558 卷宗。

的外国人相当程度的担忧,大家都害怕夏天的几个月将会发生流行病和瘟疫。

6. 这三个港口城市,每一座都成立了日本人控制下的傀儡政权。它们影响甚微,人们对它们也没有什么信心。更有影响的领袖人物是否准备回来,还将拭目以待。一个令人忧扰的现象是,在南京和芜湖地区出现了武装土匪。他们是日军占领很自然的后果,公共秩序恢复之前,他们将是袭扰炮艇与航运船只的根源。他们的出现也会影响居住在较大城市周围平民百姓信心的恢复。甚至在上海,武装暴力事件也比以往更为普遍,一旦日本撤出大部分军队,这也很可能在南京和芜湖出现。

7. 在占领区,贸易实际上已经停顿,有影响的中国与外国公司准备投入必要的资金来修建这些原先的中心所遭受的损坏之前,不大可能大规模地恢复贸易。从另一方面来说,如果准备好必需的种子与牲口,农产品与农业几乎肯定会相当快地恢复,但是也许要过一年,或者更多的时间才能赶上正常年份的收成。留在这一地区的中国人的需求非常得小,对微小的生活奢侈品,诸如烟草与各类食品,只会有很小的需求。

8. 在镇江下游,还能见到许多帆船,但在镇江上游,没有沉没、毁坏的那些为数极少的船只,不是被日军征用,就是隐藏在溪流中与内陆的河道里。偶尔能见到几只船载着难民回到南京或芜湖,但是,除了日本人的船只,在这两地之间的江面上,没有什么船只。被征用的日清轮船公司的长江汽轮在上海、芜湖之间每周开行航班。前去休假或往来于港口之间的日本军官,还有浪人、艺妓,以及偶尔有日军小分队,乘坐这些船只。怀疑这些船只也载运出售给日军部队的香烟与食品。目前在南京与芜湖由浪人经营的日本小店的货物用火车从上海运来。每天开行前往南京与芜湖的火车,但是完全置于日军的控制之下,极难获得乘火车旅行的通行证。

9. 从这三个港口仍然聚集着大批部队、军用物资与弹药的情况来看,似乎日本人在准备一场持久的战役,但是目前在上游没有进行大规模进攻的迹象。

10. 现在出现了有关在不久的将来我们在这一地区的方针问题。在某种程度上来说，这必须受制于日本人用武力攫取中国这一地区的目标。

这也许是，通过攫取了长江下游，对所有非日本商船设置一切可能的障碍，他们希望为自己赢得长江贸易的垄断。或者，目标仅仅是他们宣传的，从国民政府的束缚下，以及一个迅速统一中国，重新组建这个国家可能在未来为害日本的政权的压迫之下，将中国人民"解救"出来。英国将来在长江上贸易的地位，主要取决于这两个目标，哪一个是真的。

11. 如果目标仅仅只涉及贸易，日本人准备，甚至冒战争的风险，将外国商船赶出长江，似乎在此后几年，有很好的机会达到这一目标。在大不列颠处于和日本开战的境地之前，情况即是如此。即使这样，除非出现更大攸关存亡的问题，诸如，威胁要将我们赶出中国海域，在英国公众的眼里，攫取长江下游本身并不足以成为发动战争的理由。对此，唯一能够给予的答复是，鼓励英国商业公司在这一地区贸易重启之际，尽量多地占据他们的份额，以抵御日本人的对抗。由于贸易停顿了几个月，当贸易恢复时，容量会相当可观，这样的期待是合情合理的。如果情况是这样，希望日本商人无法应付，因此英国与其他外国竞争者将必不可少了。日本商人被逼迫支撑一支庞大的军队，进行一场不受欢迎的战争，他们的很多船只被征用做运输舰船，结果，他们在长江上的直接贸易量便大幅减少了。因此，如果在做生意的机会来临之时，英国公司已做好了准备，也许能够从他们的日本对手那儿赢得市场。当然，如果贸易是他们的目标，日本人会在此尽其所能地用海军、陆军制造一切可能的障碍，难以看出，如果不诉诸战争，我们的贸易怎么能够在机会不公平的情况下生存。

12. 必须加以考虑的是日本人的另一个目标，目前的战役仅仅是大规模的惩罚性讨伐，企图在国民政府能够重新组织，将中国发展到能够对日本的安全构成威胁的程度之前,将这个政府摧毁。可以支持这个看法的论点是,以往日本吞并领土为己所用时,很自然会尽可能少地造成损害。可在华北找到这样的例证,北京几乎没有受损而幸存下来。但是,在长江下游,特别在国民政府所在地,或曾经是所在地的南京,日军部队有系统地使乡村成为废墟,蹂躏城镇、村庄。这似乎显示,在这一地区进行战争的真正目的是征伐,战事停止以后,日本人不打算占领这个地区。如果情况如此,最近对英国公司试图恢复贸易的尝试所持的对抗态度只是受到个别军事当局的恶意怨恨所驱使,而不是日本政府对此事真实意图的显示。的确,如果他们的目标仅仅是为了摧毁国民党,战事结束后,建立起地方政权,日本便不会对英国的贸易设置人为的障碍。

13. 对于今后,我们最好的行动似乎是,在航运公司保证他们的船只装运真实而有用的货物的条件下,持续对日本人施加压力,以允许我们的商船在长江上自由地航行。我们自由航行的权利目前由炮艇在上海与芜湖之间尽可能实际而频繁地行驶来维持。获得商船的自由航运权,是与日本人竞争的唯一途径,将在很大程度上阻止他们达到目的,特别是在其他利益相关的列强准备跟随,步我们的后尘之际。如果推行这样的方针,以比我们眼下更为强大的力量来支持我们要求的时刻将会来临。那时,我们将处于比我们目前仅仅是默许日本人的要求所在的一个更好的位置。与此同时,必须对日本施加外交上的压力,以早日公平地解决占领区的索赔要求。

商船仅仅为了宣示自由航权而航行是应该反对的行动。船只在航行的过程中达到有益而合法的目的是必不可少的。不能做到这一点,将会显得毫无必要地向人挑衅,当开放长江至汉口的紧要时刻来临时,这样使人烦恼的小动作并不能增强我们的地位。

英舰"蜜蜂号"于上海①

1938 年 3 月 31 日

编号：23/c/9

情况报告

长江支队高级海军军官

海军少将

先生阁下，

我荣幸地呈交下列我作为长江下游高级海军军官自 1938 年 3 月 1 日以来至今的活动情况报告。

2. 3 月 1 日下午，我和上海大使馆一等秘书与中国事务参赞布莱克伯恩先生进行了最后一次会谈。经决定一旦航运公司能够向大使馆证实在口岸确切的货物，将会请日本人作出安排，让一艘船通过横江障碍。我提出另一个建议，如果公司无法保证有货物，也许仍值得派遣一艘做生意的船，在横江障碍上游较小的城镇、村庄停靠，希望能恢复中国人的信心，开展某种形式的港口之间的贸易。

3. 接亚细亚火油公司前往芜湖的沃特斯（Waters）先生上船后，我于 3 月 2 日 10 时 15 分驶离上海。他往上游去的目的是监督、卸下油轮"亚希亚蒂卡号"（Asiatica）上的油，调查亚细亚火油公司在芜湖的存货出售给中国人或日本人的可能性。油轮"亚希亚蒂卡号"拂晓时启航，在刘海沙②浮标处与之会合，两艘船在那儿停泊过夜。在新加坡注册，包租给一名中国商人的汽轮"新阜号"也停泊在那儿。因为我不了解这艘船，便登

---

① 原件藏伦敦英国国家档案馆，海军部档案，海军舰队，长江支队一般通信，情况报告（Naval Stations，Yangtze General Letters，Proceedings），1937—1938，ADM1/9558 卷宗。

② 刘海沙（Pitman King）位于南通西南长江之中。

上这艘船,并从船长,一个俄国人那儿获得上述信息。"新阜号"天黑后从帆船上装运货物,在夜里有两次,停泊在下游两英里处的日本警戒船用探照灯照射她,但没有采取进一步的行动。

4. "亚希亚蒂卡号"次日拂晓启航,两小时后,英舰"蜜蜂号"开行,这样两艘船将同时抵达江阴横江障碍处。顺利通过横江障碍,一艘日本驱逐舰为两艘船领航,通过了安装着浮标的通道。

往上游航行时,我在口岸停靠,进一步询问在那儿重启贸易的可能性。中国经理人远远没有那么乐观,但是我指示他们尽其可能地获取潜在货源的信息。

5. 我3月4日14时抵达南京,卸下给英国领事、美国与德国大使馆的信件、给养。英国领事捷夫雷先生同一天晚上上船前往芜湖,他希望察看那儿的情况。

6. 英舰"蜜蜂号"3月5日7时驶往上游,抵达芜湖后,并排停泊在装油的驳船旁。加完油之后,英舰"蜜蜂号"在亚细亚火油公司的趸船处并排泊在英舰"蚜虫号"边上,将沃斯特先生转乘英舰"蚜虫号"。"亚希亚蒂卡号"那天傍晚抵达,开始将她的油料卸注到装油的驳船上。

7. 发现芜湖的情况稳步地改善,日本人更为和善,讲理。

8. 我3月6日7时30分驶离芜湖,12时到达南京,英国领事下了船。英舰"蟋蟀号"搭载着领事官员威廉斯先生,于12时30分驶往下游。

9. 在此后的一个星期中,海军军官两次上岸,与领事共进午餐。这必须在48小时之前向日本人通报,他们要求提供详尽的细节。

10. 3月12日下午,近藤海军少将通知我,"南京江岸炮兵"将在次日从8时30分到12时进行炮击演习,因此南京至老盐圩之间的地区是危险的。我通报往上游行驶的英舰"圣甲虫号"不要在所说的时间内进入这一地区。

11. 第二天8时30分至12时之间,听到时断时续的炮火声,但是除了狮子山与老虎山上的几处爆炸,见不到演习的情况。认为几次爆炸声是那个星期早些时候见到日本人在拆除许多防御工事的爆破工作。英舰"圣甲虫号"15 时 30 分抵达。

12. 从英舰"圣甲虫号"上将前往芜湖的美国传教会的克莱格希尔教士接上船①之后,我于 3 月 14 日 9 时驶离南京,14 时过后不久抵达芜湖。约在 13 时 30 分见到一架俄国飞机被两架日机击落,驾驶员跳伞降落时,遭到日机无情地射击。

13. 抵达时,驻芜湖的高级海军军官,英舰"蚜虫号"的 R. B. S. 提纳特海军少校②告诉我,虽然芜湖总的情况有所改善,日军当局就外国人在岸上行动设置了种种限制,据报告有煽动敌视外国人情绪的企图。他还对我说,前一天下午,日本军人试图闯入太古洋行的仓库。对此,我决定立即拜访日军的将军,而不是等到我原先打算的第二天再去拜访。英舰"蚜虫号"的船长和我从芜湖总医院弄来一辆汽车,到将军的私人寓所拜访。我报告了企图闯入仓库的情况,告诉他如果不能保证为英国财产提供适当的保护,我将被迫将船行驶到太古洋行的趸船处,派一名岗哨上岸。将军深表歉意,并说他希望我不要这么做;他还向我保证,将采取一切措施,抓捕罪犯,并将在江边安置必要的警察,防止以后擅闯的企图。会谈的过程中,他还对我讲了被击落的俄国飞机的细节。

14. 英舰"蚜虫号"3 月 15 日 9 时驶往上海,进行定期的整修。

15. 3 月 17 日 8 时 40 分收到英舰"蚜虫号"发来的电报,称两艘英国商船在库柏航道③航标附近遭到一艘日本警戒船的拦截,日本军官告

---

① 指接上"蜜蜂号"。
② 罗勃特·贝瑟·斯图亚特·提纳特(Robert Basil Stewart Tennant, 1905—1969)为英舰"蚜虫号"船长,以后曾先后担任驱逐舰"沙道尼克斯号"(HMS *Sardonyx*,1940—1942),"道格拉斯号"(HMS *Douglas*,1942),"克普尔号"(HMS *Keppel*,1943),以及"维瑟林顿号"(HMS *Witherington*,1943—1944)等舰艇的舰长。
③ 此处英文原文为 Cooper Crossing,未查到相应的中文名称,按音译,该航道的位置应该在南通上游的长江中。

诉他们,由于江北岸有战事,这个地区很危险。此后不久,收到驻上海高级海军军官的电报,称长谷川海军大将刚刚通知他,在通州附近即将开展军事行动,认为铁黄沙①航标至库柏航道之间的江面为危险地区。在那儿航行的船只自行承担风险。英舰"蚜虫号"受命留在那一带直至除了汽轮"万通号"之外的所有中立国船只都驶离那个区域。汽轮"万通号"停泊在天生港②一处安全的地方。

日本人大约在 15 时撤消了禁令。

下午时收到迪尔斯先生的信息,称前一天夜里,属于太古洋行的仓库遭到掳掠。收到消息后,派遣我的海军上尉去通报日本当局,我打算第二天行驶到太古洋行的趸船,我认为立即在那儿安排中国守夜人与日本哨兵是必不可少的,否则,我将不得不派岗哨上岸。我理解您可能不会同意这一威胁性的行动,但是希望日本人不会迫使我摊牌。幸好他们没有这么做,夜里安排了守夜人与哨兵。

16. 3 月 18 日上午,我行驶到装油的驳船边,加了 18.60 吨油。

然后往上游行驶到太古洋行的趸船。夜里,一伙中国土匪企图闯入大院,但被守夜人和哨兵打走,自那以后,再没有人企图闯入这些建筑。

17. 3 月 19 日,汽轮"黄埔号"与拖船"朱亭号"从上海驶往上游,继续在芜湖进行"大通号"与旧船"北京号"的救援工作。下午,将旧船"北京号"浮起来,停泊到南岸边一处安全的地方。

18. 3 月 19 日晚些时候收到英国驻南京领事发给上海大使馆(抄发给我)的电报,涉及日本驻南京总领事声称,由于芜湖上游即刻将有战事,我们坚持要派船只驶往上游可能会导致"巴纳号"事件再度发生。收到这份电报后,我急忙通知大使馆,发生战事的地方在芜湖上游至少有

① 此处英文原文为 Plover Buoy,未查到相应的中文名称。根据 1909 年出版的 *Asiatic Pilot* 第三卷,Plover Point 位于福山下游约 11 英里处,位置大约在今常熟的铁黄沙,因此翻译为铁黄沙航标。
② 即南通的天生港。

20英里,这一令人震惊,极为不得体的谈话是完全不当的。

19. 英舰"瓢虫号"3月20日13时20分从上海驶抵芜湖,在太古洋行的趸船那儿,并排停泊在英舰"蜜蜂号"旁。

下午,"大通号"浮起来了,安全地停泊到旧船"北京号"的船尾。

20. 我3月21日9时驶往南京。

在芜湖的逗留非常愉快,充分利用那儿提供的娱乐设施。比起不到两周前我上次造访,芜湖的情况大为改善,在很多方面,城市的面貌几乎趋于正常。仍然只有很少的外国居民住在那儿,主要是总医院的工作人员和传教士。

21. 往下游航行的过程中,在开原附近,我让汽轮"黄埔号"停下来,以便和太古洋行的航运主管商讨进一步救助该洋行在芜湖两艘船的事宜。傍晚时抵达南京,我在那儿与英舰"圣甲虫号"为伴直至3月23日早晨我驶往上海。

22. 往上海的航行平安无事,但是见到在江面上往来帆船的数量大量地增加了,非常令人鼓舞。在过去两个星期中,船只显著增加。以我的看法,鼓励英国公司在这个地区恢复贸易的时刻现在已经来临。如果他们能够这么做,他们肯定会有一个现成的市场。

23. 见到日本人在拆卸江阴炮台,将大炮装上运输舰艇。正在打捞中国巡洋舰"宁海号"、[①]"平海号"[②]和"逸仙号"[③]。

24. 英舰"蜜蜂号"于3月25日11时驶抵上海,在英国海军码头并排停泊在英舰"山德威齐号"[④]边上。

在上海期间,我和大使馆和航运公司的官员多次会面,在会面的过

---

① "宁海号"(*Ning Hai*)为中国海军轻巡洋舰。

② "平海号"(*Ping Hai*)为中国海军轻巡洋舰。

③ "逸仙号"(*Yat Sen*)为中国海军轻巡洋舰。

④ 英舰"山德威齐号"(HMS *Sandwich*)由英国霍桑·莱斯利船厂建造的护卫舰,1929年服役,加入英国驻中国舰队至第二次世界大战爆发。1939年12月到地中海参战,主要在直布罗陀海域执行任务。1945年8月拆解。

程中,我特别提请他们注意,最近三个星期来,在长江下游地区的情况有了相当大地改善。在这一点上,最近在上海本身,乐观的情绪也高涨了,我觉得情况有了决定性地好转。

25. 船上人员的健康状况和精神面貌仍然很好,虽然发生两起违反休假制度的小事,在其他方面的行为举止都是很优秀的。

先生阁下,我很荣幸地作为您

恭顺的仆人

长江下游高级海军军官

海军中校

(签名)H. T. 阿姆斯特朗

1938 年 4 月 21 日致长江支队 67/194 号文件的附件

航运表①

舰艇	进港	港口	离港
"蚜虫号"	——	南京	12 月 30 日
Aphis	12 月 30 日	芜湖	1 月 16 日
	1 月 18 日	上海	1 月 25 日
	1 月 27 日	南京	1 月 28 日
	1 月 28 日	芜湖	3 月 15 日
	3 月 18 日	上海	——
"蜜蜂号"	——	南京	12 月 22 日
Bee	12 月 23 日	马垱	12 月 24 日

---

① 原件藏伦敦英国国家档案馆,海军部档案,海军舰队,长江支队一般通信,情况报告(Naval Stations, Yangtze General Letters, Proceedings),1937—1938,ADM1/9558 卷宗。

	12 月 24 日	芜湖	12 月 27 日
	12 月 27 日	南京	1 月 29 日
	1 月 31 日	上海	2 月 5 日
	2 月 8 日	南京	2 月 9 日
	2 月 9 日	芜湖	2 月 11 日
	2 月 11 日	南京	2 月 23 日
	2 月 25 日	上海	3 月 2 日
	3 月 4 日	芜湖	3 月 6 日
	3 月 6 日	南京	3 月 14 日
	3 月 14 日	芜湖	3 月 21 日
	3 月 25 日	上海	——
"大甲虫号"	——	汉口	12 月 22 日
Cockchafer	12 月 23 日	马垱	12 月 24 日
	12 月 25 日	汉口	1 月 6 日
	1 月 6 日	九江	2 月 23 日
	2 月 24 日	汉口	——
"蟋蟀号"	——	口岸	12 月 30 日
Cricket	（镇江）		
	12 月 31 日	上海	1 月 7 日
	1 月 9 日	南京	1 月 9 日
	1 月 10 日	镇江	1 月 14 日
	1 月 14 日	南京	1 月 15 日
	1 月 15 日	芜湖	1 月 26 日
	1 月 26 日	南京	2 月 12 日
	2 月 14 日	上海	2 月 19 日
	2 月 21 日	南京	3 月 6 日
	3 月 8 日	上海	——
"游隼号"	——	重庆	——

Falcon

"塘鹅号"	——	汉口	2 月 7 日
Gannet	2 月 11 日	宜昌	——
"蚊虫号"	——	汉口	2 月 21 日
Gnat	2 月 21 日	九江	——
"瓢虫号"	——	上海	3 月 16 日
Ladybird	3 月 20 日	芜湖	——
"螳螂号"	——	九江	1 月 7 日
Mantis	1 月 8 日	汉口	——
"海燕号"	——	汉口	
Petrel			
"矶鹬号"	——	长沙	——
Sandpiper			
"圣甲虫号"	——	芜湖	12 月 31 日
Scarab	12 月 31 日	南京	1 月 2 日
	1 月 4 日	上海	3 月 11 日
	3 月 14 日	南京	——
"燕鸥号"	——	宜昌	2 月 14 日
Tern	2 月 17 日	汉口	——

发件人:英舰"蟋蟀号"船长①

日期:1937 年 12 月 31 日

收件人:长江支队高级海军军官,海军少将

　　鉴于时势反常,呈递下列 12 月份活动情况的信件。

---

① 原件藏伦敦英国国家档案馆,海军部档案,长江支队档案,ADM116/3881 卷宗。

12月2日。海关巡逻艇"海星号"11时抵达南京,船的旗杆上悬挂着德国卍字旗。此前,领事曾向我透露,预期该船会来。她搭载着德国大使与中国外交部副部长。安排大使作为斡旋人,与蒋介石将军会谈,讨论停战协定,或者南京安全区。

"海星号"第二天早晨驶离南京,很可能没有达成任何协定。

11时35分,英舰"圣甲虫号"抵达,旗舰船长在该船上。

12月8日。"圣甲虫号"与"蟋蟀号"移往亚细亚火油公司上方设施对面的三叉河停泊。这个泊位可以让领事和武官每天前往领事馆,以使他们不必在岸上睡觉。

目前所有的外国人都被安置于"圣甲虫号"或"蟋蟀号",以及停泊在安全泊位的旧船、"黄埔号"、"万通号",与亚细亚火油公司的"滇光号"①上。

晚上,中国军队焚烧了和记洋行下游与老虎山附近的村庄,给予的原因是要清除障碍物,为城防的炮火提供开阔地。

12月9日。上午,中国人焚烧了下关与南京城墙根的村庄。

进行了相当系统地焚烧,除了惠龙饭店之外,外国房产没有受损。

15时15分,5架中型轰炸机轰炸了浦口江边一带。见到有些炸弹落入码头附近的江中,一个码头着火了。

原来在南京港的美舰"巴纳号"在空袭后立即变换泊位,加入在三叉河的英国军舰行列。

17时15分,"圣甲虫号"与"蟋蟀号"改换停泊的位置,加入停泊在安全泊位的船队。

12月3日至10日这段时间,每天都有空袭。目标为军用机场、芜湖至南京公路和附近的中国防线、浦口火车站与坐落在浦口后方约3英里的铁路小站和维修棚。12月8日防空警报不再拉响。

---

① 汽轮"滇光号"(S. S. *Tien Kuang*),731吨,为亚细亚火油公司在宜昌、重庆线航行的轮船。

空袭时没有见到空中有中国飞机,但是高射炮仍在开火,似乎比 11 月用的数量大为增加。

12 月 11 日。参见单独报告。

12 月 12 日。参见单独报告。

12 月 13 日 9 时,一支日军登陆部队沿江而下。大约由 700 至 800 人组成的这支部队与野战炮搭乘 14 艘摩托巡逻艇①和怡和洋行的拖轮"卢塔号"牵引的 9 艘舢板。后者由日本人操纵,悬挂日本旗。

9 时 25 分,3 架日本战斗机在空中审视观察位于仙人矶②的船队,与此同时,向船队俯冲多次。密切监视着飞机的动向,虽然不在视线之内,一旦见到飞机,射手便到高射机关炮的炮位上。白天有很多飞机在这艘船以及船队上空飞越。

晚上将美舰"巴纳号"的摩托艇收回来,该艇没有受损。

12 月 14 日 12 时 25 分,"圣甲虫号"驶往芜湖。

12 月 22 日,英舰"开普敦号"与船队抵达口岸。将亚细亚火油公司的"河光号"留在口岸,因为她的速度不够船队的 12 海里的时速。将物品转运给"蟋蟀号"之后,"开普敦号"与船队 13 时 45 分驶离。

12 月 25 日 12 时 5 分,汽轮"黄埔号"与拖轮"常德号"和"热海号"③一道从上海驶抵。

船长,海军少校

(签名)J. I. M. 爱希比

发件人:驻南京高级海军军官、英舰"蟋蟀号"船长④

---

① 此处英文原文 M. L. C. 为 Motor Launch Cruiser 的缩写。

② 仙人矶,此处英文原文为 Rosina,该地名也称 Rosina Rock,位于下三山上游约 10 英里。

③ 日本炮艇"热海号"(Atami)。

④ 原件藏伦敦英国国家档案馆,海军部档案,长江支队档案,ADM116/3881 卷宗。

日期:1937 年 12 月 17 日　　编号:564

收件人:长江支队高级海军军官,海军中将(抄发在上海的参谋长与情报参谋①)

　　呈递下列涉及 1937 年 12 月 11、12 日事件的单独报告。

　　12 月 11 日

　　在一起的船只有,"圣甲虫号"与旗舰船长、"蟋蟀号"、汽轮"黄埔号"、汽轮"万通号"、汽轮"常德号"、亚细亚火油公司的"滇光号"、"河光号"、怡和洋行搭载着很多英国公民及其财物的旧船、拖轮"顺和号"、②拖轮"太古号"、拖轮"和英号"、③美孚公司的"美安号"、"美平号"和"美夏号"。所有的船只都停泊在三叉河上游 2.2 英里处已通报的安全泊位,商船一经通知可立刻开行,"圣甲虫号"与"蟋蟀号"一经通知短时间内即可开航。

　　拂晓到整个上午都可以听到南岸猛烈的炮火声。14 时 25 分,两发炮弹射入离"蟋蟀号"左舷后部 20 码的水中。在此之后,是很规则间隔短暂的两发齐射炮弹,炮弹落在聚集在一起的船队与旧船周围。

　　商船立即向上游驶去,"圣甲虫号"与"蟋蟀号"加大蒸汽量。10 或 11 次齐射炮弹发射之后,所有的商船都开始行驶,炮火停顿了。

　　15 时 5 分,"蟋蟀号"起锚,牵引着太古 13 号驳船到旧船旁,停在北岸边,此时"圣甲虫号"行驶到旧船旁,松开系缆,在旁边牵拉该船。

　　"蟋蟀号"停下时,炮击又开始了,炮弹开始落在仍在往上游行驶的商船周围,此时——大约 15 时 30 分,在"蟋蟀号"上游一英里处。又发射了齐射两发的炮弹,炮弹蓄意紧随着往上游去的船队。观察到炮击够不着之际,很可能在船队驶到炮火的射程之外,炮击才停止。"圣甲虫

---

① 此处英文原文 S. O.（I）为 Staff Officer（Intelligence）的缩写。

② "顺和号"（S. T *Shunwo*）为怡和轮船公司的小型汽拖轮。

③ "和英号"（*Ho Ying*）为和记洋行的拖轮。

号"与怡和洋行的旧船,以及"蟋蟀号"带着驳船跟随着往上游行驶,于 18 时 30 分在南京上游 8 英里处停泊。

22 时 30 分,汽轮"黄埔号"驶回来,牵引旧船。"太古号"拖轮返回来接管驳船,与"圣甲虫号"和"蟋蟀号"一道驶往上游,于 12 月 12 日 0 时 10 分在下三山上游 20 英里处,加入船队其他船只的行列。"圣甲虫号"上的高级海军军官发电报将停泊地的位置通知总司令,收报时间为 21 时 55 分,请求将之通报给日本当局。

遭受的损失

亚细亚火油公司"滇光号"有 12 个小弹孔,弹孔都在水线以上。

亚细亚火油公司"河光号"被数个弹片击中。牵引的舢板中一名中国人受伤。

怡和洋行的旧船旁边的舢板中两名中国人被打死。

汽轮"黄埔号"左舷的救生艇有弹洞,弹片使船桥轻微受损。

发件人:驻南京高级海军军官、英舰"蟋蟀号"船长①

日期:1937 年 12 月 17 日　　　编号:565

收件人:长江支队高级海军军官,海军中将(抄发在上海的参谋长与情报参谋)

12 月 12 日

4 时 30 分,旗舰船长、领事与武官乘坐汽轮"常德号"前往芜湖,由"蟋蟀号"负责船队,"圣甲虫号"与船队在一起。如第一次袭击平面图所示,船队疏散开来。听到零星的野战炮开火,在离"蟋蟀号"约 2 英里的北岸上见到炮弹爆炸。8 时 15 分,美舰"巴纳号"与美孚公司的船队驶往

---

① 原件藏伦敦英国国家档案馆,海军部档案,长江支队档案,ADM116/3881 卷宗。

上游。"巴纳号"在"蟋蟀号"旁停下,将"河光号"上受伤的中国人转交过来,并告诉我,观察到炮弹在他的船后面600码处射入江中,他将驶往南京上游23英里处的停泊处。由于我船队的泊位已报告给总司令,我决定留在这儿,等候形势发展,要求船只待命可立即开行。

10时见到日军部队在北岸下三山灯塔上游处登陆。登陆部队由一艘拖轮,旁边有一趸船,14艘摩托巡逻艇与三艘舢板组成,搭载着约700人和大约4或5门野战炮。运送一门野战炮在下三山灯塔处上岸,显然瞄准着船只。

12时,船头架着机枪,搭载着持步枪军人的5艘摩托巡逻艇,围绕着船队行驶,进行检查。经过"蟋蟀号"时,领头的摩托艇船首的军官向我敬礼。我向他回礼。驶经旧船时,他们大声喊道,"不要怕,我们不会伤害你们"。

整个行动进行得很漂亮,也很有效率。显然对我们的真诚善意感到满意,将野战炮运回船上,整个登陆部队驶往下游。他们的离去,以及显而易见的友好态度使我们宽慰了不少。

13时25分,观察到三架小型战斗机在大约4000英尺的高度从下游飞来。它们飞越船队,掉头,立即俯冲轰炸。由于完全出乎意料的袭击,飞机的噪音与炸弹的爆炸声,很难传达命令;然而,"蟋蟀号"与"圣甲虫号"的路易斯轻机枪发射了几梭子弹。每架飞机俯冲了三次,从1000英尺的高度投下8枚炸弹。袭击持续了4分钟,飞机往下游飞走。估计为20至30磅的炸弹。参见第一次袭击的平面图。

我立即将旧船与汽轮"黄埔号"上的外国人转移到"蟋蟀号"上来,并命令船队起锚,疏散开来。我布置了飞机观察哨,清除了次要的武器装备。14时30分观察到三架中型轰炸机以V型编队,在大约7000英尺的高度从下游飞来。它们飞临这艘船的正上方。由于不愿意引发另一次袭击,希望第一次袭击是个误会,故意等到炸弹投下才开火。比第一次袭击时更重的6枚炸弹一起投下。参见第二次袭击的平面图。炸弹有 50 到 75 磅重。由于飞机消失在太阳的那个方向,看不见了,3 英寸炮只发射了一轮炮弹。

16 时 10 分,转运外国人和行李的工作完成,汽轮"黄埔号"和旧船便开行,我乘摩托艇,登上"黄埔号",发布命令,这时见到三架小型战斗机以 V 型编队从下游飞来。如同第一次袭击,立即俯冲轰炸。目标似乎是汽轮"黄埔号"、旧船与"蟋蟀号"。"蟋蟀号"与"圣甲虫号"以 3 英寸炮、高射机枪与路易斯轻机枪开火。三次俯冲,投下 4 枚炸弹。参见第三次袭击的平面图。两艘船上操纵得极好的炮火似乎赶走了飞机。飞机往下游飞走。

由于此时将旧船遗弃,我将它泊于靠近南岸,以使汽轮"黄埔号"更加自由地航行。

这时,所有船上的中国人都惊惧异常,几乎失控。因此,在各船长会面时作出决定,所有船只间隔 3 到 4 缆距沿着也很陡峭的北岸散开。这样的安排可使:

1. 将目标分离开,对任何一艘船都需要特定的袭击。

2. 泊在岸边将易于救援,尽可能少地减少溺水造成的人员损失。

3. 在这个位置,中国难民可以躲进芦苇丛,或者,如果他们愿意,可以离船而去。

4. 船长与军官的安全,袭击时可以上岸。

天黑之后,执行了决定,"蟋蟀号"与"圣甲虫号"行驶过来,拉开距离,离开岸线三缆距停泊。

我应该请您注意,就在这一天,我得到 P. H. 蒙罗-福勒先生、亚细亚火油公司"滇光号"船长 E. 杰考伯斯、汽轮"黄埔号"船长麦肯兹、汽轮"万通号"船长 D. 布隆契极大的帮助与合作。

妇女与平民难民整个一天内的行为举止都非常得好。

驻南京高级海军军官

海军少校

(签名)J. I. M. 爱希比

第六章　美国海军情报

回复参阅

文件编号：

PR5/A8—2(662)

保密

美国亚洲舰队

长江巡逻

美舰"巴纳号"①

中国南京

1937 年 11 月 15 日

发件人：船长

收件人：亚洲舰队总司令

---

① 原件藏华盛顿特区美国国家档案馆，第38 档案组，海军军事行动部部长办公室档案，1929 至 1942 年海军情报来往信函，第 194 文件盒，A8—2/FS♯2 文件夹。

主题：截止于 1937 年 11 月 14 日的一周情报摘要

作为驻防舰艇，停泊在中国南京。南京平静。

政治与军事

1. 上个星期，日本空军对南京进行了两次空袭。第一次空袭发生在 11 月 10 日午后，12 架轰炸机在 3 架驱逐机护航下，在大约 10000 英尺的高度飞越南京军用机场一带上空，投下几枚大型炸弹。炸弹落在附近的空地上，没有在地面上造成什么损坏。中国驱逐机没有像往常那样升空，因为这里的中国军事当局真诚地相信，那样做不仅使在空中的中国驱逐机的飞行员遭遇到下方高射炮的猛烈炮火，也会削弱高射炮最大数量地发射炮弹的能力，而且高射炮的炮火的最终目标是击落日本轰炸机的同时，一发或多发炮弹具有击中中国飞机的危险。中国的防空炮火效率低下，相当薄弱。犹如在前几次空袭中，绝大多数炮弹似乎一直落后于敌机编队。值得关注的是，总是在一阵高射炮弹打到一个轰炸机 V 型编队近旁时，轰炸机便纷纷离开编队，单独进行轰炸行动，然后在远处加入编队。这个方法显然最大限度地保护了飞机，同时也没有妨碍飞机各自实现它们的目标。发生在 1937 年 11 月 11 日这个星期的第二次空袭是空中战术中非常有趣的研究实例。9 架轰炸机与 3 架驱逐机在 9000 英尺的高度从下游飞来。根据可靠的观察人员的报告，飞机分 4 组飞进来，每一组都是 V 型编队。中国的机关炮与高射炮立即开火，但是炮火显得太低，总是落后于目标。第一组轰炸机紧跟在驱逐机后面飞进来，直接飞往光华门外的军用机场，连续投下 12 枚炸弹。几分钟之后，第二组轰炸机出现了，投掷 8 枚炸弹。除了一架轰炸机，所有的飞机都在南面消失，这架轰炸机离开编队，飞临飞机场上空，投下 4 枚炸弹，然后，在大约 6000 英尺的高度绕城飞经发电厂、金陵大学和美国大使馆。当这架飞机再次飞抵飞机场附近时，它突然燃烧起来，仿佛以最后一个雄伟的姿态升腾而起，缓慢地成为燃烧着烈焰的辉煌弯曲轨迹直抵大地。没有什么能够比那最后的一幕更能振奋当地的民众了。在下关与南京,到处都是欢呼的人们。在此前对此沉闷寂静的氛围中,士气似乎提升得极为高昂。根据来自中国民间的消息,并经中国空军发言人,黄上校证实,该飞机是被安装在卡车上,由4门75毫米可以同时发射,火力猛烈的高射炮组成的新型机动组合炮击落。黄上校还证实了当地报纸报道的第二架飞机在南京上游8英里,位于长江南岸的江宁镇被击落。轰炸一直都是在平飞时进行。中国人使用了大约80发高射炮弹。

2. 由美国大使海军馆联络官 H. T. 杰雷尔海军上尉[1]收悉并报告,在苏州所作的极为可靠的观察,其梗概引述如下:

从苏州乘坐汽车旅行仅7个小时,于11月12日9时抵达南京的有下列人员:

(a) 在北平学习语言的美国陆军萨瑟兰德上尉,[2]在苏州待了三个月后,将经由济南府与青岛回北平。萨瑟兰德上尉11月12日下午离开浦口去济南府。

(b) 麦克纳提先生[3](美国长老会,中国国际救济会成员)来南京代

---

[1] 亨利·汤姆逊·杰雷尔(Henry Thompson Jarrell, 1903—1995)1903年6月22日出生于乔治亚州莱格兰吉(Lagrange),1927年毕业于美国海军学院,1932年12月至1935年在美国驻北京大使馆任学习汉语的见习官员。他曾担任美舰"劳伦斯号"(USS *Lawrence*)的舰长。此后,在美国几个驻外使馆担任海军武官。他1995年10月29日在其出生地莱格兰吉逝世。

[2] 埃德温·麦库姆·萨瑟兰德(Edwin Malcolm Sutherland, 1897—1967)1897年2月7日出生于宾夕法尼亚州基特宁(Kittanning),1919年毕业于西点军校,此后长期在美国陆军服役,1934年6月调往中国秦皇岛在美军第15步兵团任职,1935年7月到美国驻北平大使馆任学习汉语的见习官员,以后依次晋升至少校直至上校,1941至1943年,在美国驻中国军事使团任职。1967年8月17日在加州圣塔·巴巴拉(Santa Barbara)逝世。

[3] 亨利·奥古斯特·麦克纳提(Henry Augustus McNulty, 1874—1950)1874年2月22日出生于新泽西州的西桔(West Orange),1895年毕业于普林斯顿大学,并于1904年在纽约普通(General)神学院获得神学学士。1909年作为圣公会的传教士前往中国苏州工作,1937年中日战争爆发之际,他留在苏州协助难民直至日军攻占该城。1950年7月10日在纽约逝世。

表国际救济会和约翰逊大使①会晤。麦克纳提牧师与大使会晤的结果是,后者打电话给高思先生,请他和上海的日本文职与军事当局取得联系,要求在苏州为难民划出一块中立区。

(c)瑞斯医生②(美国长老会,中国国际救济会红十字分会)在南京为接收苏州四所红十字会医院的病人与工作人员作安排。

上述提及姓名的人员对苏州的情况报告如下:

(1)11月9日至11日,12至20架日本飞机持续轰炸苏州。在铁路沿线投下170枚炸弹,但是除了能够迅速修理好的损坏之处,没有造成什么损害。城里以及周围地区18个不同的地点遭到轰炸。苏州现在没有照明、电力、电话与电报。日机撒下传单,警告人们在11月13日之前撤离苏州,届时该城将遭到"不加区别地任意"轰炸。

(2)中国人中一直有传言称日本人在使用意大利造的飞机。

(3)中国人在苏州地区没有飞机,他们20毫米高射炮的有效射程很差,至今没有击落日本飞机。

(4)中国人从苏州地区向南京方向撤退。军用物资也在向那个方向运送。从苏州往南京途中,三个人都没有遇到往苏州开拔的中国军队。由于所有的交通工具都被军队征用,苏州的老百姓都非常惊慌。有掳掠、强奸案的报告,但是没有袭击外国人的行为,也没有普遍的敌视外国人的情绪。

---

① 纳尔逊·图鲁斯勒·约翰逊(Nelson Trusler Johnson, 1887—1954)1887年4月3日在华盛顿特区出生,曾就读乔治·华盛顿大学,1907年进入外交界,在美国驻沈阳、哈尔滨、汉口、上海、重庆等使领馆工作。1921年任无任所总领事。1925年任国务院东亚事务部主任。1929至1941年任美国驻中国大使。1941年调任驻澳大利亚大使。1946年被任命为远东国际委员会秘书长。约翰逊1952年退休,1954年12月4日因突发心脏病在华盛顿特区去世。

② 埃德蒙·李·瑞斯(Edmond Lee Rice, 1905—1992)1905年3月1日出生于阿拉巴马州阿尔伯特维尔(Albertville),毕业于阿拉巴马州的南伯明翰学院,1931年在亚特兰大的埃默利(Emory)大学获医学博士,1934年作为卫理公会的教会医生前往中国,并一直工作到1941年。回到美国后做外科医生,在北卡罗莱纳州行医。1953至1961年,在巴基斯坦拉合尔(Lahore)的教会医院中担任医疗主任兼首席外科医生。此后,在美国南卡罗莱纳州行医,直至1975年退休。他1992年8月19日在北卡罗来纳的爱希维尔(Ashville)去世。

（5）11 月 12 日至 13 日经铁路、汽车和其他交通工具从苏州撤出 2500 名伤兵。他们的目的地是南京,南京的红十字会医院要扩充,需要时设立新的医院。美国长老会医院的 125 名医务人员也调来南京。

（6）萨瑟兰德上尉说顾祝同将军①的司令部已迁离苏州。

3. 麦克休上尉② 11 日与端纳先生会谈,后者让他放心,蒋介石的健康状况大为改善,比以往任何时期更为活跃,并没有把权力交给他人。如果是真的,这和在上海传闻的谣言大相径庭,谣言说蒋的将星已黯然失色,逐渐被束之高阁,让位于其他将军。

4. 来自德国顾问的可靠消息显示,准备就绪的中国驱逐机停放在南京地区的 5 座临时机场上。这些飞机存放在目前隐密的地方,以备将来的军事行动所用,但不会在防卫南京本身,防空袭中使用。

5. 在与可靠的英国人士的谈话中获悉,除了几大批英国“布宁”高射机枪③之外,英国政府最近以欠贷的形式,向中央政府提供 75 架型号不明的飞机,这些飞机与高射机枪经由香港收到。

6. 美国大使馆的秘书爱契逊代表美国红十字会交给卫生署署长刘

---

① 顾祝同(Chu T'ung Ku, 1893—1987)1893 年 1 月 9 日出生于江苏涟水,1919 年毕业于保定军校后,在军中晋升迅速,升任第 9 军军长,第三战区司令(1937—1945),中国陆军总司令(1946—1947, 1949),总参谋长(1948—1949)。他 1949 年前往台湾,1987 年 1 月 17 日在台北逝世。

② 詹姆斯·马歇尔·麦克休(James Marshall McHugh, 1899—1966)1899 年 12 月 27 日出生于密苏里州的内华达(Nevada),1922 年毕业于美国海军学院后于 1923 年前往中国学习汉语。他的岳父杰考布·古德·舍曼(Jacob Gould Schurman)曾经于 1895 至 1920 年担任康奈尔大学校长,1923 年时任美国驻中国公使。1937 年 10 月,麦克休是美国海军陆战队上尉,在美国驻南京大使馆任助理海军武官。他 1940 至 1943 年任驻中国大使馆海军武官,1946 年退役,于 1966 年 11 月 7 日在马里兰州尼德伍德森林(Needwood Forest)逝世。

③ “布宁”高射机枪(Brenn 或 Bren Anti-aircraft Guns)为 1930 年代英国人根据捷克斯洛伐克轻机枪改进的多种型号的轻机枪。该枪的改进型号一直沿用到 1990 年代。布宁机枪安装了高射架后,可以作为高射击机枪使用。

瑞恒先生①一张 73000 元的支票。

7. 11 月 15 日,纳尔逊·杜鲁斯勒·约翰逊大使在美国海军少校 J. J. 休斯、②美国海军陆战队上尉 J. M. 麦克休与美国海军上尉 H. T. 杰雷尔的陪同下,非正式地拜访了中国海军部部长 S. K. 陈海军上将。③

(签名)J. J. 休斯

抄发:

长江巡逻司令(2 份)

长江巡逻(1 份)

美国驻南京大使馆(1 份)

驻防南京舰艇(1 份)

存档

---

① 刘瑞恒(Jui-heng Liu,1890—1961)1890 年 6 月 10 日出生于天津,1909 年毕业于哈佛大学,并于 1915 年获得哈佛医学博士。在上海与北京做外科医生与从事医学行政工作之后,他于 1928 年成为中国首任卫生署署长,1931 年兼任中国军队外科总医师。他 1949 年前往台湾,1961 年 8 月 26 日在纽约逝世。

② 詹姆斯·约瑟夫·休斯(James Joseph Hughes,1898—1953)1898 年 11 月 23 日在纽约出生,1919 年毕业于美国海军学院,在法国任职以后,于 1933 年到海军作战部工作,1936 年 6 月到中国担任美舰"巴纳号"舰长。1937 年 12 月 12 日,日军炸沉"巴纳号"之际,他受重伤。以后出任美舰"伊莱克确号"(USS *Electra*)舰长。他 1945 年从海军退役,1953 年 11 月 24 日在华盛顿特区逝世。

③ 陈绍宽(Shaokuan Chen,1889—1969)1889 年 10 月 7 日出生于福建闽侯(今福州),1908 年毕业于南洋水师学堂,1915 年成为舰长,1917 至 1920 年在海外游历,访问日本、美国、英国等国海军,1918 年在伦敦担任中国驻英国大使馆海军武官,1930 至 1932 年任中国海军部代理部长,1932 至 1938 年任海军部部长,1938 至 1945 年任海军总司令。1949 年以后担任福建省副省长,1969 年 7 月 30 日在福州逝世。

回复参阅

文件编号：

PR5/A8—2(671)

保密

美国亚洲舰队
长江巡逻
美舰"巴纳号"①

中国南京

1937 年 11 月 22 日

发件人：船长

收件人：亚洲舰队总司令

主题：截止于 1937 年 11 月 21 日的一周情报摘要

在中国南京的美舰"吕宋号"②上的长江巡逻司令停泊在一起。南京平静。

政治与军事

1. 上个星期，完成了及时从南京撤出大部分负责中央政府事务的中国政府的高级官员所做的大量准备工作。这些准备工作包括撤出在南京所有的中国行政机构，只留下精干的队伍开展工作，直至行政机构在长江上游地区建立起来。中国行政官员的家属以及家庭用品每天都在

---

① 原件藏华盛顿美国国家档案馆，第 38 档案组，海军军事行动部部长办公室档案，1929 至 1942 年海军情报来往信函，第 194 文件盒，A8—2/FS♯2 文件夹。

② 美舰"吕宋号"(USS *Luzon*)是美国亚洲舰队长江巡逻分队的旗舰。1927 年在上海江南造船厂下水。舰长 211 英尺，排水量 500 吨，乘员 80 人。该舰于 1941 年从上海驶往菲律宾，于 1942 年 5 月 26 日日军攻击马尼拉时，在港内自沉。日军打捞并且修理，易名"唐津舰"，编入日本海军，属于第 3 南遣舰队。美军 1945 年反攻马尼拉时，美国潜艇 USS *Narwhal* 号（SS-167）将其击沉。

撤离,前往汉口,有些人将留在那儿,其他人则将继续行程前往重庆或长沙。中央政府目前决心坚定地捍卫南京。为了协助实现这一迫在眉睫的目标,每天都有成千上万的部队从内地抵达南京,增援从上海后撤的防线。其中的一些部队受过很好的训练,然而,大部分部队由于只有很短的时间训练,并没有那么幸运。那些需要进一步军事战略指导的部队留在南京附近,强化训练,训练完成之后,将被送往前线。在南京配备现代武器装备,以取代内地部队带来的所有老旧过时的武器装备。希望采用这一计划来提供效率高并有战斗力的部队,凭借训练与装备,将果断地击败进攻的敌军。在南京的合众社记者爱泼斯坦①表示,肯定可以依赖苏联的援助,提供航空物资、飞机,还有俄国飞行员。飞机最近从苏联领土的几处不明的地点由俄罗斯飞行员驾驶飞往陕西西安府。这些飞机然后或者装箱运往汉口,或者飞往某个中继机场,然后拆解,再装运走。

2. 11 月 17 日在下关,数以百计的中国难民试图乘上驶往上游的轮船之际,似乎引起了很大的混乱。观察到大量私人财物与家庭用品堵塞了主要干道的交通,此时中国官员试图在人群中维持秩序。从中央政府得知,蒋委员长决定要不惜一切代价将保卫南京的战斗进行到底之后,中国平民将下关和南京的一些区域整个地撤空,急切地迁往中国内地去。当地的通讯设施中断了,电线被拆除。后来得知只有政府机构之间才允许使用电话通讯,所需的线路将置于地下,加以保护。将重建与美国大使馆的通讯联络,相信将会持续下去。已迅速采取措施来防守南京。如果,或者在日本人成功地突破现有的封锁障碍之际,相信南京为

---

① 伊瑟雷尔·爱泼斯坦(Israel Epstein, 1915—2005)1915 年 4 月 20 日出生于波兰华沙,2 岁时随父母迁居中国天津,15 岁便开始进行新闻报道,1937 年中日战争爆发后,他为合众社和其他西方通讯社报道抗日战争。1944 年,他在延安生活了 6 个月,会见毛泽东与其他中共领导人。此后,他在美国生活了 5 年至 1951 年宋庆龄邀请他回中国担任英文刊物《中国建设》(China Reconstructs)的总编辑。文化大革命期间他被监禁了 5 年,2005 年 5 月 26 日在北京逝世。

激烈的战斗已经做好充分的准备。南京的报告显示,在这个方面中国军队正在建立坚强的防线来抵御进攻的敌军,他们在坚守一道缓慢后撤的防线,直至足够的增援部队与现代武器装备准备就绪。中国军事当局相信这个星期将完成最后的作战计划,中国军队将立即实施这些进攻战略。

(签名)J. J. 休斯

抄发:

长江巡逻司令(2 份)

长江巡逻(1 份)

美国驻南京大使馆(1 份)

驻防南京舰艇(1 份)

存档(1 份)

回复参阅

文件编号:

A8—2(1944)

保密

美国亚洲舰队

长江巡逻

美舰"吕宋号"(旗舰)①

中国南京

1937 年 11 月 22 日

---

① 原件藏华盛顿美国国家档案馆,第 38 档案组,海军军事行动部部长办公室档案,1929 至 1942 年海军情报来往信函,第 194 文件盒,A8—2/FS♯2 文件夹。

发件人:长江巡逻司令

收件人:亚洲舰队总司令

主题:截止于 1937 年 11 月 21 日的一周情报摘要

1. 政治与军事

中国军队的防御在上海西面"兴登堡防线"附近溃败,以及日军迅速向南京的推进,在中国首都造成普遍的惊恐,正在仓促地准备,如果需要的话,将政府撤往内陆的地点。来自目前遭受日军进攻地区成千上万的非作战人员与难民,疯狂地蜂拥在南京的江边一带,乘坐江轮。预料首都最终会被日本人占领,许多外国人纷纷离开。政府星期天(21 日)正式宣布将迁往内陆的港口城市,要求外国使馆尽早离开。政府各部门将迁往汉口、长沙与重庆,在某些情况下,各部的下级官员与职员已经离开。外国使馆已制定好计划,一旦外交部长确实离开南京,他们便跟随外交部一起走。据悉,外交部与财政部、卫生署一起暂时在汉口安置;交通部将搬迁至长沙。行政院则迁往重庆。为了便于政府的迁离,方便大批平民百姓撤离首都,政府征用了所有目前在江阴横江障碍上游的长江上运行,注册的中国轮船。人们普遍认为到下个星期二,所有的部门将与蒋委员长一道离开南京。

有谣言一直在首都流传说,蒋委员长与白崇禧就抵御日军,防守南京一事意见相左;白申辩无法成功地防守首都,而蒋委员长申称能够办到。此外,长时间传播较广的有关中央政府即将大改组的传言,相信背后有些真实的依据。据悉,蒋介石将军长期以来一直得到劝告,要将某些不合作与无所事事的军官与文职官员清洗掉。中央政府撤离南京是采取这一行动的恰当时机,只要将受清洗者留下来就完事了。这个星期后半段流传,前任外交部长张群被处决的消息毫无根据。来自接近蒋委员长的消息说,蒋介石的健康状况大为改善,比以往任何时期更为活跃,并没有把权力交给他人。如果是真的,这和在上海听说的谣言大相径庭,谣言说蒋的将星已黯然失色,逐渐被束之高阁,让位于其他将军。

2. 飞机的活动

日本的飞机在镇江上游各港口的活动仅限于对南京的一次空袭。15 日,由三架驱逐机护航,三架轰炸机在南城墙外的兵工厂附近投下几枚炸弹。造成的损失微不足道。中国的高射炮向空袭者开火,但并不奏效。空袭时,没有中国飞机升空。出现在城市上空的轰炸机从东面飞来,在大约 8000 英尺的高度进行轰炸。它们在西面消失后,又出现了,在军用飞机场附近投下约 10 枚炸弹。

中国政府从苏联订购的 100 架飞机中的 50 架在兰州(甘肃首府)已有一段时间了。其中的 19 架飞机最近抵达南京地区,预计其他的不久将抵达。据报道,50 架飞机中有一半是轻型轰炸机,一半是驱逐机。

据来源可靠的消息,中国政府最近从某个外国政府购买了 60 架教练机,三个月后交货。据进一步的报道,这些飞机将在云南府①装配,并在那儿设立一个飞行员培训学校。

在汉口的中国当局声称,配备有现代控制设施、探照灯与便携装置的高射炮已运往那座城市,防卫城市遭空袭。预期在不久的将来,武汉三镇将遭受来自华北,很可能是在山西太原的日本基地的猛烈空袭。从这一点,飞机可以抵达从重庆至南京之间长江上任何一点,将比目前从上海、台湾飞到汉口的距离短得多。

3. 部队的调动

装备很差的部队继续从上游的港口抵达南京。绝大部分来自四川。据悉,已经有 15 万这样的地方部队部署在南京与苏州之间。他们作为有效作战部队的价值是有疑问的。在南京的(中国)平民百姓特别担忧万一这些部队退回南京聚众闹事。

4. 长江上增设的横江障碍

———————————

① 即云南昆明。

万一目前在江阴的横江障碍被日军突破,一般希望立即增设横江障碍。包括装满石头的帆船为主的物资在镇江下游的焦山附近准备就绪已经有一段时间了。另外选择的地点是在镇江上游 20 英里处的莫里森(Morrison Point)。观察到数以百计的苦力在附近的山上炸石头,集中堆放在小孤山那儿的长江南岸。同样有很多帆船在那儿结集。在九江的中国地方当局要求长江巡视员巡查这段长江,就适合建横江障碍的地点提出建议。就在小孤山下游的马垱似乎是已作出决定的地点。美孚石油公司与亚细亚火油公司将他们较大的轮船结集在镇江附近,以期万一日本人突破江阴横江障碍,便可驶往上海。

(签名)E. J. 马阔特①

抄发:

长江巡逻

第二海军陆战旅

海军武官

回复参阅

文件编号:

PR5/A8—2(673)

保密

---

① 爱德华·约翰·马阔特(Edward John Marquart,1880—1954)1880 年 3 月 11 日出生于印第安那州的瓦尔帕莱索(Valparaiso),1902 年毕业于美国海军学院,曾参加对西班牙作战、菲律宾战役和镇压古巴作战。曾担任万吨级美舰路易斯维尔号(USS *Louisville*)舰长,1936 年晋升为海军少将,1937 年 2 月至 1938 年在美国驻中国长江巡逻支队担任司令。他曾担任美国在菲律宾卡维特(Cavite)海军船厂司令(1933—1937)与纽约布鲁克林(Brooklyn)海军船厂司令(1941),他 1944 年退役,1954 年 11 月 4 日在加州帕斯蒂那(Pasadena)逝世。

美国亚洲舰队
长江巡逻
美舰"巴纳号"①

中国南京

1937 年 11 月 29 日

发件人：船长

收件人：亚洲舰队总司令

主题：截止于 1937 年 11 月 28 日的一周情报摘要

作为驻防舰艇，停泊在中国南京。南京平静。

政治与军事

1. 上个星期，主管官员促使了中国中央政府在南京巨大而迅速的变迁。1937 年 11 月 26 日所有的政府部局都完成了从南京的撤离，只留下精干的人员处理事务，直至各机构团体在内地各个中心调整好。蒋委员长将所有民政事务的职责移交给宋子文，他专注于目前由他亲自掌管的所有军事目标。整个星期，成千上万的中国非作战人员继续从南京撤离直至 1937 年 11 月 27 日，有报告显示大规模的撤离已经停止。城市目前在军事当局的控制之下，军事当局正迅速地为预期不久即将展开的重要战役作准备。正在修筑南京城内与四周城墙上的坚固工事，修建了更多的战壕。正在将一个星期前拆除的官方通讯线路埋设到地下的管道内，加以保护。所有的公共汽车与出租车都移交给军事当局管辖。江边沿线有很多野战炮、拆卸的飞机、装载着成千上万步枪与机枪、成千上万箱弹药，以及成堆棉布军装的卡车。根据可靠的估计，中国现有的弹药储

---

① 原件藏华盛顿美国国家档案馆，第 38 档案组，海军军事行动部部长办公室档案，1929 至 1942 年海军情报来往信函，第 194 文件盒，A8—2/FS♯2 文件夹。

备可以支撑 5 个月的围攻。经证实的报道显示,苏联在这一地区对中日关系的介入并不少,尽管已有一些俄国飞机在这儿,更多的将运来。还没有俄国飞行员确实在南京的报道,但是他们已定于不久抵达。目前中国飞行员驾驶俄国飞机,进行防空作战,但是不很成功。据当地军界流传的说法,这归咎于经验不足与中国飞行员不熟悉新型飞机。负责的人士在数个场合提到,虽然俄国飞机比类似的日本飞机速度快,但是不容易操纵,显然更难控制。尽管有困难,预计中外飞机都会在中国人防守南京战役的最后阶段发挥重要作用。

2. 从法国军舰"阿密哈勒·夏内号"①收到报告,称她 1937 年 11 月 27 日从镇江驶抵南京之际,观察到由两艘货船、链锁在一起的 5 艘旧船,以及大量装载着石头的帆船组成的新横江障碍准备就绪,在老盐圩下游 400 码,南京海关下游 16 英里处沉入江中。也注意到附近有数座坚固的工事。相信为南京提供充分防御最后阶段的准备工作之一,便是将这些船只沉入江中,由此,构筑新的,也许比目前已经设置的更为有效的横江障碍。没有收悉是否在那儿布雷的消息。作为附件 A,附上这一新横江障碍地点的草图。

3. 这个星期在南京平均一天两次拉响了很多防空警报。1937 年 11 月 24 日下午的空袭意味深长,因为由 7 架驱逐机护航的两架轰炸机,自从 1937 年 9 月 25 日以来第一次在城墙内的一个地段投下 20 枚 25 磅重的炸弹,炸死 40 名平民,其中包括 5 个儿童。炸弹落在国家美术馆附近,离行政院的办公地点很近。中国驱逐机没有升空,但是在空袭的整个过程中,高射炮持续进行了迅速,然而效果不佳的反击。

(签名)J. J. 休斯

抄发:

---

① 从法国军舰"阿密哈勒·夏内号"(R. F. S. *Amiral Charner*),1970 吨,1932 年建成,主要在法属亚洲与非洲的殖民地游弋,1945 年 3 月拆解。

长江巡逻司令(2 份)

长江巡逻(1 份)

美国驻南京大使馆(1 份)

驻防南京舰艇(1 份)

存档

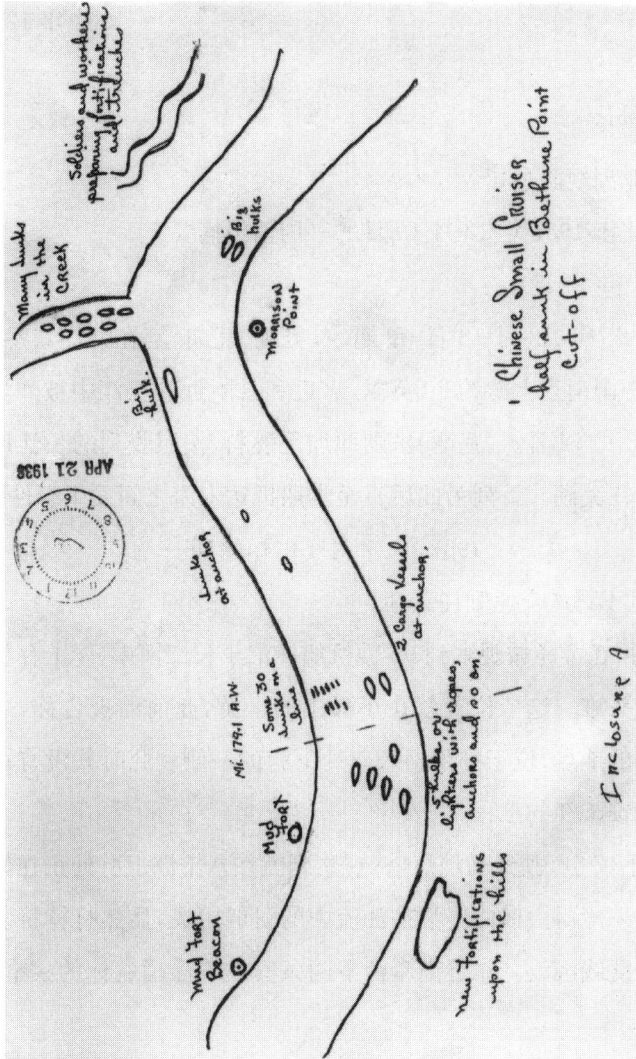

PR6/A8—2(580)

美舰"瓦胡号"①

中国上海

1937 年 12 月 20 日

保密

发件人:船长

收件人:亚洲舰队总司令

主题:截止于 1937 年 12 月 19 日的一周情报摘要

1. 1937 年 12 月 13 日,星期一,美舰"瓦胡号"在九江获悉美舰"巴纳号"在中国南京上游约 20 英里,靠近和县附近的长江中被炸沉。轰炸发生在 12 月 12 日。"瓦胡号"随即加足燃料,按照收到的长江巡逻司令的命令驶往芜湖。下列为此后直至本船抵达上海之间发生事件的陈述。

1937 年 12 月 13 日,星期一

13 时 47 分,全速驶往芜湖。

15 时,在彭泽城观察到 95 艘帆船停泊于长江南岸,岸上存放着数量巨大的石头堆。这个位置就在小孤山的上游,此前的报告称,这是修筑横江障碍的地点,位于鄱阳湖入口处下游的一侧。此时并没有在这个位置实施封锁长江的工程。

16 时 17 分,驶经马垱灯塔,观察到就在八宝洲上游处正在修建横江障碍。这一障碍由横向停泊在江流中的帆船组成,显然打算将装载石头的帆船沿此线沉没。靠近南岸留下两条安放着浮桶航标的狭窄航道,本

---

① 原件藏华盛顿美国国家档案馆,第 38 档案组,海军军事行动部部长办公室档案,1929 至 1942 年海军情报来往信函,第 194 文件盒,A8—2/FS♯2 文件夹。

船减速,沿最靠岸边的航道行驶。那时,在附近显然没有监管机构控制通过障碍的航行,有一艘中国江轮在本船前面通过。

19时6分,驶经安庆宝塔。[1]

24时停泊在吴淞上游277英里处,[2]等候天明,然后按先前的指示,驶向芜湖。

1937年12月14日,星期二

4时57分,往下游行驶。

7时,行驶至芜湖上方,等待英舰"瓢虫号"发出认为本船可以安全进港的"畅通"信号。收到"畅通"信号之际,"瓦胡号"行驶到"瓢虫号"附近停泊。此后,接到"瓢虫号"船长称船只处于危险之中的信息,观察到江边隐蔽在稻草堆下的日军岸炮阵地。

8时,"瓦胡号"并排停靠在"瓢虫号"旁,避离岸炮。观察到芜湖很平静,已在日军的控制之下。有一些焚烧、摧毁的痕迹,但是城市的主要建筑似乎完好。遭到轰炸与焚烧的怡和洋行汽轮"德和号"旧船停靠在"瓢虫号"前面的趸船边。"瓢虫号"显现遭受炮击的累累伤痕。

8时30分,接到下游军事当局已收悉我们将抵达的信息之后,"瓦胡号"全速驶往下游。

10时,驶抵吴淞上游221英里处,英舰"蜜蜂号"与数艘日本军舰停泊在那儿。观察到汽轮"美夏号"与"美平号"停靠在南岸铁矿码头上,两艘船仍在燃烧。观察到汽轮"美安号"在北岸通往和县水道入口处的下游处搁浅。不见"巴纳号"的踪影。

10时16分停泊于吴淞上游220英里,英舰"蜜蜂号"附近。

船长拜访了英舰"蜜蜂号"上的长江支队海军少将。得悉已经和处在北岸内陆小城和县的"巴纳号"幸存者取得联系,下午将派小船沿水道

---

[1] 坐落于安庆江边港区附近迎江寺的振风塔,又名万佛塔,建成于明代隆庆四年(1570年)。由于临江而立,佛塔还具有导航的功能。

[2] 当时以吴淞口为基准点来计算长江航道上的里程与船舶在长江航道上的位置。

行驶过去接他们。白天在场的日本舰只包括日本军舰①"八重山号"、②"保津号"、"鹊号"③与"鸿号",④以及其他一些船只。一架日本医院飞机上午抵达,下午离去。日本大使、长谷川海军中将与近藤海军少将的代表拜访了"瓦胡号"船长,对"巴纳号"事件表示遗憾,致哀。

13时,接来美孚公司的官员与7名"巴纳号"的水兵幸存者,轰炸时他们在美孚公司的船上。

15时,"瓦胡号"副船长与汽轮"美夏号"船长乘小艇到认为是"巴纳号"沉没的水域探查。无法确切断定船的位置,但是,根据水面上的油膜可确定大致的位置。这一水域的水深7至10噚。⑤ 没有发现油与碎屑。

15时52分,与英舰"蜜蜂号"一起行驶,停泊在通往和县水道的入口处。

16时25分,派遣了所有的船只沿和县水道,到和县去接幸存者。

17时50分,英舰"瓢虫号"从上游驶抵。

1937 年 12 月 15 日,星期三

1时15分,接来10个担架抬来的伤员,"巴纳号"的幸存者,其中包括船长和副船长。"巴纳号"幸存者分乘"瓦胡号"与"瓢虫号"。

4时,从英舰"蜜蜂号"接收"巴纳号"的舷外摩托艇。

10时04分,停泊于英舰"蜜蜂号"旁,以便转运幸存者。

12时,接收了 C. L. 恩斯敏杰和意大利记者尚德洛・赛德利的遗体。

12时58分,在日本军舰"鹊号""鸿号"的护航下,与英舰"瓢虫号"一道驶往上海。

13时30分,行驶至一艘日本汽艇,接收汽轮"美安号"船长 C. H.

---

① 此处英文是 H. I. J. M. S. ,为 His Imperial Japanese Majesty Ship 的缩写。

② 日本海军敷设舰"八重山号"(*Yaeyama*)。

③ 日本鱼雷艇"鹊号"(*Kasasagi*)。

④ 日本鱼雷艇"鸿号"(*Otori*)。

⑤ "噚(fathom)"为测量水的长度与深度单位,1 为 6 英尺或 1.829 米。

卡尔顿和不知名的中国籍舵手的遗体。

15时7分,与下三山的英舰"蟋蟀号"联络,接收了"巴纳号"的摩托艇。

16时17分,根据日本舰艇的指示,停泊在南京上方,靠近北岸处,观察到数艘日本陆军的汽艇在南岸附近巡逻。一艘汽艇用机枪扫射从上游漂流下来的筏子上发现的两名中国苦力。英舰"瓢虫号"在附近巡航,停下来,把两个中国苦力接上去。日本军舰"鹊号"大致以下列内容警告英舰"瓢虫号":

"战斗仍在进行中,如果你在我军面前有此举动,你被打死我们也不能负责。"

16时30分,由于英舰"瓢虫号"的锚在芜湖受损不能使用,她并排泊在"瓦胡号"旁。

18时,偶尔听到来自南京方向的炮声。

20时,注意到偶尔有人从北岸对日本的船只射击。

1937年12月16日,星期四

6时59分,往下游行驶,数艘商船加入船队的行列。

7时20分,驶经南京。江边停泊着很多日本军舰。下关与浦口的江边一带显现遭受焚烧,摧毁的很多痕迹。在南京草鞋峡①下方观察到碎片与已经被日本人突破的仓促用趸船修建成的横江障碍。

10时12分,观察到中国军舰"平海号"在殷洲头②下游,已不使用的北面航道上搁浅。

11时16分,注意到日军用许多驳船、拖轮和小船将部队从镇江运往江北岸。

13时40分,"瓢虫号"与在口岸,位于吴淞上游119英里处的英舰

---

① 草鞋峡(Cutoff)。
② 殷洲头(Bethune Point)位于江苏仪征段长江之中。

"蚜虫号"联络,在那儿,有许多商船加入船队。

14时10分,驶经中国军舰(很可能是中国军舰"逸仙号")在吴淞上游118英里处倾斜,左舷搁浅。

15时18分,驶经许多往上游行驶的日军运输舰艇。

16时30分,在吴淞上游92英里处停泊。"瓢虫号"并排停泊在旁边。

1937年12月17日,星期五

5时30分,在所剩余的航程上,将美舰"巴纳号"的幸存者从"瓢虫号"转到"瓦胡号"上。

6时13分,与船队一道驶往下游。

6时49分,驶经中国军舰"宁海号"在江阴要塞上游的北岸,舰首搁浅。

7时4分,在日本炮艇与扫雷艇的护航下,通过江阴要塞对面的横江障碍。通过设有航标的富强沙[Fu Chiang Sha(Demodocus)]航道与大树(Big Tree)①南面的下航道。这样,很显然,通常沿聚高沙(Ju Kao Reach)航行的通道还没有清理完。

8时20分,已成功地通过障碍,日本扫雷艇离开了编队。注意到在长江上所剩余的航程至吴淞,提供协助的舰只由在附近处于适当位置的日本舰艇所取代。

14时53分,在吴淞旁边见到20艘日本运输舰艇与3艘医院船。

14时53分,抵达吴淞,接"黄埔号"的驾驶员上船。

---

① 由于这座江心小岛的村落旁有棵大树,西方水手以"大树"命名这个地点,并将它作为航行标志,在此建有灯塔,称之为"大树灯塔"(Big Tree Beacon)。根据方位,这座"大树"岛可能是目前江苏如皋境内江中的"长青沙"。

16 时 43 分,并排停泊在美舰"奥格斯塔号"①旁,将"巴纳号"幸存者转运到那艘船上。

(签名)J. M. 希汉②

抄发:

长江巡逻司令(2 份)

长江巡逻(1 份)

驻防上海舰艇(1 份)

存档

PR6/A8—2(590)

美舰"瓦胡号"③

中国上海

1937 年 12 月 27 日

---

① 美舰"奥格斯塔号"(USS *Augusta*),9200 吨巡洋舰,由佛吉尼亚州新港造船厂建造,1931 年建成服役,1933 年 10 月至 1940 年该舰担任美国亚洲舰队的旗舰,其中大部分时间驻防于上海。1941 年 8 月,美国总统罗斯福与英国首相丘吉尔曾在该舰上举行历史性的大西洋会谈。第二次世界大战中,参加了一系列重要战役,包括 1944 年 6 月诺曼底登陆战役。1945 年 7 月美国总统杜鲁门曾乘坐该舰去欧洲参加在德国举行的波茨坦会议。该舰 1959 年 3 月退役,1960 年 3 月拆解。

② 约翰·米歇尔·希汉(John Mitchell Sheehan,1893—1956)1893 年 5 月 17 日出生在波士顿。第一次世界大战时参加海军作战,此后,服役于美舰"肖莫特号"(USS *Shawmut*),亚洲舰队飞行队,位于华盛顿的航空局,"怀俄明号"(USS *Wyoming*)军舰,"西雅图号"(USS *Seattle*)军舰。1937 年 2 月调到亚洲舰队任长江巡逻炮艇"瓦湖号"船长直至 1938 年 3 月调往位于菲律宾的卡维特(Cavite)海军船厂。他曾发表多篇有关海军工程和在中国,特别是在南京经历的文章。希汉 1947 年退役,1956 年 4 月 11 日在罗得岛州的新港(New Port)逝世,安葬于阿灵顿国家公墓。

③ 原件藏华盛顿美国国家档案馆,第 38 档案组,海军军事行动部部长办公室档案,1929 至 1942 年海军情报来往信函,第 194 文件盒,A8—2/FS♯2 文件夹。

保密

发件人:船长

收件人:亚洲舰队总司令

主题:截止于 1937 年 12 月 26 日的一周情报摘要

1. 在中国上海,并排停泊在美舰"奥格斯塔号"旁。

2. "巴纳号"幸存者离船登岸之后,"瓦胡号"做好准备,回到"巴纳号"被炸的水域,协助打捞作业。还计划运送外交人员去南京,并将医药用品运往芜湖。

3. 当地的情况,以及其他重要事件都已在每日的新闻中报道了。

(签名)J. M. 希汉

抄发:

长江巡逻司令(2 份)

长江巡逻(1 份)

驻防上海舰艇(1 份)

存档

PR6/A8—2(5)

美舰"瓦胡号"①

中国和县

1938 年 1 月 3 日

---

① 原件藏华盛顿美国国家档案馆,第 38 档案组,海军军事行动部部长办公室档案,1929 至 1942 年海军情报来往信函,第 194 文件盒,A8—2/FS♯2 文件夹。

保密

发件人：船长

收件人：亚洲舰队总司令

主题：截止于 1938 年 1 月 2 日的一周情报摘要

1. 行动情况

本船于 12 月 28 日 7 时驶离上海，去协助打捞前"巴纳号"的作业，将大使馆官员送到南京，以及运送医药物品去芜湖的医院。美孚石油公司的两位代表乘坐在船上，去视察该公司在和县周围的船只，以决定打捞的可能性。救援船只，拖轮"绍斯号"将被护送到和县。"瓦胡号"停靠在德士古石油公司的设施加油，但是由于种种困难，这家公司直到晚上才能加油，结果，船耽搁了一天。

已通报日本当局"瓦胡号"的行程。29 日早晨到吴淞接拖轮"绍斯号"，两艘船行驶至通州，为了与交给日本人的行程表相一致，在那儿停泊过夜。12 月 30 日 8 时 15 分，驶入目前绕行江阴障碍线路的富强沙航道。① 日本 5 号轻型扫雷艇似乎在等待船队，她立刻启航，发出信号"我领航"，在前面驶经通道。注意到除了"瓦胡号"下水航行时在那儿的旗帜标志之外，设置了数个大型正规航标。此外，沿平时使用的聚高沙通道安置了标志物，显然，已扫清了水雷与障碍物。"瓦胡号"与"绍斯号"紧跟在扫雷艇后面通过水道，没有遇到什么困难。完全使用国际信号通讯联络，发现日本人非常熟练地使用国际信号。尽管长江炮艇很少编队航行，保持编队位置相对来说比较简单。这个编队也许看上去和下水航行（搭载"巴纳号"幸存者）的船队同样奇怪，那个船队由日本军舰"鹊号"、"鸿号"、英舰"瓢虫号"与美舰"瓦胡号"组成。

---

① 此处英文原文为 Demodocus Channel，即前文所提之富强沙（Fu Chiang Sha）航道。为了前后文一致，均使用富强沙航道。

通过富强沙航道之后，观察到江阴要塞对面的横江障碍主体，主要由沉没的轮船构成，沉船有一部分显露在水面上。清理出靠近南岸的一条通道。

在江阴下方的长山①上安装了清晰可见的小口径炮。很显然，这些炮是从中国军舰上拆卸下来的。在长山，也在江阴的山上，注意到大约有 15 门大口径(12 到 14 英寸)旧式炮。这些炮没有架设好，日本陆军在附近的活动显示，正在拆卸这些炮。

在江阴上方，搁浅在北岸的往昔中国巡洋舰"宁海号"悬挂着日本旗，正在进行打捞作业。

注意到在长江下游一段，有小汽轮或帆船航行。几乎所有的汽轮都是日本运输舰船。然而，在口岸聚集着几艘外国轮船。所有的帆船均悬挂着日本旗。船队 12 月 30 日在镇江下方停泊过夜。

12 月 31 日驶经镇江，行驶至南京下游的老盐圩，非常小心地通过，据报告那儿有雷区。日本海军部队显然清扫出一条通道，并在可能会打捞的沉船处安放了浮标。一些打捞救援的趸船已经到位。

抵达南京时，由于大面积的损毁，两岸江边地带已无法辨认。在南京草鞋峡的海军学院被彻底摧毁了。英国和记洋行的工厂显然没有受损，但完全被遗弃。下关与浦口的江边一带一片毁坏混乱的景象，几乎没有一栋仍然站立着的建筑。

在南京，日本护航船离开了编队，"瓦胡号"与"绍斯号"在南京上游英舰"蜜蜂号"附近停泊。从"蜜蜂号"得悉，至少几天之内还不会允许在南京登岸。船上的美国使馆官员此前决定留在"瓦胡号"上直至允许在南京登岸。

还得知九江下游的八宝洲横江障碍已修建完成，安庆下游的太子矶建起水雷障碍区。

---

① 江阴要塞自东向西由巫山炮台、长山炮台、萧山炮台与黄山炮台组成。

1月1日,船队驶往和县,在认为是"巴纳号"的位置停泊。将可能的位置告知拖轮上的人员,派一艘配有钩爪的小船去拖拽。几分钟后,确定了沉船的位置,尽管比原来认为的位置更加往江中心去,更往下游方向去。不久,一名潜水员下水,船只右舷触江底,平躺着,与江流平行。他取上来一面通常用于报警的锣,以鉴定该船的身份。

那个下午,航道上出现一个相当令人心惊的场面,直奔"瓦胡号"而来。这是美孚石油公司的摩托驳船"美英号",悬挂着美国旗与公司的旗帜,由"美安号"水手长驾驶,以自己的动力行驶。他以及约100名公司的员工,轰炸袭击以来一直在和县,他看见"瓦胡号"抵达,驾驶驳船过来。由于报告说这些船只都毁坏了,突然间出现船上挂满旗帜驶来的场面让人心惊。公司的代表然后去了和县,拖出另一艘驳船"美意号",并开始采取步骤来关怀员工,以及打捞其他船只。在北岸的"美安号"可能被掳掠者放火烧了,几乎烧毁。在南岸的"美夏号"与"美平号"消失了,无疑是沉没了。

据悉1月2日和县有一支700人的中国军队,他们是山东部队的一部。他们报告说,几天前日军曾经过和县,目前日军有一支小部队在江南岸,或江对岸。

(签名)J. M. 希汉

抄发:

长江巡逻司令(2份)

长江巡逻(1份)

驻防上海舰艇(1份)

存档

PR6/A8—2(6)

美舰"瓦胡号"①

中国南京

1938 年 1 月 10 日

保密

发件人：船长

收件人：亚洲舰队总司令

主题：截止于 1938 年 1 月 9 日的一周情报摘要

1. 行动情况

在对往昔美舰"巴纳号"进行打捞作业之际，"瓦胡号"留在和县直至 1 月 5 日。强劲的北风使潜水员难以稳定索具，在某种程度上耽搁了打捞作业。

1 月 5 日，星期三，本船驶往芜湖，运送医疗用品给芜湖总医院。拖轮"绍斯号"留在和县，继续打捞作业。美孚石油公司寻找回来的几艘船只（摩托驳船等）和"绍斯号"留在一起。

抵达芜湖时，本船停泊在亚细亚火油公司设施的中立国泊位，临近英舰"蚜虫号"。此时，9 架中国重型轰炸机袭击了芜湖飞机场。日军岸炮与军舰（"保津号"与"鹊号"）向飞机开火。显然，没有造成什么损伤，因为中国轰炸机保持在很高的高度，据认为只投下很少的几颗炸弹。

将送给医院的医疗用品运上了岸，船上的美国使馆官员和芜湖医院的布朗医生取得联系，并视察了在芜湖的美国产业。大使馆的工作人员

---

① 原件藏华盛顿美国国家档案馆，第 38 档案组，海军军事行动部部长办公室档案，1929 至 1942 年海军情报来往信函，第 194 文件盒，A8—2/FS♯2 文件夹。

调查了涉及美国国旗的事件。其中之一为日本兵被指控将医院舢板上的美国旗扔进江里。日本当局对此及其他事件作出了适当的道歉。

据悉，仍有 14 名美国人在芜湖，9 人在芜湖医院，5 人在美国传教会。除了一两个人，所有在芜湖医院的护士都决定留下来。这两个护士打算乘坐 1 月 9 日航行的汽轮"黄埔号"去上海。

美孚石油公司的代表视察了美孚的设施，发现所有的产业均完好。日本军舰"保津号"拿走一些柴油，但为此留下了收条。实际上所有其他的美国产业的情况都很好，然而，城市本身有掳掠的现象。

本船下午驶离芜湖，回到和县过夜。途中注意到南岸的一些中国人的村庄在熊熊燃烧。数百名村民显然过江到江北，聚集在那儿。到达和县时，中国人对这一事件的说法是，来找吃的，找女人的日本兵掳掠，并放火烧了这些村庄。

"瓦胡号"1 月 6 日上午 9 时 30 分抵达南京，停泊在离中山码头约两英里处的英舰"蜜蜂号"附近。"蜜蜂号"船长说他徒劳地尝试在南京上岸去视察英国大使馆与其他英国产业。每次都遭到拒绝。船停泊不久，日本旗舰上的参谋来到"瓦胡号"上来说，一切准备就绪，以迎接爱利生先生及其工作人员，汽车已经在码头上等候，派出一艘快艇到"瓦胡号"将他们的行李、物品运上岸，这一切执行完毕后，使馆人员顺利抵达大使馆。

次日上午，"瓦胡号"船长正式拜访了停泊在中山码头的旗舰"安宅号"上的近藤海军少将。他受到友好地接待。派了一辆汽车去接爱利生先生，如果他愿意的话，以便他见船长。拜访之后，用汽车送他俩去大使馆。驾驶员得到指示，要等船长准备走时送他回去。这里讲述的是目前美国代表所受到的极其友好待遇的范例，这似乎是"巴纳号"事件以来的惯例。爱利生先生说自从他上岸后，得到最大程度的合作。

自然，在汽车内不可能很好地观察到南京的情况，但是似乎城内所遭受蹂躏破坏的程度比预料的轻得多。一两座大型政府建筑被烧毁，在下关可见相当程度的破坏。日本人拒绝承认所提议的在诸大使馆周围地区建立中立区,不过他们似乎已经接受这一既定的事实,因为在美国大使馆四周已经有这样的区域。在这个地区挤满了成千上万的难民,日本人在四周设置了哨兵,以阻止日本兵或其他不法人员入内。这个地方人口稠密,街道上开车都很困难。

在中山路两旁有接连不断的部队行列,一边朝北,一边往南。这些队伍几乎完全由牲口的行列构成,由单个的马、骡、驴和牛拉的平板双轮车组成,每头牲口都有一个日本兵牵着。

在中立区外面,只见到 10 或 12 个中国人,他们好象为日本兵干活,或一小群人被日本兵押送着。四周似乎并没有任何敌对的行动。

1 月 6 日晚间,停泊在"瓦胡号"旁的怡和洋行汽轮"瑞和号"的船长说,从上海往上游航行时,他驶经被拖往下游的日本驱逐舰。看上去驱逐舰被飞机投下的炸弹击中舰中部,尾部破损。这大致在江阴以上的位置。

"瓦胡号"1 月 9 日,星期天,驶离南京去和主管技师会面,将放置于"绍斯号"船上的打捞上来的贵重物品取来,如有可能,还要从位于和县的美孚石油公司的船上弄些船上装载的汽油与煤油来。由于没有可资使用的设施,存放在"绍斯号"上打捞上来的贵重物品的安全是个严重的问题。把这些物品尽快转移到"瓦胡号"上来是明智之举。

找到大量汽油与煤油,安排一艘摩托驳船装载,运到南京作为储备油料。还找到少量燃油,运到船上来。

抵达之际,观察到日本炮艇"鸟羽号"①和驱逐舰"比良号"②在"绍斯号"前方停泊。进行了惯例的互访。

得知日本武装快艇于 1 月 8 日巡逻了和县水道,向村庄射击,但是

---

① 日本炮艇"鸟羽号"(*Toba*)。
② 日本炮艇"比良号"(*Hira*)。

显然没有实施登陆的行动。当时在附近由中国人驾驶的美孚石油公司的船只没有被骚扰。

(签名)J. M. 希汉

抄发：

长江巡逻司令(2 份)

长江巡逻(1 份)

驻防上海舰艇(1 份)

存档

PR6/A8—2(18)

美舰"瓦胡号"①

中国南京

1938 年 1 月 17 日

保密

发件人：船长

收件人：亚洲舰队总司令

主题：截止于 1938 年 1 月 16 日的一周情报摘要

1. 行动情况

本船 1 月 9 日，星期天，驶往和县，接收由"绍斯号"从"巴纳号"上打捞上来的贵重物品。在那儿时，在美孚石油公司的摩托驳船上找到少量

---

① 原件藏华盛顿美国国家档案馆，第 38 档案组，海军军事行动部部长办公室档案，1929 至 1942 年海军情报来往信函，第 195 文件盒，A8—2/FS♯3 文件夹。

燃料油,搬运回船。在其中的一艘摩托驳船上寻获大量汽油与煤油,次日"瓦胡号"返回时运回南京,摩托驳船将以自己的动力来行驶。此后,将这些汽油与煤油中相当的数量储存在美孚石油公司的帆船上,存放在南京的停泊处,以备将来使用。

1月12日,星期三,"绍斯号"完成打捞作业后,牵引着寻找回来的几艘美孚石油公司的小船驶往南京;次日驶往上海。她1月15日抵达上海。

南京仍然平静,没有明显的活动。英国使馆的工作人员获准于1月10日①上岸,德国的代表也获准登岸。这些官员由英舰"蟋蟀号"搭载从上海来南京。然而,英国空军武官 J. S. 沃斯勒空军中校直到1月12日才被允许在南京上岸。日本人的解释是那时不允许外国军事代表登岸。

2. 军事

对攻占南京的描述对双方来说,均远非恭维之词。据说中国城防将领甚至在没有通知他的参谋人员的情况下逃离南京,让中国军人自作区处,掳掠与毁坏了一些城市的房产,根据一种说法,他们枪杀了许多平民穿戴上他们的衣服,以便逃脱。

少数留下来的外国人组织了国际救济委员会,在市中心组建了所谓的中立区。日本人对这个区域既成事实地承认,但是从未对它加以正式承认。

日军攻入南京之际,部队显然被放纵,并安置到遍及全城的房屋中。单独的军人与小群成伙的士兵全副武装,任意游荡。他们显然不加区别地肆意掳掠、屠杀。一名新闻记者声称,日军抵达之后,尸体在城门周围堆积得很高。美国传教士报告了成千上万的强奸案。只有在城市在某种程度上清理之后,日本当局才允许外国代表回城。

---

① 根据其他文件与记载,应为1月9日。

　　搁浅在南京上游浦口一侧的一艘机轮在船舷旁的老式江轮"江贞号"①在 1 月 15 日被放火焚烧。整夜熊熊燃烧。"江贞号"曾被用作中国军用船只,在南京陷落之际,显然遭到轰炸而遗弃。中国人说,日本人纵火焚烧这艘船。无论如何,大火产生一股弥漫整个周围地区的恶臭,这显示船上可能有尸体。

(签名)J. M. 希汉

抄发:

在"伊萨贝尔号"②上的亚洲舰队总司令(1 份)

长江巡逻司令(2 份)

长江巡逻(1 份)

驻防上海舰艇(1 份)

存档

PR6/A8—2(22)

美舰"瓦胡号"③

中国南京
1938 年 1 月 24 日

保密

发件人:船长

---

① 中国砲舰"江贞号"(Kiang Ting)1907 年由日本川崎造船所制造。

② 美舰"伊萨贝尔号"(USS Isabel),710 吨,由缅因州巴斯铁工厂建造,1917 年建成服役,1921 至 1941 年,该舰在美国亚洲舰队服役,主要在长江上巡逻,作为亚洲舰队司令的游艇,以及在菲律宾水域游弋。1946 年 2 月除役,被拆解。

③ 原件藏华盛顿美国国家档案馆,第 38 档案组,海军军事行动部部长办公室档案,1929 至 1942 年海军情报来往信函,第 195 文件盒,A8—2/FS♯3 文件夹。

收件人:亚洲舰队总司令

主题:截止于 1938 年 1 月 23 日的一周情报摘要

1. 本地情况

南京仍然平静,显然没有任何活动。就对外贸易而言,这座城市是孤立隔绝的。港口中通常有一些日本驱逐舰、炮艇和运输舰艇,但是最后一艘英国商船,汽轮"金堂号"上个星期离开,驶往上海。"瓦胡号"与英舰"蜜蜂号"位于南京上游两英里处的停泊处。除了美国、英国和德国的外交代表之外,不允许外国人上岸。同样,除了据报告有一位德国人获准在一名卫兵的陪同下乘火车去上海,也不准外国人离开。

据说一直为中国难民提供住房与粮食的国际救济委员会现在只有够难民吃大概一个月的粮食。日本人控制着储粮,很显然,他们要等到中国人回到平时的家室,才会发放粮食。然而,中国人很自然不愿意回去,因为有报道说他们当中有人作了尝试,立即遭到日本军人的袭击,侵袭他们的女人。

据说前往上海的火车已经运营,但是仅供日军使用。城里没有邮政、电报或电话服务。城市的电力、照明和供水已部分恢复。就此,大使馆报告称,城市被攻占不久,日本当局来到中立区寻找中国技术人员使电厂开工。他们被告知,在和记洋行的工厂避难的大约 40 名技术员在城市被攻占时被日军拉出去,不久之后遭枪杀。

日本人继续焚烧南京部分商业区,掳掠仍持续着,虽然不及先前那样的程度。除非日本人显然在占领城市后不打算加以利用,看不出这样做的原因。

在日本军舰"安宅号"上的近藤海军少将 19 日驶离南京,前往上游,21 日回来。他显然短暂访问了芜湖。

2. 飞机的活动

19 日与 20 日阴沉的天气妨碍了飞机的活动,但是除此间歇以外,每天都能见到很多日本飞机的活动。显然,很多都是训练飞行。有一天注意到一组火炮与飞机拖曳着射击靶在训练。本星期没有见到,或者报告有中国飞机空袭南京。

(签名)J. M. 希汉

抄发:

在"伊萨贝尔号"上的亚洲舰队总司令(1份)

长江巡逻司令(2份)

长江巡逻(1份)

驻防上海舰艇(1份)

存档

PR6/A8—2(29)

美舰"瓦胡号"①

中国南京

1938年1月31日

保密

发件人:船长

收件人:亚洲舰队总司令

主题:截止于1938年1月30日的一周情报摘要

---

① 原件藏华盛顿美国国家档案馆,第38档案组,海军军事行动部部长办公室档案,1929至1942年海军情报来往信函,第195文件盒,A8—2/FS♯3文件夹。

1. 本地情况

日本人仍然禁止外交人员以外的任何人员上岸。英舰"蜜蜂号"的船长在踏上趸船去拜访近藤海军少将时,有人用步枪威胁他,数次遭到哨兵或卫兵粗暴无礼地对待,不允许他在趸船上偏离他的船与日本旗舰之间的路线。在城内,每一个外国人的行动都受到严格的限制。除了外交代表,几乎没有人获准走出城门。然而,据说,担任德国公司代表的一个德国人,①住在城外,当他想进城时,他开一辆破旧不堪的老车,带上从住处拿来的两只活鸭,送一只鸭子给城门口的哨兵。这通常能够使他进城,出去时他送上另一只鸭子,帮助他出城。

"瓦胡号"必需停泊的位置与城市的距离,目前的天气常常使得驾驶小船很危险,以及日本人设置的限制,船与大使馆之间经常的联络差不多有必要完全依赖无线电通讯。

日本陆军与海军之间明显缺乏协调或联系,海军军官经常害怕陆军惹是生非,似乎是这一现象的特征。就在数天前,"瓦胡号"水手长为了将物品搬运到大使馆的汽车上去而在趸船上走了很短的距离,一名日军参谋迅速从旗舰冲到趸船上,激烈地斥责他,责骂允许他这么做的海军哨兵。似乎那个军官主要关切的是当时有一小队日本兵正在江边经过。

新闻报道称中国人对南京进行了空袭,但是在提及的那些日期,"瓦胡号"没有见到空袭,"蜜蜂号"也没有见到。刚刚从芜湖抵达的英舰"蟋蟀号"船长说那座城市很平静,但是根据听到持续不断的猛烈炮火来判

---

① 根据其他文件,他并不是德国人,而是丹麦人。这位丹麦人为贝哈德·奥波·辛伯格(Bernhard Arp Sindberg, 1911—1983),他 1911 年 2 月 19 日出生于丹麦奥斯胡(Aarhus),1921 年 13 岁时便辍学,1927 年(16 岁)离家去美国、南美远游,曾于 1932 年在海军服役一年,1934 年在一艘丹麦远洋商船上工作时,因与长官争吵而被捕,当商船停靠上海港时,他戴着手铐踏上上海码头。此后数年,在上海做各种杂活。1937 年 12 月 2 日,他受雇来到南京栖霞山附近的江南水泥厂,看管厂房、设备。日军攻占南京之际,他和德国人卡尔·根特(Karl Gunther)在水泥厂开设难民营,收容附近难民近万人。他 1938 年 3 月离开南京,不久移民美国加州。曾加入海军作战,以后在远洋商船上工作,1983 年 3 月 25 日在加州洛杉矶逝世。

断,显然在上游某个地方有激烈的战斗。

然而,海军有相当多来往于南京与猜测是芜湖之间的活动。炮艇与驱逐舰在江面上来来往往,驶经外国军舰的停泊地。日本飞机非常频繁地在长江上空来往飞行,但是没有见到真正的军事行动。

英国人仍然让很多中国人(太古洋行、亚细亚火油公司等公司的员工)居住在停泊于南京上游两英里处的怡和洋行的旧船上。到目前为止,他们还没有能使这些人上岸,也未能给他们安置往常的工作。

1月26日,英舰"蟋蟀号"从芜湖驶来,1月27日,英舰"蚜虫号"从上海来,为在场的船只捎来邮件与给养。1月28日,英舰"蚜虫号"离开,驶往芜湖,1月29日,意大利军舰"厄曼诺·卡洛托号"从上海驶抵,搭乘意大利代表来南京。同一天,英舰"蜜蜂号"前往上海。

以下关于使馆官员约翰·爱利生在南京遭日本人粗暴对待的描述是从爱利生那儿获得的:

1月25日,日本兵被指控闯入金陵大学农学院(美国财产),强行劫持一名中国妇女进入他们在附近的营房,并在那儿强奸了她。美国大使馆向日本领事当局提出抗议之后,他们说应该在一名美国官员在场的情况下展开调查。结果,爱利生先生和金陵大学的代表里格斯先生在日本使馆警察和一名宪兵的陪同下,在金陵大学询问了中国妇女。宪兵身着便装,佩戴了袖章以显示他们宪兵的权威。

询问之后,决定带中国妇女到营房去,对此案作进一步的调查。抵达那儿时,美国人与宪兵商量他们是否应该陪妇女进去,以确保公正的检查。宪兵认为不要进去,但是没有阻止他们进去。这群人一起从大门进去,一个日本兵向他们冲过来,大喊"退后!退后!"。这群人开始往外走,宪兵试图解释他们是美国人。然而,这个日本兵打了爱利生先生与里格斯先生的耳光。大约在那个时候,一名日本军官出现了,查问这一切是怎么回事。此时,那个日本兵继续进行攻击,伸手越过勉强作出要保护美国人姿态的两个宪兵,扯下里格斯先生的衣领。

　　这群人然后回到停放在大门旁,清楚地挂着美国旗的使馆汽车那儿。手持上了刺刀步枪的日本兵形成一道警戒线,包围了汽车。这群人没有再受到骚扰,离开那儿前往日本大使馆。确保会公正地对待她之后,将中国妇女留在日本使馆,爱利生先生要求日军当局在次日正午之前道歉。日本代理总领事福井先生所持的态度却是爱利生先生不应该走近营房。

　　第二天,城防司令的参谋本乡少佐来向爱利生先生道歉。福井先生没有表示歉意。

(签名)J. M. 希汉

　　抄发:

在"伊萨贝尔号"上的亚洲舰队总司令(1 份)

长江巡逻司令(2 份)

长江巡逻(1 份)

驻防上海舰艇(1 份)

存档

PR6/A8—2(40)

美舰"瓦胡号"①

中国南京

1938 年 2 月 14 日

保密

发件人:船长

---

① 原件藏华盛顿美国国家档案馆,第 38 档案组,海军军事行动部部长办公室档案,1929 至 1942 年海军情报来往信函,第 195 文件盒,A8—2/FS♯3 文件夹。

收件人:亚洲舰队总司令

主题:截止于 1938 年 2 月 13 日的一周情报摘要

1. 行动情况

"瓦胡号"2 月 10 日驶离上海,2 月 12 日抵达南京,重新在后者的港口履行驻防舰艇的职责。

长江下游的情况平静,没有注意到什么变化。然而来往的帆船、舢板增加了很多。

日本驱逐舰或炮艇仍然在江阴、老盐圩值勤,为船只领航通过横江障碍。

在江阴要塞,观察到大约一个营的部队在其中一座山上。

2. 本地情况

有报告称,日军一直在中国和日本广泛游说日本商人,竭尽全力帮他们在被占领区内中国人空出来的商店、工厂与其他机构中开展业务。为这些商人在任何他们想要的产业上在今后 10 年中提供租约、租金与免税,但是他们必须立即占用这个地方,开办合法的企业。所报告的方案很难与日军在占领区内,集中摧毁商店、工厂的行径,以及将来要撤退的计划,相一致。

据报告,日本人不久将开启一周三次在芜湖、南京与上海之间的航空邮政服务。所有的外国政府与公司都可以使用这个航空邮政服务,但是要用日本邮票。没有提及可能会有的信件检查。

"瓦胡号"驶经南京,前往城市上游的停泊地时,注意到江边一带的活动看上去比以往少得多。港口中只有一两艘运输舰艇,唯一见到的海军舰只是近藤海军少将的旗舰"安宅号"与炮艇"坚田号"。① 除了看上去像一群劳工在江边行进,没有见到日军部队。离开江边不远处的空地上

---

① 日本炮艇"坚田号"(Katada)。

修建起储存东西的大型棚屋,或是营房。

据报告,目前对外国军官上岸的限制有所松动。法国炮艇"都达·德·拉格瑞号"前几天在这儿,检查法国房产。一名领事官员与充作英日文翻译的一位美国教士乘炮艇从上海来,两个人每天上岸,进行调查。只要事先作出安排,那艘炮艇上的军官获准上岸。还没有听说美国或英国军官有可能上岸的消息。

英舰"蜜蜂号"刚刚短暂访问芜湖归来。船长说,中国军队大约在城市上游6英里处,显然那儿进行着相当多的战斗。在芜湖的日军岸炮向江对岸山西墩(Shansi Point)①附近一带发射了猛烈而持续的炮火。然而,没有见到中国军队。

以下是对日军攻入南京时,以及之后在城内发生情况的一篇极为有趣的长篇记叙的摘录。由整个事件中一直留在城内的一位美国人②所写;因为害怕日本人对外国人进行报复,这份记叙还没有送交给新闻界。对于当时存在的状况,这些摘录应该给予了公正的看法:

"曾经阅读过我先前信件的人们,你们会记得我们南京安全区国际委员会曾与中日双方磋商,以承诺在市内一片区域不驻扎军队与军事机关,也不得遭受轰炸与炮击,在战事紧张时可容纳南京人口中留下的二十万人避难,因为中国军队显然在沪淞地区长期进行的英勇抵抗目前已被击溃,士气消沉。……

12月1日,马市长③实际上向我们转交了"安全区"的行政管理权,

---

① 此地中文的今名不详,这里曾建有灯塔(Shansi Beacon)。

② 这是大屠杀期间留在城内的美国人乔治·爱希默·菲齐(George Ashmore Fitch, 1883—1979)写的日记。虽然当时日记的打印本流传较广,但是直到1967年,菲齐先生在他的回忆录《旅华岁月八十载》中该日记才第一次公开出版。

③ 南京市长马超俊(1886—1977)1886年9月20日出生于广东台山,1900年进入香港的一家机械工厂学徒。1902年前往美国旧金山机械工业学校学习,在那儿结识孙中山,并成为他忠实的追随者。他1911年回到中国,在广州参加辛亥革命。马超俊曾三度出任南京市长(1932,1935—1937,1945—1946)。1949年,他随国民党政府迁往台湾,于1977年9月19日在台北去世。

交给我们一支拥有 450 人的警察队伍,一万石(两千吨)米,一万袋面粉,一些食盐,还答应给十万元法币现金——最后兑现了八万元。听说最近被处决的唐将军①当时负责城防,对于从安全区撤出军事人员、设施和防空部队这一艰巨的任务和我们总的来说合作得很好。直到日军于星期天,12 月 12 日开始进城的最后一刻,城内一直都保持着井井有条的秩序。除了需要给养的中国军人小偷小摸之外,城内没有抢劫的现象,全城各处外国人的财产也受到尊重。直到 12 月 10 日城内还有自来水,供电持续到 11 日,电话服务实际上持续到日军进城之日。……

　　12 月 10 日,难民蜂拥进入安全区。我们已占用了大部分机构的建筑物,金陵女子文理学院、军事学院以及其他学校,此刻我们还得征用最高法院、法学院和华侨大楼的建筑,橇开闭锁的大门,指派我们自己的管理人员。日军的气球在紫金山上方清晰可见,多半是指挥炮兵射击的。重型大炮轰击着南面的城墙,炮弹纷纷落入城内。翌晨,数发炮弹落入安全区的南面,在金陵女子神学院和福昌饭店②附近炸死 40 个人。住在福昌饭店那一带的德国人,我们的巡视员,斯波林③在那儿受了轻伤。美国军舰"巴纳号"已驶往上游。该炮艇启程前,我接到我们使馆的巴克斯顿④打来的电话(最后一座城门已关闭,我们放弃了登上炮艇的权利),向

---

① 唐生智将军,有关他被处决的消息查无根据。

② 福昌饭店位于南京市中心中山路,建于 1933 年,以经营法式西餐为主。1937 年 12 月 11 日,日军砲弹击中福昌饭店周围一带,造成许多平民伤亡。

③ 上海保险行(Shanghai Insurance Company)的爱德华 · 斯波林(Eduard Sperling)为德国公民,是大屠杀期间留在南京的二十二名西方籍人士之一。他帮助组织安全区,协助保护中国难民。他也留下记录日军暴行的书面材料。

④ 约翰 · 豪尔 · 巴克斯顿(John Hall Paxton, 1899—1952)1899 年 7 月 28 日出生于伊利诺伊州的盖尔斯伯格(Galesburg),1922 年毕业于耶鲁大学,曾就读于英国剑桥大学和法国自由政治学院。1925 年进入外交界,在美国驻南京总领事馆任副领事。以后曾在美国驻中国的北京、广州、烟台等使领馆工作。1936 年 7 月调回南京,升任二等秘书。日军攻城之前乘美舰巴纳号撤离南京,巴纳号被炸沉后,被救援到上海。1938 年 3 月以后,在美国驻上海总领事馆工作。珍珠港事件爆发时,他在南京大使馆任职,被日本人羁押 6 个月。1942 年以后,在美国驻德黑兰、重庆、昆明、南京、乌鲁木齐等使领馆工作。1952 年 6 月 23 日,他在美国驻伊朗伊斯法汗(Isfahan)领事馆任上,因突发心脏病去世。

我传达了最后两份发往南京的海军电报。……

"现在我们一共是 27 个人——18 名美国人,5 位德国人,一个英国人,一名奥地利人和两位俄国人。城外长江里的"巴纳号"上有两名大使馆的留守人员,爱契逊和巴克斯顿,还有其他 6、7 个人。美孚石油公司和亚细亚火油公司的汽艇搭载着更多的人。一艘旧船装备得像个浮动旅馆,载着约 20 个外国人,包括德国使馆的罗森博士及 400 多名中国人与其他船只被牵引着往上游而去。所有的人都盼望能早日返回南京城。……

"星期天,整天在我安全区主任办公桌上忙碌着。我们占用了最近任外交部长的张群将军往日的寓所作为我们的总部,所以比较舒适地安顿下来,并且正巧拥有全南京城最好的防弹防空洞。近几天,飞机几乎持续不断地在我们上空盘旋,只是现在无人注意到它们,而炮火则非常猛烈。城墙已被攻破,城南的损失巨大。没有人知道中国军队伤亡了多少,但数量一定很大。日本人声称攻占南京损失了四万人。全线崩溃①肯定是那天午后开始的。军人从南面蜂拥穿越城市,许多人穿越安全区,但举止文雅,井然有序。唐将军请求我们协助与日军作停战的安排,斯波林先生同意带面旗帜将信息送出去,但为时已晚。唐将军当晚逃遁,此消息一经传开,军队上下组织顿时解体。惊慌之中,他们出城门去下关江边。数英里长的街道上遍布着他们遗弃的装备——步枪、弹药、皮带、军装、汽车、卡车,以及各种各样的军备物品。车辆拥塞,倾覆着火。城门口拥塞焚烧的车辆更多——一片可怖的屠杀场面——死尸堆积达数英尺厚。城门被堵塞,惊惧的士兵用绳索,绑腿和皮带扎在一起,以及撕成布条的衣服攀援上城墙,再从另一面缒城而下。很多人摔下去丧生。然而,江边的景象恐怕是最令人惊骇的了。那儿有一排舢板船,根本不够大批惊慌的军人北渡长江之需。拥挤的舢板倾覆沉没,数以千

---

① 此处英文原文为 general route,是笔误,应为 general rout。

计的人溺毙。另外有数千人在江边扎制木筏,也遭到同样的厄运。还有成千上万的人肯定成功地逃脱了,但他们中的许多人可能在一两天后遭到日军飞机的轰炸。

三个连组成的一支国军小分队在军官的召集下,溯江而上三英里,渡过三叉河,企图攻击从那个方向来的日军,但因寡不敌众,几乎全军覆没。似乎只有一个人逃了回来。恰巧他是我一位朋友的弟弟。第二天早晨,他来到我的办公室,讲述了事情的经过。他和另一名军官游泳横渡一条他们先前驾木筏渡过的长江支流时,军官淹死了。破晓之前,他设法爬过城墙,悄悄溜进城。

在南京,我们享有幸福、和平、秩序井然而进步的社会制度,并在这个基础上希望获得更加美好的生活,而这一切就这样终结了。日军已经进城,随之而来的是恐怖、毁灭与死亡。据说日军首先于 13 日上午 11 时进入安全区,到安全区南面的入口处的一支日军小分队。他们并未显露出敌意,只是过了一会儿他们屠杀了见到他们便惊慌而逃的 20 名难民。在这儿,犹如 1932 年在上海,似乎有条规矩:奔跑的人必须被击毙或刺死。

与此同时,我们在安全区总部为那些未能逃离而来安全区寻求庇护的中国军人解除武装。我们保证如果交出军械,日军将宽待不杀。然而,这是无用的许诺。所有的军人宁愿战死,而不愿意像他们后来那样被拉出去枪毙,或砍杀,或当作练刺刀的靶子。

那天仍有炮击,只是落入安全区的极少。…… 南京全城最漂亮的建筑,内有豪华的举行典礼大厅的交通部大楼在熊熊燃烧,但是中弹起火,还是撤退的中国军队放的火,我们不得而知。

星期二,14 日。日军大批涌入南京城——坦克、大炮、步兵、军车,恐怖开始笼罩了。在此之后的十天中,残酷恐怖的程度与日俱增。…… 一名日军大佐和他的随员到我的办公室待了一个小时,企图打听"6000 名缴械军人"的下落。那一天日本兵来了四趟,试图偷走我们的小汽车。

与此同时,其他日本兵将我们停在别处的汽车偷走三辆。在索尼①家,他们扯下美国旗,摔在地上,打破一扇窗户,妄图在他到 C. 史密斯教授②家的五分钟之内将他屋里所有的东西席卷而去。……

《纽约时报》的杜丁③那天驱车去上海,虽然我们都不信他能走成,我还是赶紧写了封信让他带着,但是他在句容被截了回来。《芝加哥每日新闻报》的斯提尔④设法出城到江边去了一趟,报告说数艘日本驱逐舰刚刚抵达。一名中尉告诉他"巴纳号"沉没的消息,但详情不明,也没有提到其他被击沉的船只。有人曾竭力说服我们登上"巴纳号",之后,给我们留下两条长绳子,用以缒城而下去江边。然而,"巴纳号"被炸沉,我们倒安然无恙,真具有嘲讽的意味。

当晚,召开工作人员会议时,有消息传来,日军从安全区总部附近的一个难民营抓走所有 1300 名男子,要枪杀他们。我们知道其中有一些

---

① 胡勃特·拉法耶特·索尼(Hubert Lafayette Sone, 1892—1970),中文名宋煦伯,1892 年 6 月 7 日出生于得克萨斯的丹顿(Denton)。1917 年毕业于达拉斯的南方卫理公会大学,并于 1926、1927 年在同一所大学分别获得硕士和神学学士。1920 年前往中国,先在浙江湖州的教会机构中任职,1933 年调往南京金陵神学院任教。他是南京大屠杀期间留在南京庇护中国难民的 14 名美国人之一,在国际委员会主管粮食的负责人。他为保护,救济难民做了大量的工作。索尼 1941 年夏回美国休假,珍珠港事件爆发使他无法回中国工作,他 1941 至 1945 年在芝加哥大学神学院学习研究生课程。1945 年回到金陵神学院任教至 1951 年 4 月离开中国。此后他于 1952 年任教于新加坡协和三一神学院(Union Trinity Theological College)至 1961 年退休,其间,他曾于 1958 年在位于阿肯色州的约翰·布朗(John Brown)大学获神学博士学位。索尼 1970 年 9 月 6 日在得克萨斯的福德·沃斯(Fort Worth)逝世。
② 查尔斯·斯坦利·史密斯(Charles Stanley Smith, 1890—1959)1890 年 6 月 3 日出生于宾夕法尼亚州米德维尔(Meadville),1912 年毕业于爱朗尼(Allegheny)学院,1915 年在纽约州奥本神学院(Auburn Theological Seminary)获神学学士,并被委任圣职。1915 至 1917 年前往英国剑桥大学留学,1917 年前往中国湖南传教,1918 年到金陵神学院任教授。1936 至 1938 年,他利用回美国休假在耶鲁神学院学习,并于 1938 年获博士学位。此后回到南京,并在珍珠港事件之后被日军关押在上海闸北集中营直至 1943 年 9 月遣returned 美国。战后他于 1945 年重返南京。1950 年离开中国后曾在泰国曼谷与新加坡的神学院任教至 1956 年底,1959 年 8 月 15 日在纽约逝世。
③《纽约时报》驻南京记者弗兰克·提尔曼·杜丁(Frank Tillman Durtin, 1907—1998),见本书 23 页注②。
④《芝加哥每日新闻报》驻南京记者阿契包德·特洛简·斯提尔(Archibald Trojan Steele, 1903—1992),见本书 23 页注①。

人当过兵,但是,那天下午一名军官向拉贝保证宽恕他们的性命。他们要做什么,现在再清楚不过了。手持上了刺刀步枪的日本兵让这些人排成行,约一百个人绑在一起,戴着的帽子都被粗暴地摘下,扔到地上。藉着汽车灯光,我们看着他们被押往他们的末日。……

16 日,运输的问题越来越严重,日本人仍在偷盗我们的卡车、小汽车。我到美国大使馆去,那里仍然由中国职员留守着,并为米尔斯①借了爱契逊的汽车去运煤。因为大的难民营和三个大粥厂既需要米,也需要燃料。我们现在共有 25 个难民营,每个人数不等,从 200 人到 12000 人。仅金陵大学的房舍里就有差不多 30000 人。专门接受妇女、儿童的金陵女子文理学院,人数从 3000 迅速增长到 9000 余人。……

那天早晨,开始传来强奸妇女的报告。据我们所知,有 100 名妇女被日本兵掳走,其中有 7 名是从金陵大学图书馆抓走的。然而,在家中被强奸的妇女肯定比这个数字大许多倍。数以百计的人在街头,希望找个安全的处所。……

星期五,12 月 17 日。抢劫、杀人、奸淫有增无减。粗略地估计,昨天晚上和白天至少有上千名妇女被强奸。一个可怜的妇女被奸达 37 次。日本兽兵在强奸另一名妇女时,为了阻止她五个月的婴儿啼哭,将其窒息致死。……

星期天,12 月 19 日。整天混乱异常。今天有数起大火在肆虐,都是日本兵放的火,还会有更多的纵火事件。好多地方都有撕扯美国旗的事

---

① 威尔逊 · 波鲁默 · 米尔斯(Wilson Plumer Mills,1883—1959)1883 年 12 月 1 日出生于南卡罗莱纳州的温斯伯罗(Winnsboro),1903 年毕业于北卡罗莱纳的大卫逊(Davidson)学院,1907 年获得南卡罗莱纳大学的硕士学位,1910 年作为罗德学者(Rhodes Scholar)前往牛津大学学习。米尔斯 1912 年来到中国,在北京、南京等城市担任基督教青年会的干事至1932 年。1932 年,他成为美国北方长老会南京教会的牧师。他是大屠杀期间留在南京城内的 14 名美国公民之一,并被推举为南京安全区国际委员会副会长。1938 年 2 月 23 日,会长约翰 · 拉贝离开南京回德国之后,他继拉贝履行会长的职责,但仍将会长的头衔留给拉贝。珍珠港事件后他被日军关押在上海浦东集中营直至 1943 年 9 月遣返美国。1944 年回到中国,在重庆、上海等地工作,1949 年离开中国。米尔斯 1959 年 2 月 26 日在纽约逝世。

情发生。在美国学校,美国国旗遭践踏,并告诉管屋子的人,再挂旗就宰了他。……

史迈斯①和我再次造访了日本大使馆,带去一份已查证的另外 55 件暴力事件的清单,并告诉田中（Tanaka）②和福井先生③今天是迄今为止最糟糕的一天。他们保证将"尽力而为"并希望事态"不久"会好转。然而,很清楚,他们对军方毫无影响力,军方也控制不了士兵。……

星期一,12 月 20 日。暴力与破坏事件毫无节制地持续着。市内整片整片的区域被有计划地焚烧。下午 5 时,我和史迈斯开车出去。城里最重要的商业街道太平路整条街都在熊熊的烈火之中。驱车经过时,天空飞溅着火星,地上遍布着余烬。往南,见到日本兵在商店里纵火焚烧,再往前走,日本兵在往军用卡车上搬运抢来的物品。……

12 月 21 日。我们十四个人在 2 时 30 分拜见了田中,并呈递一份由全体 22 名外国人签署的抗议焚烧城市及混乱局面持续不断的信件。又是更多的承诺。……

12 月 22 日。今晨 5 时,行刑队在离我们很近的地方开枪杀人,数了一下,打了一百多枪。昨晚,金陵大学两次被日本兵闯入,用刺刀威逼警察,一扇门被砸倒。最近指派在那儿站岗的日本宪兵在睡大觉。……

星期四,12 月 23 日。今天,索尼遭到粗暴对待。他在斯坦利·史密斯住所里发现日本官兵扯下美国旗,撕去日本大使馆的布告,强迫住在

---

① 路易斯·斯特朗·凯瑟·史迈斯(Lewis Strong Casey Smythe,1901—1978),中文名史密士,1901 年 1 月 31 日出生在华盛顿特区,1923 年毕业于依阿华州的德雷克(Drake)大学,在大学读书期间,结识了一位出生在中国南京的美国姑娘,玛格丽特·盖瑞特(Margaret Garrett),并和她相爱,结婚。1928 年获芝加哥大学社会学博士学位后,他携妻子前往南京,任金陵大学社会学教授直至 1951 年。南京大屠杀期间,他是留在城内的 14 名美国公民之一,担任南京安全区国际委员会的秘书长,向日本大使馆和美国大使馆提交了很多日军暴行的材料。他 1951 年初离开中国,1951 至 1970 年在肯塔基州莱克星顿神学院任社会学教授,1975 年迁居加州。史迈斯 1978 年 6 月 4 日在加州罗丝米德(Rosemead)逝世。
② 日本大使馆专员（现为领事）田中季雄（Sueo Tanaka）。
③ 当时日本驻南京代理总领事为福井淳(Kiyoshi Fukui,1898—1955),见本书 36 页注②。

那儿的难民搬出去,并声称他们必须要用这地方作为登记中心。索尼那时一定被弄得极为不舒服,最后被迫签署了一纸文书,同意将此地供他们使用两个星期。索尼决不是逆来顺受的人。向日本大使馆提交的抗议书终于把日本兵从这地方赶了出去。在农业专修科,有70个人被抓出去枪毙。毫无规矩——日本兵可以随意捉拿他们认为可疑的人。手上的老茧便是当兵的凭据,处死的依据。人力车夫、木匠及其他劳动者经常被抓。有个男子中午被送到安全区总部,头烧得焦黑——耳朵和眼睛烧掉了——鼻子还剩一半——看上去可怕极了。我用车送他去医院,数小时之后他在医院死去。他的经历是这样的:他们上百个人被绑在一起,浇上汽油,点火焚烧。他恰巧在人群的边缘上,只有头上浇到汽油。……

星期五,12月24日。美国大使馆的邓先生①报告说住在使馆里的中国职员及其亲属昨夜都被日军官兵抢劫;巴克斯顿办公室的门被刺刀捅破,大院里的三辆小汽车被抢走,今晨又抢走两辆。……

星期一,12月27日。日军占领南京已进入第三个星期,日清汽船会社的一艘船由上海驶来,庆祝这一时刻。该公司的四名代表到我的办公室登门拜访,并承诺不久将在长江上开通正常的航班服务。随船来的几位妇女到城里观光。……日本兵仍毫无节制,日本军方和大使馆之间也不合作。军方竟然对大使馆一手扶植的"自治委员会"不予承认,蓄意藐视其成员。②并说他们是亡国奴,别指望得什么恩惠。记载不法残暴事件的清单不断增长。我们没有听说的一定比报告来或观察到的事件数量

① 在美国大使馆留守的中国籍邓姓职员,根据美国驻南京大使馆1938年档案中1938年6月发放薪金的名单,此人英文名为Ting chang Teng,但未发现其中文姓名。
② 此处英文原文为"there is no cooperation between the Army and the Embassy and its members are deliberately slighted.""瓦胡号"船长抄录时遗漏了半句,菲齐的原文应该为"there is no co-operation between the Army and the Embassy. The Army even refuses to recognize the new Self-Government Committee which was called into being by the Embassy, and its members are deliberately slighted."现补上遗漏的部分译出。

要大很多倍。……

星期二,12月28日。我们惧怕的——坏天气:细雨绵绵,然后下雪。很多棚屋只有小帐篷大小,可怜的难民住在这种棚子里情况很惨,因为大多数棚子不防雨。……

星期三,12月29日。幸好今天天气好转。登记的工作还在继续,大都效率不高,也没有通知老百姓何地、何时去登记。又有很多人被当作中国军人抓走。妇女、老人纷纷来此跪下哭诉,乞求我们帮忙找回他们的丈夫、儿子。在有些情况下,我们成功地办到了,但日军对我们出面干涉极为不满。一名中国红十字会的代表从下关带来消息,长江边上大约有两万难民。……

星期五,12月31日。这是相对平静的一天。第一次夜间没有暴力事件的报告。日本人正忙于庆祝元旦的准备工作。……

(签名)J. M. 希汉

抄发:

在"伊萨贝尔号"上的亚洲舰队总司令(1份)

长江巡逻司令(2份)

长江巡逻(1份)

驻防上海舰艇(1份)

存档

PR6/A8—2(44)

美舰"瓦胡号"①

中国南京

1938 年 2 月 21 日

保密

发件人:船长

收件人:亚洲舰队总司令

主题:截止于 1938 年 2 月 20 日的一周情报摘要

1. 本地情况

在南京登岸的限制已经放松,只要每次作出特别的安排,一两个军官可以偶尔获准上岸。然而,这意味着他们必须由使馆的代表迎接与陪同,必须乘坐使馆的汽车来往。一名日本宪兵总是伴随着汽车,和驾驶员一起乘坐车子。

2 月 17 日,星期四,船长与医官上岸,到大使馆用午餐。英国大使馆的代表和英舰"蜜蜂号"的船长也在座。放松限制以及日本人普遍松弛的态度与船长 1 月 7 日上岸之行时相比是极为明显的。见到数量相对较少的日本军人,这些军人看起来并不在值勤,在四处走动。街上到处都是中国人,担货负粮,似乎重操旧业。在 1 月份拥挤不堪的中立区,现在已远远没有那么拥挤,很多中国人最终相信了日本人不再骚扰的诺言,回到他们的家室。

大使馆的生活条件比当初好多了,城市照明系统已相当稳定,房屋

---

① 原件藏华盛顿美国国家档案馆,第 38 档案组,海军军事行动部部长办公室档案,1929 至 1942 年海军情报来往信函,第 195 文件盒,A8—2/FS♯3 文件夹。

里的中央取暖系统也已运行。然而,城市的供水系统仍时断时续,不可靠,必需在有水的时候,将所有的容器盛满,以供下次有水来之前使用,工作人员洗澡有困难。

在大使馆的午餐不时被架设在附近的高射炮的炮火打断。由于没有见到飞机,发射炮弹似乎是进行测试。午餐后,这群人乘两辆车,行驶在几条主要商业街道上,然后出城前往中山陵。值得注意的是,在城门口,日本哨兵对进出城的汽车都没有拦下,车辆径直开行。这一做法值得注意,因为在目前的战争爆发前的和平时期,中国哨兵曾拦下每一辆轿车、公共汽车,检查每一个旅客的身份。还记录下每一辆通行车辆的牌照号码。

见到的商业街道,除了一两个小店,完全被毁。每栋房屋都遭到焚烧。街道与行人道干净整洁,而房基线内的空间则只是成堆的废墟。

在中山陵,这群人下了车,沿路步行。中山陵的入口牌坊没有受损;中国人用竹编格网覆盖其上,从入口处看去,中山陵本身完全被遮盖着,看上去没有受损。然而,沿路所有优雅的乡间别墅都完全被毁。它们被焚烧,很多房屋显示遭到了炮击。到处都是掩体、散兵壕、浅战壕。在一座精美房屋院子里的浅战壕内,有两具中国军人的尸体,看上去仍是被打死时那样横躺在那儿。这座房屋的主人或掳掠者事先将大部分陈设搬运走,因为除了四散的破损家具,没有多少这种性质的碎屑。水壶、步枪弹夹、帽子、子弹带与其他物品四散各处,但是没有武器。到处还能找到一些有弹洞的中国钢盔,钢盔内的样子清楚地显示了主人的命运。四处还有数以百计的小树被砍伐,显然留做一种范围广大的障碍物,以阻止日军的进攻。绝大部分战壕都很浅,仓促挖成,约有两英尺深,但是很多战壕具有受外国训练的影响,仿效了世界大战的形式,锯齿形的曲折战壕,以及挖得较深,有很好防卫功能的掩体。

日本人肯定已经打扫了大部分战场,因为除了前面提到的两具尸体以及在一座曾经是奢华住家外面的浅战壕中见到的另一具尸体之外,没有见到尸体。有一座由木牌标示的土堆，里面显然埋着日本兵的尸体，因为陪同这群人的两名宪兵脱掉帽子，在土堆前长时间鞠躬。这两个宪兵没有限制这群人的行动，他们和其他人一样对游览观光颇感兴趣。军官们于 16 时 30 分回到他们各自的船上。

天黑后，在城内仍然不允许四处走动。港口里所有的船只每晚熄灭灯火，法国炮艇"都达·德·拉格瑞号"在这儿时，停泊在城市上游一英里处，当局也要求船长熄灭灯火。然而，在城市上游的英美船只如往常一样灯火通明。城里似乎也没有管制灯火，大使馆报告说，那儿的电灯需要用就开着，没有要求他们不这么做。除了一两艘炮艇、一艘运输舰，港口几乎是空的。这儿的活动显然比以往少得多。

大使馆的爱利生先生报告说，在南京所有的日本官员的态度有明显地改善。显然，肯定是上级当局的命令促成这样的变化，每个官员都变得很合作，有礼貌，与以前比比皆是的傲慢、粗鲁态度相较，形成强烈的对比。

汽轮"万通号"2 月 12 日从上海驶抵，搭载着给南京中国难民的 100 吨毛豆。这是由国际救济委员会与红十字会，通过上海的日本海军当局所作的安排。然而，就要将毛豆运上岸时，南京的陆军当局拒不允许，因为，据他们声称，没有与他们商量，也没有接到这一安排的通知。"万通号"然后于次日驶往芜湖，查看在汽轮"德和号"12 月初被炸沉之际，也被炸的汽轮"大通号"的情况。与此同时，英国大使馆的代表已经和陆军将这事谈妥，相信在"万通号"返回时，毛豆就可以运上岸。"瓦胡号"带来 13 袋重 200 磅的豆子，几袋米，以及给国际救济委员会、鼓楼医院与其他这类机构的几箱医疗用品，没有遇到什么困难，或明显的异议，便将物资运上了岸。

2. 飞机的活动

上个星期，飞机有相当多的活动。见到从南京的方向发射的高射炮火，却没有看见飞机，使人相信在南京架设了新的高射炮，进行测试。

2月18日大约在8时17分,在浦口上空观察到高射炮开火。这时看到几架飞机,但是太远,无法辨认。8时23分,12架身份不明的轰炸机从南京的方向飞来,越过长江朝西飞去。在浦口的高射炮继续开火,大约在8时40分,见到浦口一侧有一道白色烟柱,可能是炸弹爆炸产生的。高射炮火持续到大约8时56分。

同一天大约在10时15分,日本重型轰炸机从船的上空飞越,往西飞去。据认为,这是同一天空袭汉口的一部分轰炸机。

(签名)J. M. 希汉

抄发:

在"伊萨贝尔号"上的亚洲舰队总司令(1份)

长江巡逻司令(2份)

长江巡逻(1份)

驻防上海舰艇(1份)

存档

PR6/A8—2(47)

美舰"瓦胡号"①

中国南京

1938年2月28日

保密

发件人:船长

---

① 原件藏华盛顿美国国家档案馆,第38档案组,海军军事行动部部长办公室档案,1929至1942年海军情报来往信函,第195文件盒,A8—2/FS♯3文件夹。

收件人：亚洲舰队总司令

主题：截止于 1938 年 2 月 27 日的一周情报摘要

1. 行动情况

上个星期，只有很少的日本军舰进出南京。港口中几乎没有运输舰艇进出，直到这个星期后面几天，才有几艘从下游驶抵。在日本军舰"安宅号"上的近藤海军少将 2 月 25 日离开，驶往上游，推测再次造访芜湖。

英舰"蟋蟀号"2 月 21 日从上海驶抵，为在这儿的船只带来邮件与给养。英舰"蚜虫号"2 月 22 日从芜湖驶抵，取走邮件，同一天返回芜湖。英舰"蜜蜂号"2 月 23 日驶往上海。汽轮"万通号"2 月 26 日从芜湖驶抵，显然成功地卸下给南京中国难民的毛豆。

2 月 22 日，英国舰艇跟随着"瓦胡号"挂满了旗帜。在南京的日本军舰为这个场合挂满旗帜。①

2. 当地情况

经大使馆安排，本船的军官于 2 月 23 日访问南京。南京的状况与上个星期所报告的相同。

参观了中山陵附近的战场。这一地区曾被用作防卫阵地，以迟滞日军向南京城东门进攻。整个地区都显示出仓促修建的防卫工事、战壕、掩体等，这些工事都没有完成，也都不堪使用。

在陵园内，参观了总统府邸路对面的蒋委员长的平房住处。这座房屋以及紧临的建筑都被洗劫一空，但没有遭到焚烧。房屋里，草坪上散布着碎片、军人遗弃的装备，以及篝火的余烬。

---

① 美国第一任总统乔治·华盛顿的生日为 1732 年 2 月 22 日。1879 年，美国首都华盛顿特区首先将 2 月 22 日定为联邦节日，纪念乔治·华盛顿的诞辰日，1885 年成为全国的法定假日。华盛顿诞辰日这个假日也称为总统节。1971 年，这个节日移到每年 2 月第三个星期一。

林森总统①府邸的情况要糟糕得多,东面有炮火造成的几个大裂洞。府邸四周挖掘了浅战壕,战斗曾在这里发生,因为在前院的掩体内发现两名中国军人的尸体。府邸里面完全是一派破败的样子,所有有用的物品都被洗劫而去。墙上的字迹显示,日军于 12 月 12 日占领这座房屋。上层阳台上建有一座机枪掩体,在巨大的会客厅内有篝火的余烬,还有显然被用做食物的马的躯体。

整个地区的状况显示,在没有充分的炮火支援下,仅靠部队抵挡日军进攻所作的徒劳的尝试。据信,在附近紫金山的堡垒内,中国人有先进的野战炮,但是显然不知道如何使用它们。当然,中国空军很少,或没有参战抗击日军。

相反,日军得到炮火和飞机的支援,据信,采用了老式的风筝气球来为大炮测定目标。

这个星期有两天见到浦口一侧升腾起巨大烟柱的大火,但是无法确定大火的位置与性质。

2 月 26 日,"瓦胡号"的军官收到南京美国居民的访问邀请,但是日本当局不予同意。没有给予理由,但是猜测是访问限为一周一次。就允许美、英舰艇上的水兵上岸到停泊地近旁的江边锻炼身体一事,似乎没有取得进展。像往常一样,无法确定日本人拒绝这一毫无害处锻炼身体的理由,但是,犹如拒绝军官上岸与其他一些例子,猜测日本人的态度是由于综合的因素,对于各个团体与官员各自拥有特权的嫉妒,希望给予申请人这个决定是非常重要,他们这些人、官员是有权力的印象。此外,也许一直怀疑这样的请求肯定有恶毒、隐藏的动机。

---

① 林森(Lin Sen, 1868—1943) 1868 年 1 月 18 日出生于福建闽侯,1883 年毕业于福州鹤龄英华书院(Anglo-Chinese College)后,进入台湾电报学堂学习,1884 至 1885 年在台湾电信局工作。甲午战败,1895 年割让台湾后,林森回到大陆,投身反清革命活动,并于 1905 年加入同盟会。身为国民党元老,林森 1931 至 1943 年担任国民政府主席一职。但这只是个虚职的国家元首,实权掌握在蒋介石手中。1943 年 5 月 10 日在重庆的一场车祸中,林森受伤,并导致中风。他于 1943 年 8 月 1 日在重庆逝世。

这个星期,在新闻报道宣布松井将军被召回,由畑将军[①]接替他之后,就这事问及南京的一位日本外交官。他勉强承认松井将军被召回;但是问到由谁来接替时,他立即态度冰冷地说,他不能提供这样的信息,因为这是"军事秘密"。

(签名)J. M. 希汉

PR6/A8—2(73)

美舰"瓦胡号"[②]

中国南京
1938 年 3 月 13 日

保密

发件人:船长

收件人:亚洲舰队总司令

主题:截止于 1938 年 3 月 13 日的一周情报摘要

1. 行动情况

"瓦胡号"3 月 8 日驶离上海,3 月 11 日抵达南京。

途中观察到下列日本军舰:3 月 10 日在刘海沙航标附近的鱼雷艇

[①] 畑俊六(Shunroku Hata, 1879—1962))1879 年 7 月 26 日出生于东京,1900 年毕业于陆军士官学校,1910 年毕业于陆军大学,1926 年,晋升为陆军少将,1931 年,晋升为陆军中将,担任野战炮兵总监。自 1933 年起,陆续担任过第十四师团师团长、陆军航空本部长、台湾军司令官。1937 年,晋升为大将,1938 年 2 月,接替松井石根担任华中派遣军司令官。1939 年 8 月出任内阁陆军大臣,1941 年 3 月,出任侵华日军中国派遣军总司令官。战后作为甲级战犯被东京远东国际军事法庭判处无期徒刑,1954 年 10 月假释,1962 年 5 月 10 日在福岛县去世。

[②] 原件藏华盛顿美国国家档案馆,第 38 档案组,海军军事行动部部长办公室档案,1929 至 1942年海军情报来往信函,第 195 文件盒,A8—2/FS#3 文件夹。

"千鸟号"、①"真鹤号"、②"友鹤号"、③"初鹰号"④与炮艇"坚田号";在江阴见到鱼雷艇"隼号"、⑤布雷艇"那沙美号"、⑥布网艇"白鹰号";⑦在连成洲⑧附近有炮艇"热海号";在口岸附近见到驱逐舰"鸿号";靠近镇江有"栂号";⑨殷洲头附近有驱逐舰"莲号";在老盐圩有炮艇"比良号";3月11日在南京见到炮艇"安宅号"、"嵯峨号"⑩与"鸟羽号"。长江上的军舰要比以往遇到的多得多,它们所在的位置显示非常彻底地巡逻了长江下游。

在江阴观察到往昔的中国军舰"平海号"停泊在仍然在要塞对面搁浅的昔日中国军舰"宁海号"附近。自从去年秋天以来,"平海号"一直搁浅在镇江上游已不使用的航道中。她悬挂日本旗,显然被打捞出来,前几天被拖到下游来。除了失去前桅,舰首有长期搁浅的痕迹之外,她的情况还好。

在口岸上游,在继续进行打捞往日中国军舰 1600 吨炮舰"逸仙号"的作业。她的烟囱、船顶上的一些船具被拆除,通到岸上的钢缆拉紧了她的平稳支架。她依然是左舷着地躺着,显然打算将她拉正过来,再让她浮起来。

2. 南京当地情况

"瓦胡号"返回后,与大使馆的工作人员联系,得知南京的状况与离开之前大致相同。乔治·爱契逊先生在南京下船,在本地调查了一番之

---

① 日本鱼雷艇"千鸟号"(Chidori)。
② 日本鱼雷艇"真鹤号"(Manadzuru)。
③ 日本鱼雷艇"友鹤号"(Tomodzuru)。
④ 日本海军设网舰"初鹰号"(Hatsukari)。
⑤ 日本鱼雷艇"隼号"(Hayabusa)。
⑥ 日本海军敷设舰"那沙美号"(Nasami)。
⑦ 日本海军设网舰"白鹰号"(Shirataka)。
⑧ 连成洲(Bate Point)位于江苏江阴段长江之中。
⑨ 日本驱逐舰"栂号"(Tsuga)。
⑩ 日本炮艇"嵯峨号"(Saga)。

后,乘船回上海。

3. 杂录

以下是未经证实,但认为是可靠的来自长崎的报告。

过去几个月,长崎发生粮荒暴乱,粮食短缺与价格飞涨导致了不满。

据悉,这个地区制造麻烦的人被投入所谓的"思想控制学校",这些学校显然类似集中营,进行爱国主义与思想控制的教育。

2月16日,一艘运兵船在长崎运送军人上战场。这些军人的家属从内地赶来为他们送行,显然指望政府提供交通工具送他们回家。当他们听说不会这么做时,军人阻止开船。反抗最终遭到镇压,军人被送入集中营,显然在等候纪律处分。

(签名)C. R. 杰夫斯①

抄发:

在"伊萨贝尔号"上的亚洲舰队总司令(1份)

长江巡逻司令(2份)

长江巡逻(1份)

驻防上海舰艇(1份)

驻防南京舰艇(1份)

存档

---

① 查尔斯·里查逊·杰夫斯(Charles Richardson Jeffs, 1893—1959)1893年1月20日出生于纽约,1915年毕业于美国海军学院,1928年在哥伦比亚大学获工程硕士。1938年1月,从加州美尔岛(Mare Island)船厂调到亚洲舰队,并于1938年3月在约翰 M. 希汉调离时,接任美舰"瓦湖号"船长至1939年7月。1939至1941年在长江巡逻司令部任参谋,1942至1944年在罗得岛海军军事学院任教。此后担任美舰"阿巴拉契亚号"(USS *Appalachian*)舰长,参加太平洋战场对日作战。战后于1945年8月调往德国不来梅(Bremen),任美国驻德国海军副司令兼美国驻德国舰队司令。1947年3月任不来梅军管政府副主任,1948年11月升任主任,1950年晋升海军少将,1952年退役,1959年10月24日在德国不来梅逝世。

PR6/A8—2(95)

美舰"瓦胡号"①

中国南京

1938年4月4日

保密

发件人:船长

收件人:亚洲舰队总司令

主题:截止于1938年4月3日的一周情报摘要

1. 行动情况

"瓦胡号"3月30日驶离上海,4月1日抵达南京,在南京港履行驻防舰艇的职责。

2. 海军与陆军的情况

3月31日,在通州附近观察到往日中国军舰"逸仙号",在一艘日本武装拖网渔船的护送下,被3艘日本拖轮拖往下游。抵达江阴时,往昔中国军舰"平海号"不见了,这证实她被拖往日本的消息。正在对往日中国军舰"宁海号"进行打捞作业。作业完成之后,日本将中国最好的3艘舰艇增添到自己的海军中。

在江阴持续进行的活动至少显示在那儿重新安置大炮,很可能增添新的炮。在要塞陷落前,从中国军舰上拆卸下,安装到江阴要塞的海军小口径炮被重新安置了。观察到有4门这样(可能是4英寸)的炮在富强沙航道附近的巫山上。再往上游去一些的萧山上的一些炮已经卸走。

---

① 原件藏华盛顿美国国家档案馆,第38档案组,海军军事行动部部长办公室档案,1929至1942年海军情报来往信函,第195文件盒,A8—2/FS♯3文件夹。

将中国海军的小口径炮从黄山(江阴)拆卸走。目前江阴要塞的防卫炮火粗略估计如下：

巫山　　4门4英寸或5英寸口径炮

长山　　6门可能是6英寸口径炮

萧山　　3或4门(小口径)炮

黄山　　山顶上有4门10英寸或12英寸口径炮

　　　　山脚下有4门12英寸口径(老式箍管[①])炮

据信,这些与中国人放弃要塞时的防卫炮火大致相当。没有观察到高射炮,也没有迫击炮,尽管这样的炮有可能隐蔽在山后面。无法观察到远离长江的内陆山上的情况,但是认为至少有些山上设有堡垒。

在镇江附近的焦山上的活动显示防卫炮火有所变化。修建了一条从江边到要塞的滑道,但是无法确定有没有安装炮或运走炮。

在南京,有两艘水上飞机母舰停泊在港口内,一艘为"能登吕号",[②]悬挂鲛岛海军少将[③]——航空母舰海军少将的旗帜。听英舰"圣甲虫号"船长说,在南京上游的梅子洲[④]建立了水上飞机基地。水上飞机每天在这个地区飞行。

3. 南京当地情况

---

① 老式箍管炮(Hoop Gun)是指以一种特别的工艺制造的大炮。这一工艺利用热胀冷缩的原理,将口径不同的炮箍管紧密地组合成炮管。最外层的箍管内径最大,但比下一层箍管的外径稍小,因此需要加热才能将内箍管挤压进外箍管中,这样,每层箍管都会被外层箍管压紧,从而大大提高炮管的强度。

② "能登吕号"(Notoro),12786吨,1920年由川崎造船厂建成为油料运输舰,1926年在佐世保船厂改造成水上飞机母舰。太平洋战争中曾多次被美军炸伤并修复。1944年11月,该舰在新加坡被美军轰炸,遭重创而弃置,日本投降后被英军接收,1947年1月凿沉。

③ 鲛岛具重(Tomoshige Samejima, 1889—1966)1889年4月8日出生在东京,1909年毕业于日本海军学校,1923年毕业于海军大学。1932年淞沪战役中,他任特别陆战队参谋长,指挥三个大队的陆战队,进攻上海。此后先后任巡洋舰"北上"号舰长,巡洋舰"最上"号舰长,"羽黑"号舰长与战列舰"长门"号舰长。1937年晋升为海军少将,出任第四航空战队司令官,次年改任第十三战队司令官、第二战队司令官。1941年晋升海军中将,任第四舰队司令(1942—1943)与第八舰队司令(1943—1945)。他于1966年9月13日去世。

④ 梅子洲(Mei Tzu Chow),亦名江心洲,位于南京西郊长江中。

随着每天的邮政服务恢复了,南京缓慢地正常起来。新的政府已经就职,显然有更多的中国人回城了。然而,外国商业利益仍被排除在外。听说日本商人已经在南京开设了一些小店,但是中国人依旧在做路边或街道市场那样的各类生意。开行了日本人的城市公共汽车服务。

4月3日在南京港内的船只列表如下:

英舰"蜜蜂号"(从上海驶抵,载来给养)

英舰"瓢虫号"(从芜湖驶抵,来取给养)

英舰"圣甲虫号"

日本军舰"能登吕号"(航空母舰海军少将)

日本军舰"神威号"①(水上飞机母舰)

日本军舰"鹊号"

一艘伏见型的炮艇

扫雷艇13号与14号(第11战队)

运输舰312号

"伏见丸号"②

(签名)C. R. 杰夫斯

抄发:

在"伊萨贝尔号"上的亚洲舰队总司令(1份)

长江巡逻司令(2份)

长江巡逻(1份)

---

① 此处英文原文为 Wentse Maru,但是查资料,日本历史上所有的水上飞机母舰均没有使用过这一舰名。日本历史上曾拥有7艘水上飞机母舰,亦即,"若宫号"(Wakamaya)、"能登吕号"(Notoro)、"神威号"(Kamoi)、"千岁号"(Chitose)、"千代田号"(Chiyoda)、"瑞穗号"(Mizuho)和"日进号"(Nisshin)。老旧的"若宫号"已于1931年除役;1938年4月时,由于"千岁号""千代田号""瑞穗号"和"日进号"均没有建成服役,另一艘水上飞机母舰应是"神威号",因此,译为"神威号"。"神威号",15381吨,1922年由纽约造船公司建造的供油船,1933年2月在贺浦船厂改装成为水上飞机母舰,1944年1月被美军潜艇击伤后在新加坡修复,1945年4月在香港被美军飞机炸沉。
② 日本炮艇"伏见丸号"(Fushimi Maru)。

驻防上海舰艇（1份）

驻防南京舰艇（1份）

存档

PR6/A8—2(101)

美舰"瓦胡号"①

中国南京

1938 年 4 月 11 日

保密

发件人：船长

收件人：亚洲舰队总司令

主题：截止于 1938 年 4 月 10 日的一周情报摘要

1. 回顾 1937 年 12 月 12 日至 1938 年 4 月 10 日南京当地的情况。

政治状况

1937 年 12 月 12 日、13 日，日军攻占南京导致中国昔日的首都笼罩在恐怖之中，这种恐怖是所谓的文明社会难以理解的。日本陆军完全控制支配着日本外交与海军官员代表，是日军占领南京显著的因素之一。占领之初有多少日军部队驻扎在城内不得而知，但是所有的报告均指出，驻扎在南京的几个师团毫无军纪约束。允许全副武装的军人肆意游荡，并以当时确实存在的这种组织形式，从事了行刑屠杀中国人与摧毁

---

① 原件藏华盛顿美国国家档案馆，第 38 档案组，海军军事行动部部长办公室档案，1929 至 1942 年海军情报来往信函，第 195 文件盒，A8—2/FS#3 文件夹。

财产的行径。

中国市政府由国际救济委员会取代,这个委员会在所谓的安全区为成千上万的中国人提供住房与食物。日军占领最初的日子里,估计有成千上万的中国男子,有些曾经是军人而有些则不是,被押出去,以各种野蛮的方式处死,由此,为日本人解决了俘虏的难题。其他的行径包括摧毁所有中国人的商业产业,强奸中国妇女,掳掠洗劫南京几乎所有的房产。

本地由9名中国人组成的自治委员会于1月1日正式宣誓就职。这个委员会在日军特务部门的指导下行事。委员会取得什么成就尚不得而知,但是有几次,委员会请求国际救济委员会协助诸如重新恢复供电服务等工作。

2月间本地的状况开始好转,中国人能够返回自己的家室。估计这时大约有30万中国人留在城内。

3月28日,华中维新政府正式在南京宣誓就职。采取了煞费苦心的防范措施,用军队来保护官员,以及典礼举行前几天,便禁止中国人进入南京城,以确保这些官员的安全。相信新政府的大多数官员已回到上海,一些低级官员在日本人的指导下开展工作。争议的焦点是华中政府最终将与北平的政权合并。

军事状况

起初,南京被用作军事行动的基地。部队在城内的行动与途经城市的调防被尽可能地保密,但是众所周知有相当数量的部队驻扎在城内与途经城市。还听说南京被用作来自前方部队的休整营地。大约在2月1日,成立了长期性的卫戍部队驻防南京,并注意到军纪已明显地改善。从那时以来,相信城内保持的军队数量不超过一个师团。

南京被用做空军基地,据认为,1、2月份对汉口的空袭就是从这里起飞的飞机所为。陆军仍在使用军用机场,但没有先前那么多。有报告称,2月份中国飞机至少两次空袭了这座机场,但遭受的损坏可能很轻

微。人们认为,日本人的防空体系已接近完成。据悉,2、3月份在城内与
浦口安装了新的高射炮,并进行了测试射击。还在南京和浦口安装了探
照灯。4月7日晚进行了探照灯展示。

　　由观察到城墙上的活动与南京要塞上进行的演习来证实,南京的几
处要塞不仅有人防守,而且还加以改进。所有的要塞均严加防范可能的
间谍,甚至比中国人的做法有过之而无不及。

　　海军的活动仅限于显而易见的与陆军的合作。由位于日本军舰"安
宅号"上的近藤海军少将统率的第三舰队第 11 战队一直以南京为基地。
这支小规模的舰队只增加了几艘扫雷艇和布网艇。观察到的行动有,在
江阴附近扫雷、巡逻,为外国军舰领航通过江阴和老盐圩横江障碍,打捞
中国舰只时在旁守候,以及南京、芜湖之间的军事行动。在此特定的时
刻,没有显而易见地打算将海军部队派往芜湖上游去。

　　3月份,在南京建立了海军水上飞机基地。估计有 48 架侦察型的水
上飞机,以停泊在南京的两艘水上飞机母舰,日本军舰"能登吕号"与"神
威号"为基地的这支分队由航空母舰海军少将鲛岛海军少将统率。其活
动限于训练飞行。4月6日观察到第一次"事故"。一架飞机显然发生引
擎故障,飞行员在大约 1000 英尺的高度跳伞逃逸,让飞机坠毁。观察的
人说,飞机并没有旋冲。在前往南京途中的"瓦胡号"的小艇协助日本船
只救起飞行员。鲛岛海军少将对此极为感激,他立即派一位参谋到"瓦
胡号"来表示感谢。

　　经济

　　被占领后的第一个月没有任何商业活动。中国难民主要由前中国
政府留下的储粮来接济。从一开始就很明显,在南京的外国商贸,如果
还能获准恢复营业的话,肯定要受到限制。日本人的商店已经开张,估
计这儿现在大约有 70 家。中国人经营小规模的路边货摊生意,货物主
要是掳掠来的或遗弃的物品。

　　城里没有开业的银行,日本商店用日元交易,兑换率固定在中国币

一元兑换日元 70 钱。① 中国商人两种货币都收。

南京周围生产的任何东西都极其有限。农产品已消耗殆尽,价格很高。和记洋行的经理已返回南京,希望在和记的大型工厂中恢复鸭、蛋的包装生产。据了解,没有其他外国商人返回。

交通限于日军控制的运行到上海的火车以及长江上的日本航运公司。最近开始了来往于上海的邮政服务,有传言称,恢复了电报系统。照明和供水已在城内恢复了一段时期,但是没有恢复电话服务的迹象。已开行公共汽车,街上有一些人力车。

经济状况肯定有所改善,但远未达到正常的水平。

(签名)C. R. 杰夫斯

PR6/A8—2(106)

美舰"瓦胡号"②

中国南京

1938 年 4 月 18 日

保密

发件人:船长

收件人:亚洲舰队总司令

主题:截止于 1938 年 4 月 17 日的一周情报摘要

---

① 此处英文原文 sen 为日文"钱"的音译。"钱"是日本货币最小的单位,当时 100 钱=1 日元。
② 原件藏华盛顿美国国家档案馆,第 38 档案组,海军军事行动部部长办公室档案,1929 至 1942 年海军情报来往信函,第 195 文件盒,A8—2/FS#3 文件夹。

1. 军事

4月10日,星期天,27架重型轰炸机上午从南京机场起飞,向南飞去。观察到24架在下午大约17时返回。这可能就是那天轰炸广州的飞机分队。

4月15日观察到日本军舰"鹎号"①牵引着日本军舰"比良号",从南京驶往下游。"比良号"是一艘江河炮艇,一直在芜湖。来自芜湖的报告说,这艘船由于内部,也许是锅炉的障碍而无法开动。看上去她没有被炸。

4月15日与16日观察到南京狮子山上的爆破。这使人相信,这处要塞的防卫体系正在进行改造。

这个星期注意到部队调动过江到浦口。数次观察到部队在南京与下关的街道上行进。由此猜测,但未经证实,一个师团或更多师团的部队经津浦铁路调往北方。据认为这些部队是乘火车从上海来南京的。日本运输舰艇将大量物资运来南京。

2. 南京当地情况

4月10日,"瓦胡号"与英舰"圣甲虫号"一道行驶到新的中立国停泊地。这处停泊地在南京下游,和记洋行对面靠近北岸之处。

水兵上岸到和记洋行的大院,做些体育活动,但是仍不允许他们进南京或下关。和以前一样,每次事先与日本当局做出安排后,允许军官上岸。

在过去10天,本船使用了上海与南京之间传递的邮政服务,没有发现邮件检查的迹象。

随着越来越多的中国人出现在城内,南京的情况更趋正常。有些小商店重新开张,南京和下关进行着大量的重建工作。

(签名)C. R. 杰夫斯

---

① 日本鱼雷艇"鹎号"(*Hiyodori*)。

抄发：

在"伊萨贝尔号"上的亚洲舰队总司令（1 份）

长江巡逻司令（2 份）

长江巡逻（1 份）

驻防上海舰艇（1 份）

驻防南京舰艇（1 份）

存档

PR6/A8—2(115)

美舰"瓦胡号"①

中国南京

1938 年 4 月 25 日

保密

发件人：船长

收件人：亚洲舰队总司令

主题：截止于 1938 年 4 月 24 日的一周情报摘要

1. 南京的军事行动

上个星期,南京成为非常繁忙的运输中心。每天都有大量日本运输舰艇抵达,运送物资与部队。每天平均有 20 艘运输舰艇在港口里,平均在港口停留的时间为一两天,然后再次驶往下游。小船忙碌地往返于舰

---

① 原件藏华盛顿美国国家档案馆,第 38 档案组,海军军事行动部部长办公室档案,1929 至 1942 年海军情报来往信函,第 195 文件盒,A8—2/FS♯3 文件夹。

艇与江岸之间，南京与浦口之间。几乎是不间断地用轮渡将部队从南京运往浦口。相信很多运输舰艇不会到芜湖那么远。然而，一艘临时改装的医院船"摩耶丸号"①4月20日抵达，22日驶往上游，估计去芜湖。小型火车头、平板车、马、野战炮、卡车，以及各种各样的其他物资由轮渡从南京运往浦口。

从以上的情况来看，很明显日本人准备沿津浦线往北进行某种进攻的行动。保守些的估计，上个星期至少有两三个师团的部队在浦口上岸。本地有人猜测，日本人的战略要么是要这些部队与他们在鲁南的军队会合，要么打算进攻汉口。一个消息来源称，从南方去的部队将从蚌埠横扫直指汉口，北方来的一两个纵队将与之会合。鉴于中国军队在鲁南顽强地抵抗，这是否能够做到，还有待观察。

2. 飞行活动

上个星期，水上飞机在南京的活动降到最低的程度。4月23日，"神威号"水上飞机母舰驶往下游。悬挂航空母舰海军少将旗帜的"能登吕号"4月24日驶往下游。这说明不会再将南京作为水上飞机的基地。

3. 经济

虽然日本商人持续到南京来，但这并不显示将会解除目前阻碍性的限制，这些限制阻止外国航运公司在长江下游运行，禁止外国人进入南京。

(签名)C. R. 杰夫斯

---

① "摩耶丸号"(Maya Maru)原为巡洋舰。

凤凰文库·海外中国研究系列书目

《帝国的隐喻:中国民间宗教》 [英]王斯福 著 赵旭东 译
《王弼〈老子注〉研究》 [德]瓦格纳 著 杨立华 译
《章学诚思想与生平研究》 [美]倪德卫 著 杨立华 译
《中国与达尔文》 [美]詹姆斯·里夫 著 钟永强 译
《千年末世之乱:1813年八卦教起义》 [美]韩书瑞 著 陈仲丹 译
《中华帝国后期的欲望与小说叙述》 黄卫总 著 张蕴爽 译
《私人领域的变形:唐宋诗词中的园林与玩好》 [美]王晓山 著 文韬 译
《六朝精神史研究》 [日]吉川忠夫 著 王启发 译
《中国社会史》 [法]谢和耐 著 黄建华 黄迅余 译
《大分流:欧洲、中国及现代世界经济的发展》 [美]彭慕兰 著 史建云 译
《近代中国的知识分子与文明》 [日]佐藤慎一 著 刘岳兵 译
《转变的中国:历史变迁与欧洲经验的局限》 [美]王国斌 著 李伯重 连玲玲 译
《中国近代思维的挫折》 [日]岛田虔次 著 甘万萍 译
《为权力祈祷》 [加拿大]卜正民 著 张华 译
《洪业:清朝开国史》 [美]魏斐德 著 陈苏镇 薄小莹 译
《儒教与道教》 [德]马克斯·韦伯 著 洪天富 译
《革命与历史:中国马克思主义历史学的起源,1919—1937》 [美]德里克 著 翁贺凯 译
《中华帝国的法律》 [美]D.布朗 等 著 朱勇 译
《文化、权力与国家》 [美]杜赞奇 著 王福明 译
《中国的亚洲内陆边疆》 [美]拉铁摩尔 著 唐晓峰 译
《古代中国的思想世界》 [美]史华兹 著 程钢 译 刘东 校
《中国近代经济史研究:明末海关财政与通商口岸市场圈》 [日]滨下武志 著 高淑娟 孙彬 译
《中国美学问题》 [美]苏源熙 著 卞东波 译 张强强 朱霞欢 校
《翻译的传说:构建中国新女性形象》 胡缨 著 龙瑜宬 彭珊珊 译
《〈诗经〉原意研究》 [日]家井真 著 陆越 译
《缠足:"金莲崇拜"盛极而衰的演变》 [美]高彦颐 著 苗延威 译
《从民族国家中拯救历史:民族主义话语与中国现代史研究》 [美]杜赞奇 著 王宪明 高继美 李海燕 李点 译
《传统中国日常生活中的协商:中古契约研究》 [美]韩森 著 鲁西奇 译
《欧几里得在中国:汉译〈几何原本〉的源流与影响》 [荷]安国风 著 纪志刚 郑诚 郑方磊 译
《毁灭的种子:战争与革命中的国民党中国(1937—1949)》 [美]易劳逸 著 王建朗 王贤知 贾维 译
《理解农民中国:社会科学哲学的案例研究》 [美]李丹 著 张天虹 张胜波 译
《18世纪的中国社会》 [美]韩书瑞 罗有枝 著 陈仲丹 译
《开放的帝国:1600年的中国历史》 [美]韩森 著 梁侃 邹劲风 译
《中国人的幸福观》 [德]鲍吾刚 著 严蓓雯 韩雪临 伍德祖 译
《明代乡村纠纷与秩序》 [日]中岛乐章 著 郭万平 高飞 译
《朱熹的思维世界》 [美]田浩 著
《礼物、关系学与国家:中国人际关系与主体建构》 杨美慧 著 赵旭东 孙珉 译 张跃宏 校
《美国的中国形象:1931—1949》 [美]克里斯托弗·杰斯普森 著 姜智芹 译

《清代内河水运史研究》 [日]松浦章 著　董科 译
《中国的经济革命:20世纪的乡村工业》 [日]顾琳 著　王玉茹 张玮 李进霞 译
《明清时代东亚海域的文化交流》 [日]松浦章 著　郑洁西 译
《皇帝和祖宗:华南的国家与宗族》 科大卫 著　卜永坚 译
《中国善书研究》 [日]酒井忠夫 著　刘岳兵 何英莺 孙雪梅 译
《大萧条时期的中国:市场、国家与世界经济》 [日]城山智子 著　孟凡礼 尚国敏 译
《虎、米、丝、泥:帝制晚期华南的环境与经济》 [美]马立博 著　王玉茹 译
《矢志不渝:明清时期的贞女现象》 [美]卢苇菁 著　秦立彦 译
《山东叛乱:1774年的王伦起义》 [美]韩书瑞 著　刘平 唐雁超 译
《一江黑水:中国未来的环境挑战》 [美]易明 著　姜智芹 译
《施剑翘复仇案:民国时期公众同情的兴起与影响》 [美]林郁沁 著　陈湘静 译
《工程国家:民国时期(1927—1937)的淮河治理及国家建设》 [美]戴维·艾伦·佩兹 著　姜智芹 译
《西学东渐与中国事情》 [日]增田涉 著　周启乾 译
《铁泪图:19世纪中国对于饥馑的文化反应》 [美]艾志端 著　曹曦 译
《危险的边疆:游牧帝国与中国》 [美]巴菲尔德 著　袁剑 译
《华北的暴力与恐慌:义和团运动前夕基督教传播和社会冲突》 [德]狄德满 著　崔华杰 译
《历史宝筏:过去、西方与中国的妇女问题》 [美]季家珍 著　杨可 译
《姐妹们与陌生人:上海棉纱厂女工,1919—1949》 [美]艾米莉·洪尼格 著　韩慈 译
《银线:19世纪的世界与中国》 林满红 著　詹庆华 林满红 译
《寻求中国民主》 [澳]冯兆基 著　刘悦斌 徐硙 译
《中国乡村的基督教:1860—1900江西省的冲突与适应》 [美]史维东 著　吴薇 译
《认知变异:反思人类心智的统一性与多样性》 [英]G.E.R.劳埃德 著　池志培 译
《假想的"满大人":同情、现代性与中国疼痛》 [美]韩瑞 著　袁剑 译
《男性特质论:中国的社会与性别》 [澳]雷金庆 著　[澳]刘婷 译
《中国的捐纳制度与社会》 伍跃 著
《文书行政的汉帝国》 [日]富谷至 著　刘恒武 孔李波 译
《城市里的陌生人:中国流动人口的空间、权力与社会网络的重构》 [美]张骊 著　袁长庚 译
《重读中国女性生命故事》 游鉴明 胡缨 季家珍 主编
《跨太平洋位移:20世纪美国文学中的民族志、翻译和文本间旅行》 黄运特 著　陈倩 译
《近代日本的中国认识》 [日]野村浩一 著　张学锋 译
《性别、政治与民主:近代中国的妇女参政》 [澳]李木兰 著　方小平 译
《狮龙共舞:一个英国人眼中的威海卫与中国文化》 [英]庄士敦 著　刘本森 译
《中国社会中的宗教与仪式》 [美]武雅士 著　彭泽安 邵铁峰 译　郭潇威 校
《大象的退却:一部中国环境史》 [英]伊懋可 著　梅雪芹 毛利霞 王玉山 译
《自贡商人:早期近代中国的企业家》 [美]曾小萍 著　董建中 译
《人物、角色与心灵:〈牡丹亭〉与〈桃花扇〉中的身份认同》 [美]吕立亭 著　白华山 译
《明代江南土地制度研究》 [日]森正夫 著　伍跃 张学锋 等译　范金民 夏维中 审校
《儒学与女性》 [美]罗莎莉 著　丁佳伟 曹秀娟 译
《权力关系:宋代中国的家族、地位与国家》 [美]柏文莉 著　刘云军 译
《行善的艺术:晚明中国的慈善事业》 [美]韩德林 著　吴士勇 王桐 史桢豪 译
《近代中国的渔业战争和环境变化》 [美]穆盛博 著　胡文亮 译
《工开万物:17世纪中国的知识与技术》 [德]薛凤 著　吴秀杰 白岚玲 译

《权力源自地位:北京大学、知识分子与中国政治文化,1898—1929》 [美]魏定熙 著 张蒙 译
《忠贞不贰? ——辽代的越境之举》 [英]史怀梅 著 曹流 译
《两访中国茶乡》 [英]罗伯特·福琼 著 敖雪岗 译
《古代中国的动物与灵异》 [英]胡司德 著 蓝旭 译
《内藤湖南:政治与汉学(1866—1934)》 [美]傅佛果 著 陶德民 何英莺 译
《他者中的华人:中国近现代移民史》 [美]孔飞力 著 李明欢 译 黄鸣奋 校
《缔造选本:〈花间集〉的文化语境与诗学实践》 [美]田安 著 马强才 译
《扬州评话探讨》 [丹麦]易德波 著 米锋 易德波 译 李今芸 校译
《〈左传〉的书写与解读》 [美]李惠仪 著 文韬 徐明德 译
《以竹为生:一个四川手工造纸村的 20 世纪社会史》 [德]艾约博 著 韩巍 吴秀杰 译
《佛教征服中国:佛教在中国中古早期的传播与适应》 [荷]许理和 著 李四龙 裴勇 等 译
《技术、性别、历史:重新审视帝制中国的大转型》 [英]白馥兰 著 吴秀杰 白岚玲 译
《"地域社会"视野下的明清史研究:以江南和福建为中心》 [日]森正夫 著
《东方之旅:1579—1724 耶稣会传教团在中国》 [美]柏理安 著 毛瑞方 译
《斯文:唐宋思想的转型》 [美]包弼德 著 刘宁 译
《中国小说戏曲史》 [日]狩野直喜 著 张真 译
《历史上的黑暗一页:英国外交文件与英美海军档案中的南京大屠杀》 [美]陆束屏 编著 翻译